权威·前沿·原创

皮书系列为
"十二五""十三五""十四五"时期国家重点出版物出版专项规划项目

BLUE BOOK

智 库 成 果 出 版 与 传 播 平 台

县级政府绩效蓝皮书

BLUE BOOK OF COUNTY-LEVEL
GOVERNMENT PERFORMANCE

中国县级政府绩效指数研究报告（2023）

CHINA COUNTY-LEVEL GOVERNMENT PERFORMANCE INDEX RESEARCH
REPORT (2023)

主　编／包国宪

副主编／马　翔　王学军

社会科学文献出版社
SOCIAL SCIENCES ACADEMIC PRESS (CHINA)

图书在版编目（CIP）数据

中国县级政府绩效指数研究报告 . 2023 ／包国宪主
编；马翔，王学军副主编 . --北京：社会科学文献出
版社，2023.7
　（县级政府绩效蓝皮书）
　ISBN 978-7-5228-1768-2

　Ⅰ.①中… 　Ⅱ.①包… ②马… ③王… 　Ⅲ.①县-地
方政府-行政管理-研究报告-中国-2023 　Ⅳ.
①D625

中国国家版本馆 CIP 数据核字（2023）第 076228 号

县级政府绩效蓝皮书

中国县级政府绩效指数研究报告（2023）

主　　编／包国宪
副 主 编／马　翔　王学军

出 版 人／王利民
组稿编辑／任文武
责任编辑／王玉山
文稿编辑／刘　燕
责任印制／王京美

出　　版／社会科学文献出版社·城市和绿色发展分社（010）59367143
　　　　　地址：北京市北三环中路甲 29 号院华龙大厦　邮编：100029
　　　　　网址：www.ssap.com.cn
发　　行／社会科学文献出版社（010）59367028
印　　装／天津千鹤文化传播有限公司

规　　格／开　本：787mm×1092mm　1/16
　　　　　印　张：26.75　字　数：401 千字
版　　次／2023 年 7 月第 1 版　2023 年 7 月第 1 次印刷
书　　号／ISBN 978-7-5228-1768-2
定　　价／128.00 元

读者服务电话：4008918866

组织编写单位与发布机构
兰州大学中国政府绩效管理研究中心

联合发布与支持机构
清华大学区域发展研究院
北京大学中国政治学研究中心
中国科学院创新发展研究中心
中国人民大学循证治理与公共绩效研究中心

技术支持
新华睿思数据云图分析平台

　　"中国县级政府绩效指数研究报告（2023）"为自然科学基金青年项目"公共项目绩效的价值建构及测度方法创新研究"（72104095）、国家自然科学基金面上项目"公共价值视角下的公共服务合作生产与绩效治理研究"（71974088）、教育部人文社会科学研究青年基金项目"影响地方政府回应绩效有关问题：基于全国性网络问政平台大数据的实证研究"（21XJC630009）、中央高校基本科研业务费"学科交叉创新团队建设项目"（21lzujbkytd007）、甘肃省重点研发计划项目"甘肃省医药大数据系统技术研发与平台设计"（20YF8GA068）、兰州大学中央高校基本科研业务费"协同治理视角下健康中国建设的绩效评价体系构建与操作方法研究"（2022jbkyjd002）成果。

《中国县级政府绩效指数研究报告（2023）》编委会

兰州大学中国政府绩效管理研究中心简介

兰州大学中国政府绩效管理研究中心（以下简称"中心"）始建于2004年，是国内首家政府绩效管理专业学术研究机构。中心是我国政府绩效管理基础理论研究、评估与制度建设、数据库建设、人才培养和社会服务的重要基地，自2006年起由兰州大学和中国行政管理学会共建，2013年被列为甘肃省高等学校人文社会科学重点研究基地，2017年起入选中国智库索引（CTTI）来源智库。

中心现有专、兼职教授（研究员）30余名，副教授（副研究员）20余名，讲师10余名，兰州大学管理学院名誉院长、全国政府绩效管理研究会副会长包国宪教授任中心主任。作为我国首家第三方政府绩效评价机构，中心开创了我国第三方机构评价政府绩效的先河，形成了中国地方政府绩效评价的"甘肃模式"，培养出了中国第一批政府绩效管理专业博士和硕士。中心推动成立了全国政府绩效管理研究会、全国政府绩效管理合作研究网络，作为发起者与美国、日本、韩国、泰国、越南等国高校自2009年起共同主办的政府绩效管理与绩效领导国际会议是全球范围内规模最大的绩效会议之一，依托这一学术共同体，推动建立了国际政府绩效联盟（IGPA）。

中心先后承担国家级科研项目和世界银行、国家部委及地方政府委托项目60余项，参与了国家税务总局、原环保部、原农业部，以及杭州、深圳等多个地方政府的绩效评估方案设计和咨询工作，组织编撰了《中国政府绩效管理年鉴》，出版了《政府绩效管理学》等 10 余部专著，在国内外高水平杂志发表论文 200 余篇，多篇论文被《新华文摘》《人大复印报刊资料》全文转载，研究成果获得高等学校科学研究优秀成果（人文社会科学）二等奖，以及甘肃省哲学社会科学优秀成果一等奖、二等奖等国家和省（部）级科学研究奖项 20 余项，提出的以公共价值为基础的政府绩效治理理论受到学术界广泛关注和认可。

中心联系方式：0931-8914309　　电子邮箱：gpm@ lzu. edu. cn
中心地址：甘肃省兰州市天水南路 222 号兰州大学 730000

主要编撰者简介

包国宪　甘肃庆阳人，博士，二级教授，博士生导师，兰州大学萃英学者，2004~2016 年担任兰州大学管理学院院长，现任兰州大学管理学院名誉院长、中国政府绩效管理研究中心主任。先后被评为教育部高等学校教学名师、宝钢优秀教师、全国先进工作者、中国最受尊敬的商学院院长、甘肃省第一层次领军人才、甘肃省"园丁奖"优秀教师，受聘担任中国行政管理学会学术顾问委员会学术委员，入选 2022"中国高贡献学者"榜单综合类高校学者百强。

马　翔　1990 年生，甘肃民勤人，兰州大学-佛罗里达州立大学联合培养博士，兰州大学管理学院青年研究员、中国政府绩效管理研究中心副主任。主要从事政府绩效管理、公共项目评估和政府回应研究。

王学军　1986 年生，甘肃临泽人，博士，教授，博士生导师。现任兰州大学社会科学处处长、中国政府绩效管理研究中心副主任，主要从事政府绩效管理、公共价值管理和合作生产与治理研究。先后入选兰州大学首批萃英学者（三级岗）、国家级青年人才计划和甘肃省领军人才。

摘　要

　　郡县治，天下安。两千多年来，县一级政权一直是我国国家结构的基本单元，是治国理政的基石。县级政府绩效评价对提升国家治理体系与治理能力现代化水平、完成国家发展和改革任务至关重要。兰州大学中国政府绩效管理研究中心立足于新时代背景，在习近平新时代中国特色社会主义思想的指导下，基于以公共价值为基础的政府绩效治理理论，主要依据互联网大数据，开发了全国第一个县级政府绩效指数，旨在通过科学的指标体系与评价方法，按年度持续测度和评价中国县级政府绩效的状况与态势。

　　《中国县级政府绩效指数研究报告（2023）》展示的是 2019 年中国县级政府绩效评价结果。本书主要分为总报告、指数分析篇、典型案例篇三部分。总报告阐述了县级政府绩效的评价背景、评价指数文献综述、评价目的、评价原则等，系统呈现了县级政府绩效评价方案，并对评价结果进行了总体分析、省份分析、区域分析和年度对比分析，在此基础上提出了改进县级政府绩效的对策建议。指数分析篇进一步对县级政府的发展成效、社会治理、政府能力三个维度的评价结果进行分析，在此基础上提出了改进各维度绩效的对策建议。典型案例篇围绕县级政府绩效以及发展成效、社会治理与政府能力等方面的标杆案例进行分析，归纳总结了各案例在改进政府绩效方面具有借鉴意义的经验做法。

　　本书的主要发现如下：第一，全国县级政府绩效指数以及各维度总体得分均近似符合正态分布，呈现"两头小，中间大"的"纺锤体"格局；第二，浙江省县级政府绩效、发展成效、社会治理均表现优异，安徽省县级政

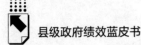

府的政府能力整体拔尖，省份之间存在东南—西北向的"绩效雁阵"；第三，县级政府绩效和社会治理、政府能力得分的区域分布均存在 V 形绩效鸿沟，县级政府绩效呈现区域性聚集的现象，华东地区县级政府绩效及各维度均领先全国；第四，县级政府绩效总体平稳、稳中有进。

特别说明：本书行政区划信息来源于民政部网站公示的 2019 年 12 月中华人民共和国县以上行政区划代码（https：//www. mca. gov. cn/article/sj/xzqh/1980/2019/202002281436. html）。由于数据获取和可比性原因，港澳台地区未纳入评价。由于没有设县（县级市），北京、上海、天津未纳入评价。

关键词： 县级政府　政府绩效　社会治理　政府能力

目 录 ⟍ゝ

Ⅰ 总报告

Ⅱ 指数分析篇

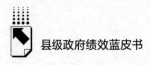

县级政府绩效蓝皮书

Ⅲ 典型案例篇

皮书数据库阅读使用指南

总 报 告
General Report

B.1
中国县级政府绩效指数研究报告

兰州大学中国政府绩效管理研究中心"县级政府绩效指数"课题组*

摘　要：　县级政府绩效是国家治理效能的基础，县级政府绩效评价对提升国家治理体系与治理能力现代化水平、完成国家发展和改革任务至关重要。报告立足于新时代背景，在习近平新时代中国特色社会主义思想的指导下，基于以公共价值为基础的政府绩效治理理论，主要依据互联网大数据，开发了全国第一个县级政府绩效指数，并对全国1766个县级政府2019年度的绩效进行了评价。评价结果分为总体分析、省份分析、区域分析和年度对比分析四个部分。总体分析发现，全国县级政府绩效指数分布情况符合正态

* 执笔人：包国宪、马翔、王学军、王智孝、宋馨远。包国宪，教授，博士生导师，兰州大学管理学院名誉院长、中国政府绩效管理研究中心主任，研究方向为战略管理、政府绩效管理；马翔，兰州大学管理学院青年研究员、中国政府绩效管理研究中心副主任，研究方向为政府绩效管理、政府回应；王学军，教授，博士生导师，中国政府绩效管理研究中心副主任，研究方向为政府绩效管理、公共价值管理；王智孝，兰州大学管理学院博士研究生，研究方向为政府绩效评价与激励；宋馨远，兰州大学管理学院硕士研究生，研究方向为政府绩效管理。

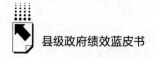

分布，呈现区域性聚集的特征。省份分析发现，浙江省县级政府绩效整体拔尖，省份之间存在东南—西北向的"绩效雁阵"。区域分析发现，华东地区县级政府绩效领先全国，区域之间存在 V 形绩效鸿沟。年度对比分析发现，相较于 2018 年，2019 年县级政府绩效总体有所改进，省内均值和区域内均值大面积增加。

关键词： 县级政府　政府绩效评价　绩效指数

一　评价背景

党的十九届四中全会提出了推进国家治理体系与治理能力现代化的总体目标，党的十九届五中全会提出了到 2035 年我国基本实现社会主义现代化远景目标，党的十九届六中全会总结了党和国家事业取得的历史性成就、发生的历史性变革，并以此为标志，踏上了实现第二个百年奋斗目标的新征程。政府绩效治理对提升国家治理体系与治理能力现代化水平至关重要，是实施乡村振兴战略、基本实现共同富裕等远景目标的风向标，可以成为实现第二个百年奋斗目标的助推器。县级政府绩效是国家整体治理绩效的最基本单元，如果能够评价县级政府绩效，那么其他级别政府的绩效便可以此为参照。

为什么县一级政权如此重要？从历史的角度讲，"县集而郡，郡集而天下，郡县治，天下无不治"。在我国两千多年的朝代更迭过程中，行政管理层级几经变化与调整，但县级行政建制一直保持稳定，是治国理政的基石与国家结构的基本单元。从当代政权结构的视角看，无论是党的组织结构还是国家政权结构，县一级均处在承上启下的关键环节，县委是我们党执政兴国的"一线指挥部"，它所承担的责任越来越大，在"四个全面"战略布局中起着重要作用。从政府职能的视角看，"上面千条线，下面一根针"，县级政府是具有较完整意义政府职能的基层政府。

政府绩效评价被称为世界性难题，县级政府绩效评价更是难上加难。一方面，要从理论上保证指数指标体系具有科学理论基础和正确价值导向作用，从而有助于基层政府在正确的轨道上增进绩效；另一方面，越往基层，政府的数字鸿沟越深，指标数据的获取面临较大的障碍。现有的地方政府绩效评价更多是针对区域、省份或者城市。兰州大学中国政府绩效管理研究中心于2020年10月发布了全国首个县级政府绩效指数，于2021年12月在社会科学文献出版社出版了《中国县级政府绩效指数研究报告（2021）》，开启了第三方机构评价县级政府的先河，也拉开了探索为县级政府提供绩效标杆与绩效准则的序幕。《中国县级政府绩效指数研究报告（2023）》将在前期探索的基础上，继续开展县级政府绩效评价，为县级政府持续改进绩效与提升能力提供方向，为我国推进区域发展、实施乡村振兴战略、实现共同富裕提供着力点与推动力。

二 评价指数文献综述

直接或间接反映我国整体或地方治理绩效的第三方评估不下一百种，而依据评估对象可以将其分为两类：第一类将国家作为评估对象，包括以世界治理指数（WGI）为代表的国别绩效评估和以《营商环境报告》（Doing Business）为代表的国别领域绩效评估；第二类将我国地方政府作为评估对象，包括以《中国地方政府绩效评估报告》[①] 为代表的地方政府绩效评估和以中国地方政府沟通指数为代表的地方政府某领域绩效评估。

（一）国别绩效指数

在整体性绩效评估方面，最具有代表性的包括世界治理指数和千年发展目标（MDGs）。世界银行在1996年提出了世界治理指数，截至2023年4月，该指数共报告了1996~2021年200多个国家和地区的总体和个别治理指标，共涉及话语权和问责制、政治稳定和无暴力、政府效能、监管质量、法律规则以及控制腐败等六个维度。在2000年的联合国千年首脑会议上，189个国家

---

① 季哲：《"中国地方政府绩效评估报告成果发布会暨理论研讨会"在京举行》，《中国行政管理》2018年第2期。

签署了千年发展目标，具体包括消灭极端贫穷和饥饿、普及小学教育、两性平等和女性赋权、降低儿童死亡率、改善产妇保健、对抗艾滋病及其他疾病、确保环境可持续性、全球发展合作等8项目标。此外，我国华东政法大学政治学研究院2014年构建了全球治理指数，具体由"机制""绩效""决策""责任"四个部分及各项具体指标构成，旨在通过对全球数据的采集与测评，客观衡量和反映世界189个国家对全球治理的参与和贡献度。

在领域绩效评估方面，较知名的包括世界银行的《营商环境报告》、透明国际的"全球清廉指数"、列格坦研究所的"全球繁荣指数"等。《营商环境报告》旨在衡量全球179个国家在开办企业、办理施工许可证、获得电力、登记财产、获得信贷、保护少数投资者、纳税、跨境贸易、执行合同和办理破产等方面的便利程度。透明国际基于从全球范围内13家独立研究机构的调查报告中提取的企业、个人等主体对各个国家腐败程度的主观感觉和评判得出"全球清廉指数"。"全球繁荣指数"包括财富、经济增长、个人福利以及生活质量等维度。

国别绩效指数所强调的价值内涵具有较高的一致性，主要包括民主、法治、清廉、透明、回应、参与、稳定、自由、责任、经济发展、政府效能等结果维度和过程维度指标。以上指数为本报告构建绩效指数提供了可以借鉴的系列指标。然而，需要强调的是不同国别背景与情境语境下，治理绩效的内涵不尽相同。既有的国别绩效指数大多数由西方主导发布，完全没有进行中国情境下的适用性分析。立足于中国情境进行县级政府绩效评价，需要牢牢把握治理现代化的时代背景，需要明确政府在绩效的多元主体合作中起到主导作用。在中国，政府能力作为发展成效与社会治理的内生变量，对发展成效与社会治理有着至关重要的推动作用，是构成地区竞争力的核心方面，也是整体绩效改善的重要源泉，因此政府能力也是政府绩效的重要组成部分。

（二）中国的绩效指数

国内学者也围绕政府治理绩效展开了积极探索，中国社会科学院发布的《中国地方政府绩效评估报告》是目前通过公开渠道可追溯的国内第一个可操作化的综合性地方政府绩效评估体系，全面展现了全国 4 个直辖市、15 个副省级市、317 个地市级政府的综合施政绩效，它的评估维度包括经济发展、市场监管、社会管理、公共服务、平衡发展、依法行政、政府效能、行政廉洁、行政成本和行政公开等。其他评价体系更多是针对省、市政府某方面绩效的评价。比如中国人民大学国家发展与战略研究院发布的中国城市政商关系指数，通过政府关心、政府服务、企业税、政府廉洁度和政府透明度等维度评价中国 290 多个城市的新型政商关系。清华大学国家治理研究院发布的《中国政府网站绩效评估报告》从信息公开、政策解读、在线服务、互动交流、展现标识、监督管理和传播应用 7 个方面，主要对 53 个国务院部门网站、31 个省级政府门户网站、31 个副省级和省会城市政府门户网站、301 个地市级政府门户网站进行评估。①

另外，诸如"中小城市高质量发展指数""赛迪经济百强县"等较为权威的指数虽然也评价了县级层面，并且在一定程度上可以体现县级政府绩效的一些方面，但不能反映县级政府的综合绩效。"中小城市高质量发展指数"指标过多，一些指标难以甄别是否属于县级政府绩效，另一些指标更多依赖自然禀赋与区位条件，难以对县级政府起到导向作用。"赛迪经济百强县"更多体现县域经济发展绩效，不宜将其作为县级政府绩效的整体判断标准。"中国县域社会治理指数模型""中国共同富裕指数模型"为未来评价县级政府绩效做出了理论贡献，但尚未完全落地。

总的来看，现有第三方政府绩效评价大多针对省级政府或地市级政府，能够实现县级政府全面覆盖并有效落地的独立、第三方绩效评价付之阙如。省、市级政府在功能定位、制度约束、职责范围等方面与县级政府明显不同，因此，省、市级政府绩效评估指标体系难以适用于县级政府绩效评估，即便可以借鉴，县级层面的指标数据难以获取也是一个突出问题。将范围下沉到县级政府的评价体系大多属于某领域的绩效评价，无法客观全面地反映县级政府综合绩效。兰州大学中国政府绩效管理研究中心提出了第一版较为成熟

---

① 还包括 263 个区县级政府门户网站，由于占比较少，难以代表区县总体。

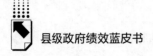

定型的县级政府绩效指数，第二版县级政府绩效指数将依据自上而下路线方针政策的指引与自下而上公众偏好的变化而不断优化调适与动态调整。

三　评价目的

构建中国县级政府绩效指数，旨在建立具有中国特色且具有国际比较意义的县级政府绩效标准，服务于地方政府绩效的持续提升，为实现国家治理现代化和共同富裕等 2035 年远景目标贡献学术智慧。具体目标包括：为县级政府改进绩效提供价值导向；为县级政府把脉绩效现状提供外部标尺；为县级政府持续提升绩效提供咨询服务；为公众参与政府绩效评价提供互动平台；为企业在县域投资提供有效参考；为学界研究政府绩效提供数据支撑。

四　评价原则

指数的构建并不是多种数据的简单堆积、叠加、统计和排序，而是需要依据评价原则，通过指标体系综合反映特定的意涵。中国县级政府绩效指数的编制，基于关键指标的思路，希望形成简单、科学且易达共识的指标体系。指标体系的编制遵循以下原则。

（一）导向性原则

指数的构建以新发展理念为指导，既要能够客观评价新时代县级政府绩效究竟怎么样，还要为县级政府未来"如何做、做什么"提供努力方向，引导县级政府树立正确、具有前瞻性的绩效观。

（二）针对性原则

指数的评价对象是县级政府，指标体系要能够相对全面、准确地反映县级政府的基本属性和主要特征。本报告根据县级政府职责权限的可及范围，确定评价内容与评价指标，充分体现县级政府绩效是靠县级政府干出来的。

（三）可操作性原则

指数的全部指标均要确保在具有导向性的前提下能够真正落地，具体表现在保证数据可得与结果可用两个方面。数据可得要求每个指标要有明确、权威的数据来源，结果可用要求评价结果通俗易懂、依据结果改进绩效简便易行。

（四）可比性原则

指数的可比性体现在横向可比和纵向可比两个方面。横向可比性体现评价对象层级一致性与特征相似性的统一，有助于县级政府发现绩效标杆并定位绩效差距。纵向可比性要求评价体系具有相对稳定性，有助于发现县级政府绩效在时间维度的变化轨迹。

（五）科学性原则

将依据以公共价值为基础的政府绩效治理（PV-GPG）理论，坚持科学的维度构建、指标筛选、权重确定、数据计算与指数合成方法，遵循隶属度检验、原则性检验、信效度检验、相关性检验的规范程序来构建评价体系。

（六）可持续性原则

指标体系既有反映县级政府当前绩效现状的指标，又有能够体现县级政府未来发展变化的指标。指标体系要坚持相对稳定与动态调整的统一，随着宏观形势与微观环境的变化持续地优化指标构成。

五　评价方案

（一）体系设计

1. 设计思路

党的十九届四中全会要求，"把我国制度优势更好转化为国家治理效能"。党的十九届五中全会进一步将"国家治理效能得到新提升"定位为

"十四五"时期经济社会发展主要目标。就国家行政管理层面来讲，治理效能即在中国共产党的全面领导下，以政府为中坚和主导，在全社会广泛参与下，按照党和国家决策部署推动经济社会发展、管理社会事务、服务人民群众的"成效"与"能力"。治理效能还包含对治理方式的要求，即在政府主导下，强调社会力量的参与。在以公共价值为基础的政府绩效治理理论的学术语境下，治理绩效与治理效能的内涵一致，在重视治理成效的同时，关注治理能力的提升和治理方式的创新，分别体现为对使命型价值、工具型价值、权益型价值的追求。

县级政府绩效指数构建以反映县级政府治理效能为核心目标，以 PV-GPG 为理论框架，在反思传统政府绩效管理理论范式的基础上对绩效内涵进行建构，使其更加适应高质量发展的要求，更加符合以人民为中心的发展思想。PV-GPG 认为公共价值对政府绩效具有本质规定性，只有承载了政治社会协调后的公众需要的政府绩效才具有合法性与可持续性。指数基于 PV-GPG，以使命型、权益型与工具型公共价值为基础，从发展成效、社会治理、政府能力三个绩效维度构建评价框架（见图 1）。每个维度又分别设置一级、二级指标，其中一级指标与二级指标以理论与政策为导向，按照专家意见与逻辑推理开发，兼具专家效度和理论效度。整体而言，体系设计本着维度和一级指标保持基本稳定、二级指标持续优化的原则，努力实现数据可得性和评价科学性的统一。

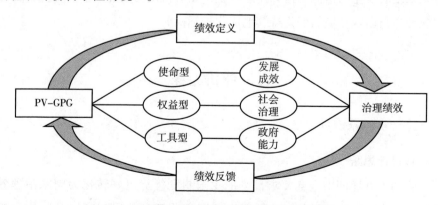

图 1 县级政府绩效评价指标体系的设计思路

2. 指标体系

（1）发展成效维度

党的十八大对推进新时代中国特色社会主义事业做出经济建设、政治建设、文化建设、社会建设、生态文明建设"五位一体"总体布局，为"两个一百年"奋斗目标和中国梦的实现，明确了努力的领域和方向。协调推进"五位一体"总体布局，实现经济发展、政治清明、文化昌盛、社会公正、生态良好是县级政府的时代使命和历史任务。发展成效维度包括经济发展、生态建设、科技发展、教育发展、文体发展、卫生发展、公共安全7个一级指标，目的正是从经济建设、文化建设、社会建设、生态文明建设4个方面评价县级政府推进"五位一体"总体布局所取得的成效。

经济发展用经济基础、经济潜力、发展平衡性3个二级指标进行评价，引导县级政府摒弃一味追求经济增长的短期思维，探索共同富裕的高质量发展路径。

生态建设用生态环境保护和生态环境建设2个二级指标进行评价，引导县级政府减少生态环境破坏，加强生态环境改善。

科技发展用科技创新和科学普及2个二级指标进行评价，引导县级政府在激活科技创新活力的同时，更好推动科技成果惠及广大人民群众。

教育发展用教育普及、教育质量2个二级指标进行评价，引导县级政府同时关注教育发展的体量与质量，实现教育强县。

文体发展用文化发展和体育发展2个二级指标进行评价，引导县级政府将文明精神与强健体魄的公共服务供给提升协调起来。

卫生发展用食药安全、医疗服务、公共卫生3个二级指标进行评价，引导县级政府切实保障人民群众身体健康和生命安全，助力健康中国建设。

公共安全用社会稳定、社会安全、安全生产3个二级指标进行评价，引导县级政府扎实做好社会稳定和安全生产工作，助力平安中国建设。

（2）社会治理维度

党的十九届四中全会首次提出了"社会治理是国家治理的重要方面"的科学论断。深入推进社区、社会组织、社会工作"三社联动"，是提升基层社会治理水平的重要抓手。2017 年，《中共中央 国务院关于加强和完善城乡社区治理的意见》要求推进"三社联动"。《城乡社区服务体系建设规划（2016—2020 年）》明确"三社联动"机制即"建立居民群众提出需求、社区组织开发设计、社会组织竞争承接、社工团队执行实施、相关各方监督评估的联动机制"。社会治理维度包括社区参与、社会组织发展、社工发展 3 个一级指标，目的是从社区、社会组织、社会工作 3 个方面评价县域社会治理状况。

社区参与用参与平台建设、参与程度 2 个二级指标进行评价，引导县级政府在扩大社会参与平台的同时，提升公众参与程度。

社会组织发展用社会组织培育 1 个二级指标进行评价，引导县级政府加强对社会组织的支持和监管，确保其建立得起来，也发展得下去。

社工发展用社工机构培育 1 个二级指标进行评价，引导县级政府壮大社工机构，为社工发展筑牢组织基础。

（3）政府能力维度

政府能力旨在衡量县级政府在党委的全面领导下进行社会治理和提供公共服务的能力。这一容易被传统政府绩效评价所忽视的关键绩效维度，是构成战略绩效的前提和基础，是发展成效和社会治理可持续的关键，更是国家治理能力现代化的重要组成部分，应该纳入政府绩效评价体系。政府能力维度包括财政能力、法治能力、回应能力、廉政能力、数字能力 5 个一级指标，目的是确保县级政府绩效的持续提升。

财政能力用财政增长、财政质量 2 个二级指标进行评价，引导县级政府实现财政健康发展。

法治能力用普法力度、执法质量 2 个二级指标进行评价，引导县级政府提高外部的公众法律素质和内部的自身依法行政能力。

回应能力用回应效率、回应质量 2 个二级指标进行评价，引导县级政府又快又好地回应公众关切。

廉政能力用反腐力度、纪律建设 2 个二级指标进行评价，引导县级政府加强党风廉政建设，严明政治纪律。

数字能力用政务公开、政务服务 2 个二级指标进行评价，引导县级政府强化网上信息公开能力和网上办事能力，加快数字政府建设。

本报告在明确维度、一级指标、二级指标架构的基础上，进一步为各个二级指标设置可以测量的支撑数据，实现评价体系的可操作化。本报告从发展成效、社会治理、政府能力 3 个维度出发，共形成 15 个一级指标、31 个二级指标、44 个支撑数据（见表 1）。

表 1　中国县级政府绩效评价指标体系

维度	一级指标	二级指标	支撑数据
发展成效	经济发展	经济基础	人均 GDP
			人均社会消费品零售总额
		经济潜力	万人新注册商标数量
			万人新注册公司数量
			GDP 增长率
			户籍人口增长率
		发展平衡性	农村居民人均可支配收入
			城镇居民人均可支配收入
			城乡收入比
	生态建设	生态环境保护	AQI 级别
		生态环境建设	公园（景区）质量
			是否为新晋国家生态园林城市
	科技发展	科技创新	万人新申请专利拥有量
		科学普及	科学普及活动数量
	教育发展	教育普及	九年义务教育巩固率
		教育质量	教育问题投诉率
	文体发展	文化发展	万人图书馆拥有量
			万人经营性文化企业数量
		体育发展	万人经营性体育组织数量
	卫生发展	食药安全	食品安全事件数量
		医疗服务	医疗卫生事件数量
			千人医疗卫生机构床位数
		公共卫生	万人公共厕所数量

续表

维度	一级指标	二级指标	支撑数据
发展成效	公共安全	社会稳定	群体性事件数量
		社会安全	重大刑事案件数量
		安全生产	安全生产事故数量
社会治理	社区参与	参与平台建设	有效参与平台数量
			参与平台影响力
		参与程度	开展社会评价的事项数量
			公开征集意见的政策(项目)数量
	社会组织发展	社会组织培育	万人新成立登记社会组织数量
	社工发展	社工机构培育	万人新成立登记社工机构数量
政府能力	财政能力	财政增长	财政收入增长率
		财政质量	一般公共预算收入中税收收入占比
	法治能力	普法力度	普法活动数量
		执法质量	万人行政案件数量
	回应能力	回应效率	网民留言回复率
			网民留言回应速度
		回应质量	回应质量感知
	廉政能力	反腐力度	典型腐败案例数量
		纪律建设	典型违反政治纪律案例数量
	数字能力	政务公开	政府信息公开程度
		政务服务	万人政府网站访问量
			网上办事便利程度

注：为便于后续研究分析，维度、指标、支撑数据统称指标。

3. 评价调整

本报告延续了2019年中国县级政府绩效指数（简称"2019指数"）的评价目标、基本原则、理论基础、体系框架，同时紧跟国家大政方针，紧扣社会关注的热点问题，结合业内专家和实务界人士关于2019指数的意见建议，在指标体系、支撑数据、评价范围、评价标准和数据采集方式等方面进行了优化调整。具体调整如下。

（1）新发展理念导向更加明显

习近平总书记在中央财经委员会第十次会议上强调，要提高发展的平衡性。这是我国立足新发展阶段、贯彻新发展理念、构建新发展格局的内在要求，是促进共同富裕的本质要求。2020 年中国县级政府绩效指数（简称"2020 指数"）在 2019 指数发展成效维度既有指标的基础上，专门设置了发展平衡性指标并且适当增加指标权重，将农村居民人均可支配收入、城镇居民人均可支配收入和城乡收入比作为发展平衡性指标的支撑数据。

（2）指标体系进一步优化

顺应党和国家路线方针政策的新形势、新变化和新要求，通盘考虑评价体系的稳定性和动态性，兼顾指标的导向性、科学性与数据可得性，2020 指数指标体系进行了局部优化调整。其中，发展成效、社会治理和政府能力维度保持不变。基于理论对一级指标进行了解构和补充，2020 指数一级指标扩充至 15 个，扩充幅度达 36%；因一级指标变化，二级指标扩充至 31 个，扩充幅度达 55%；二级指标的支撑数据（2019 指数称"三级指标"）进一步扩充至 44 个，扩充幅度达 26%。

（3）评价范围进一步扩大

为了更准确地反映全国、各区域以及各省份县级政府绩效的全貌，归纳总结出更具普适意义的研究结论，课题组综合运用依申请公开、依历史数据测算等方式进行少数评价对象个别指标数据缺失值的填补，2020 指数参与评价的县级政府数量由上年的 1697 个进一步增加至 1766 个，评价范围达到 94%。

（4）打分标准进一步细化

为进一步增强评价结果的可比性和可解释性，使评价对象更清晰地定位坐标、明确差距，2020 指数进一步细化了打分标准。其中人均 GDP、万人图书馆拥有量 2 项支撑数据采用了世界银行等国际通行标准，AQI 级别、九年义务教育巩固率、千人医疗卫生机构床位数、万人公共厕所数量、一般公共预算收入中税收收入占比、网民留言回应速度等 6 项支撑数据采用了国内规划标准，其余指标采用国内先进地区标准。

（5）数据采集方式更加多元

为了进一步破解县级政府绩效评价的"信息不对称"问题，除了继续采用抓取政府主动公开的数据、第三方平台数据、官方统计数据和实验测评等方式获取数据外，2020 指数更加充分地采用依申请公开、电话调研等方式获取二手数据。针对回应质量指标和政务服务指标，课题组专门组织调研团队，制定详细评估方案，通过电话调查、模拟互联网办事等体验式评估方式，进行一手数据采集。

4. 效度检验

效度反映测量工具的有效性与准确性，用于检验测量工具在多大程度上体现目标内容。内容效度①测量题项内容与总体内容的代表性和一致性，相对于建构效度、效标关联效度，其更适用于政府绩效评价指标的效度检验。

课题组对中国县级政府绩效评价指标体系进行了科学、严格的内容效度检验。由 12 名政府绩效管理领域权威专家和 10 名县级政府党政机关领导共同组成的专家组，对各个二级指标按照固定题项"请根据您的学识和经验，评定该二级指标在多大程度上适合评价对应的一级指标。评定等级：非常合适、合适、不合适、非常不合适、不清楚"进行评定。根据专家评定结果，选用内容效度比（CVR）来衡量指标的内容效度。

内容效度比的计算见公式（1）：

$$CVR = \frac{2Ne - N}{N} \tag{1}$$

Ne 为给出的评定等级为"非常合适"或"合适"的专家人数，N 为应邀参与评定的专家总人数（表示"不清楚"的专家除外）。

表 2 是最终版的中国县级政府绩效评价指标体系中二级指标效度评价结果。二级指标中科学普及 CVR 最小，为 0.75，其余二级指标 CVR 均为 1，由此可知，最终纳入评价体系的二级指标能够很好地反映对应的一级指标内容。因此，中国县级政府绩效评价指标体系及所有指标的设置科学、合理、可行、有效。

① 内容效度指二级指标评价对应一级指标的逻辑合理程度。

表 2 中国县级政府绩效评价指标体系二级指标效度评价结果

二级指标	CVR	二级指标	CVR
经济基础	1.00	安全生产	1.00
经济潜力	1.00	参与平台建设	1.00
发展平衡性	1.00	参与程度	1.00
生态环境保护	1.00	社会组织培育	1.00
生态环境建设	1.00	社工机构培育	1.00
科技创新	1.00	财政增长	1.00
科学普及	0.75	财政质量	1.00
教育普及	1.00	普法力度	1.00
教育质量	1.00	执法质量	1.00
文化发展	1.00	回应效率	1.00
体育发展	1.00	回应质量	1.00
食药安全	1.00	反腐力度	1.00
医疗服务	1.00	纪律建设	1.00
公共卫生	1.00	政务公开	1.00
社会稳定	1.00	政务服务	1.00
社会安全	1.00		

（二）评价对象

2019 年末，中国有 2851 个县级行政区划，其中市辖区 970 个、县级市 375 个、县 1335 个、自治县 117 个、旗 49 个、自治旗 3 个、特区 1 个、林区 1 个。[①] 2020 年中国县级政府绩效指数的评价对象包括除市辖区政府之外的 1881 个县级政府。[②] 在实施评价的过程中，由于各县（市）绩效信息的公开情况不同，部分指标数据难以获取。数据收集工作在 2020 年末完成，所有指标数据均获取的县级政府共计 1766 个，达到拟评对象的 94%。[③] 整体而言，指标数据的获取情况良好，评价覆盖面较广。评价对象分地区、分省份的数量情况如表 3 所示。

---

① 本报告将县、县级市、自治县、旗、自治旗、特区、林区统称为"县（市）"。
② 市辖区政府职责范围与县（市）政府存在明显差异，因此本次评价没有纳入。
③ 本报告中的所有百分比均通过四舍五入取整。

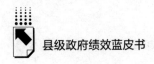

表3 中国县级政府绩效指数评价对象分地区、分省份的数量

单位：个，%

地区	省份	县级政府总数	纳入评价的县级政府数量	纳入评价占比
东北	辽宁	41	40	98
东北	吉林	39	38	97
东北	黑龙江	68	56	82
华北	内蒙古	80	77	96
华北	山西	91	90	99
华北	河北	121	118	98
华东	江苏	41	40	98
华东	浙江	53	52	98
华东	安徽	61	58	95
华东	山东	80	77	96
华东	江西	73	71	97
华东	福建	56	55	98
华南	广东	57	57	100
华南	广西	70	70	100
华南	海南	15	15	100
华中	湖北	64	63	98
华中	湖南	86	86	100
华中	河南	105	105	100
西北	陕西	77	77	100
西北	宁夏	13	13	100
西北	甘肃	69	69	100
西北	新疆	93	72	77
西北	青海	37	32	86
西南	四川	129	127	98
西南	云南	112	112	100
西南	贵州	72	71	99
西南	重庆	12	12	100
西南	西藏	66	13	20
总计		1881	1766	94

注：本报告中的省份指代省、自治区和直辖市。其他报告与此相同，不再注明。

（三）指标定义与数据收集

本书的绩效数据通过爬虫工具、人工检索、实验测算、体验式评估等方式获取，具体渠道包括：政府工作报告、国民经济与社会发展统计公报、统计年鉴、财政决算公开报告，县级政府门户网站、政务微博、中国裁判文书网等政府发布的文件与信息；人民网、天眼查、百度地图、2345天气预报、携程网、微信公众号、微博、抖音等第三方平台（见图2）。本书力图通过多渠道获取数据，以更为全面地反映综合绩效，尽可能避免绩效评价信息损失所造成的绩效测量偏差。

图 2　主要数据来源

支撑数据的指标定义与数据收集情况见表4。指标定义包括计算方法和指标类型，数据收集情况包括主要数据来源和获取方式。

表 4　指标定义与数据收集

指标名称	计算方法	指标类型	主要数据来源	获取方式
人均GDP	2019年人均GDP	递增指标	县(市)政府工作报告、县(市)国民经济与社会发展统计公报、县(市)统计年鉴、依申请公开数据	政府统计

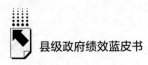
续表

指标名称	计算方法	指标类型	主要数据来源	获取方式
人均社会消费品零售总额	2019 年社会消费品零售总额/2019 年末户籍人口数量(万人)	递增指标	县(市)政府工作报告、县(市)国民经济与社会发展统计公报、县(市)统计年鉴、依申请公开数据	政府统计
万人新注册商标数量	2019 年有效注册商标数量/2019 年末户籍人口数量(万人)	递增指标	国家工商行政管理总局商标局网站	政府统计
万人新注册公司数量	2019 年注册公司数量/2019 年末户籍人口数量(万人)	递增指标	天眼查	第三方平台采集
GDP 增长率	2019 年 GDP 增长率	递增指标	县(市)政府工作报告、县(市)国民经济与社会发展统计公报、县(市)统计年鉴、依申请公开数据	政府统计
户籍人口增长率	(2019 年末户籍人口数量 − 2018 年末户籍人口数量)/2018 年末户籍人口数量	递增指标	县(市)政府工作报告、县(市)国民经济与社会发展统计公报、县(市)统计年鉴、依申请公开数据	政府统计
农村居民人均可支配收入	2019 年农村居民人均可支配收入	递增指标	县(市)政府工作报告、县(市)国民经济与社会发展统计公报、县(市)统计年鉴、依申请公开数据	政府统计
城镇居民人均可支配收入	2019 年城镇居民人均可支配收入	递增指标	县(市)政府工作报告、县(市)国民经济与社会发展统计公报、县(市)统计年鉴、依申请公开数据	政府统计
城乡收入比	2019 年城镇居民人均可支配收入/2019 年农村居民人均可支配收入	递减指标	县(市)政府工作报告、县(市)国民经济与社会发展统计公报、县(市)统计年鉴、依申请公开数据	政府统计
AQI 级别	2019 年各月 AQI 的均值级别。1 级: 0 ~ 50; 2 级: 51 ~ 100; 3 级: 101 ~ 150; 4 级: 151 ~ 200; 5 级: 201 ~ 300; 6 级: 300 以上	等级指标	2345 天气预报	第三方平台采集

续表

指标名称	计算方法	指标类型	主要数据来源	获取方式
公园（景区）质量	县（市）评分最高的公园（景区）2019 年评分均值乘以权重。2019 年游览人数不足 10 人的权重为 1；游览人数大于 1000 人的公园（景区）权重为 1.2，其余公园（景区）权重为 1.1	递增指标	携程网	第三方平台采集
是否为新晋国家生态园林城市	2019 年被评为国家生态园林城市，定义为 1，否则为 0	0/1 指标	国家生态园林城市名单	关键事件法
万人新申请专利拥有量	（2019 年申请专利数量−2018 年申请专利数量）/2019 年末户籍人口数量（万人）	递增指标	中国专利公布公告	政府统计
科学普及活动数量	2019 年科学普及活动数量	递增指标	县（市）政府门户网站、百度检索	关键事件法
九年义务教育巩固率	2019 年九年义务教育巩固率	递增指标	县（市）政府工作报告、县（市）国民经济与社会发展统计公报、县（市）统计年鉴	政府统计
教育问题投诉率	县（区）教育问题投诉数量/总留言量	递减指标	人民网地方领导留言板、县（市）政府门户网站留言板政民互动模块	政府统计
万人图书馆拥有量	2019 年图书馆数量/2019 年末户籍人口数量（万人）	递增指标	百度地图	第三方平台采集
万人经营性文化企业数量	2019 年注册经营性文化企业数量/2019 年末户籍人口数量（万人）	递增指标	天眼查	第三方平台采集
万人经营性体育组织数量	2019 年注册万人经营性体育组织数量/2019 年末户籍人口数量（万人）	递增指标	天眼查	第三方平台采集
食品安全事件数量	2019 年发生食品安全事件，定义为 0，否则为 1	0/1 指标	政务微博、地方媒体（如地方日报、地方电视台、地方广播）、搜狐新闻、市场监督管理局网站	关键事件法

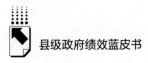

续表

指标名称	计算方法	指标类型	主要数据来源	获取方式
医疗卫生事件数量	2019年发生医疗卫生事件,定义为0,否则为1	0/1指标	政务微博、地方媒体(如地方日报、地方电视台、地方广播)、搜狐新闻、市场监督管理局网站	关键事件法
千人医疗卫生机构床位数	2019年医疗卫生机构床位数量/2019年末户籍人口数量(千人)	递增指标	县(市)政府工作报告、县(市)国民经济与社会发展统计公报、县(市)统计年鉴	政府统计
万人公共厕所数量	2019年公共厕所数量/2019年末户籍人口数量(万人)	递增指标	百度地图	第三方平台采集
群体性事件数量	2019年发生群体性事件,定义为0,否则为1	0/1指标	政务微博、地方媒体(如地方日报、地方电视台、地方广播)、搜狐新闻	关键事件法
重大刑事案件数量	2019年发生重大刑事案件,定义为0,否则为1	0/1指标	政务微博、地方媒体(如地方日报、地方电视台、地方广播)、搜狐新闻	关键事件法
安全生产事故数量	2019年发生安全生产事故,定义为0,否则为1	0/1指标	政务微博、地方媒体(如地方日报、地方电视台、地方广播)、搜狐新闻	关键事件法
有效参与平台数量	县(市)有效公众参与渠道数量	递增指标	政务微博、微信公众号、抖音	第三方平台采集
参与平台影响力	县(市)公众参与平台粉丝数量/2019年末户籍人口数量(万人)	递增指标	政务微博、微信公众号、抖音	第三方平台采集
开展社会评价的事项数量	2019年开展公众评价的事项数量	递增指标	县(市)政府门户网站、百度检索	文本分析
公开征集意见的政策(项目)数量	2019年公开征集公众意见的政策(项目)数量	递增指标	县(市)政府门户网站、百度检索	文本分析
万人新成立登记社会组织数量	2019年新成立登记社会组织数量/2019年末户籍人口数量(万人)	递增指标	中国社会组织公共服务平台	政府统计
万人新成立登记社工机构数量	2019年新成立登记社工机构数量/2019年末户籍人口数量(万人)	递增指标	中国社会组织公共服务平台	政府统计

续表

指标名称	计算方法	指标类型	主要数据来源	获取方式
财政收入增长率	2019年财政收入增长率	递增指标	县(市)政府工作报告、县(市)国民经济与社会发展统计公报、县(市)统计年鉴	政府统计
一般公共预算收入中税收收入占比	2019年一般公共预算收入中税收收入占比	递增指标	县(市)年度财政决算情况的报告、县(市)年度财政预算执行情况的报告	政府统计
普法活动数量	2019年普法活动数量	递增指标	县(市)政府门户网站、百度检索	关键事件法
万人行政案件数量	2019年行政案件数量/2019年末户籍人口数量(万人)	递减指标	中国裁判文书网	第三方平台采集
网民留言回复率	2019年网民留言中被回复的数量/2019年网民留言总数量	递增指标	人民网地方领导留言板、县(市)政府门户网站政民互动平台	第三方平台采集
网民留言回应速度	2019年网民留言中被回复的留言的回复日期与留言日期间隔天数的均值	递减指标	人民网地方领导留言板、县(市)政府门户网站政民互动平台	第三方平台采集
回应质量感知	按照拟定的回应质量标准进行主观打分	复合指标	县(市)政府门户网站、电话访谈	实验法
典型腐败案例数量	中纪委、省纪委网站2019年通报的腐败案例数量	复合指标	中央纪委国家监委网站,省纪委监委网站	文本分析
典型违反政治纪律案例数量	中纪委、省纪委网站2019年通报的违反政治纪律的案例数量	复合指标	中央纪委国家监委网站,省纪委监委网站	文本分析
政府信息公开程度——预决算公开程度	在规定期限内是否公开2018年决算信息和2019年预算信息,是为1,否为0	0/1指标	县(市)政府门户网站	文本分析
政府信息公开程度——政府工作报告公开程度	2019年末已经公开2019年政府工作报告,定义为1,否则为0	0/1指标	县(市)政府门户网站	文本分析
政府信息公开程度——政府工作人员信息公开程度	政府门户网站公示主要政府工作人员信息情况的等级。1级:公示职责和简历;2级:仅公示职责或简历;3级:未公示相关信息	等级指标	县(市)政府门户网站	文本分析

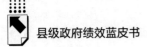

续表

指标名称	计算方法	指标类型	主要数据来源	获取方式
政府信息公开程度——权责清单公开程度	政府门户网站已经公开权责清单,定义为1,否则为0	0/1指标	县(市)政府门户网站	文本分析
万人政府网站访问量	2019年政府网站访问量/2019年末户籍人口数量(万人)	递增指标	县(市)政府门户网站	政府统计
网上办事便利程度	按照拟定的网上办事便利程度标准进行主观打分	复合指标	县(市)政府门户网站	实验法

(四)指数计算

1. 指标分值调整

对不同类型指标的分值进行归一化处理,消除指标量纲并将分值映射到 [0,1] 区间,以便指标能够加权计算。对于 0/1 指标,在指标定义时,已经设置了分别评价"好"与"差"的二分判断。因此,此类指标的"1"和"0"的分值就分别对应为 1 和 0。对于等级指标,指标按"最优为 1 级,次优为 2 级,以此类推,逐级递减"的原则进行定义。如果划分的等级总个数为 N,那么 n 级的分值为 $1-(n-1)/(N-1)$($N \geqslant 2$,$N \geqslant n \geqslant 1$)。对于递增指标与递减指标,采用 min-max 归一化方法。初始分值记作 x,最终绩效分值记作 X,递增指标与递减指标分别由公式(2)、公式(3)计算。对于复合指标,最终分值由基础指标按照其类型对应的绩效分值进行加权求和后得到。

$$X = \begin{cases} 1 & ,x \geqslant \max \\ \dfrac{x - \min}{\max - \min} & ,\max > x > \min \\ 0 & ,\min \geqslant x \end{cases} \qquad (2)$$

$$X = \begin{cases} 0 & ,x \geqslant \max \\ \dfrac{\max - x}{\max - \min} & ,\max > x > \min \\ 1 & ,\min \geqslant x \end{cases} \qquad (3)$$

其中，min 为最小值，max 为最大值。min 和 max 通过参考国内外权威标准或惯例，结合逻辑推理、指标分值分布等情况来确定，结果如表 5 所示。

表 5 递增指标与递减指标最大值、最小值的确定

指标名称	单位	min	max
人均 GDP	元	14683.4	132348.2
人均社会消费品零售总额	元	第 5 个百分位数	第 95 个百分位数
万人新注册商标数量	个	第 5 个百分位数	第 95 个百分位数
万人新注册公司数量	个	第 5 个百分位数	第 95 个百分位数
GDP 增长率	%	0	8
户籍人口增长率	%	第 5 个百分位数	第 95 个百分位数
农村居民人均可支配收入	元	第 5 个百分位数	第 95 个百分位数
城镇居民人均可支配收入	元	第 5 个百分位数	第 95 个百分位数
城乡收入比		第 5 个百分位数	1.96
AQI 级别		第 5 个百分位数	第 95 个百分位数
公园（景区）质量		第 5 个百分位数	第 95 个百分位数
是否为新晋国家生态园林城市		第 5 个百分位数	第 95 个百分位数
万人新申请专利拥有量	个	第 5 个百分位数	第 95 个百分位数
科学普及活动数量	次	第 5 个百分位数	第 95 个百分位数
九年义务教育巩固率	%	第 5 个百分位数	0.95
教育问题投诉率	%	第 5 个百分位数	第 95 个百分位数
万人图书馆拥有量	座	第 5 个百分位数	0.77
万人经营性文化企业数量	个	第 5 个百分位数	第 95 个百分位数
万人经营性体育组织数量	个	第 5 个百分位数	第 95 个百分位数
食品安全事件数量	件	第 5 个百分位数	第 95 个百分位数
医疗卫生事件数量	件	第 5 个百分位数	第 95 个百分位数
千人医疗卫生机构床位数	个	第 5 个百分位数	6
万人公共厕所数量	个	第 5 个百分位数	4
群体性事件数量	件	第 5 个百分位数	1
重大刑事案件数量	件	第 5 个百分位数	第 95 个百分位数
安全生产事故数量	件	第 5 个百分位数	1
有效参与平台数量	个	第 5 个百分位数	第 95 个百分位数
参与平台影响力		第 5 个百分位数	第 95 个百分位数
开展社会评价的事项数量	件	第 5 个百分位数	第 95 个百分位数

续表

指标名称	单位	min	max
公开征集意见的政策(项目)数量	个	第 5 个百分位数	第 95 个百分位数
万人新成立登记社会组织数量	个	第 5 个百分位数	第 95 个百分位数
万人新成立登记社工机构数量	个	第 5 个百分位数	第 95 个百分位数
财政收入增长率	%	第 5 个百分位数	第 95 个百分位数
一般公共预算收入中税收收入占比	%	第 5 个百分位数	第 60 个百分位数
普法活动数量	场	第 5 个百分位数	第 95 个百分位数
万人行政案件数量	件	第 5 个百分位数	第 95 个百分位数
网民留言回复率	%	最小值	最大值
网民留言回应速度	天	7	120
回应质量感知		第 5 个百分位数	第 95 个百分位数
典型腐败案例数量	件	第 5 个百分位数	第 95 个百分位数
典型违反政治纪律案例数量	件	第 5 个百分位数	第 95 个百分位数
政府信息公开程度		第 5 个百分位数	第 95 个百分位数
万人政府网站访问量	次	第 5 个百分位数	第 95 个百分位数
网上办事便利程度		第 5 个百分位数	第 95 个百分位数

2. 指标权重调整

指标权重通过问卷调查的形式，由专家打分确定。

将维度、指标与支撑数据统称为指标，维度记为第 1 列指标，第 l 级指标记为第 (l+1) 列指标。第 q 个专家确定的第 l 列指标中第 i 个指标的权重为 w_{qli}。w_{qli} 应该满足 2 个条件：

条件 1：$\forall l \in \{1, 2, 3, 4\}$，$\sum_{i=1}^{I} w_{qli} = 100$；

条件 2：$\forall l \in \{1, 2, 3\}$，$w_{qli} = \sum_{m=1}^{M} w_{q(l+1)m}$。

$w_{q(l+1)m}$ 为第 (l+1) 列指标中第 m 个归属于该指标的指标权重，I 为第 l 列指标中的指标总个数，M 为第 (l+1) 列指标中归属于该指标的指标总个数。

在"w_{qli} 不满足 2 个条件"的情况下，做如下调整。

步骤一：当 $l=4$ 时，w_{qli} 满足条件 1，直接进行步骤二，否则先将第 q

个专家确定的第 4 列指标中第 i 个指标的权重调整为：

$$adj\_W_{q4i} = \left(w_{q4i} \Big/ \sum_{i=1}^{l} w_{q4i} \right) \times 100$$

步骤二：第 q 个专家确定的第 l 列指标中第 i 个指标的权重调整为：

$$adj\_W_{qli} = \sum_{m=1}^{M} adj\_W_{q(l+1)m}$$

$adj\_W_{q(l+1)m}$ 为第 q 个专家确定的第（$l+1$）列指标中第 m 个归属于该指标的指标权重。

第 l 列指标中第 i 个指标的权重为：

$$adj\_W_{li} = \sum_{q=1}^{Q} adj\_W_{qli} \Big/ Q$$

Q 为专家总人数。

为确保单个专家基于个体知识给出的最优权重在"加总"后对指标体系仍然是适用且恰当的，继续邀请多名政府绩效管理领域的专家对该"加总"得到的权重 adj_W_{li} 进行微调，得出最终的权重 W_{li}。其中，发展成效维度的权重 W_{11} 为 50，社会治理维度的权重 W_{12} 为 20，政府能力维度的权重 W_{13} 为 30。

3. 指数得分计算

第 j 个县级政府第 f 个维度指数为：

$$G_{jf} = \sum_{h=1}^{H} X_{jfh} \times W_{fh}$$

第 j 个县级政府绩效指数为：

$$G_j = \sum_{f=1}^{F} G_{jf}$$

X_{jfh} 是第 j 个县（市）第 f 个维度包含的第 h 个指标的最终分值，W_{fh} 为第 f 个维度包含的第 h 个指标的权重，H 为第 f 个维度包含的指标的总个数，F 为维度的总个数。

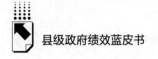

六 评价结果

（一）总体分析

1. 中国县级政府绩效指数类别划分标准

中国县级政府绩效指数总体均值为 53.38，标准差为 5.88，最小值为 37.95，最大值为 77.06。采用均值加减一个标准差形成的 3 个节点，将中国县级政府绩效指数划分为 A 类、B 类、C 类、D 类 4 个类别。A 类代表绩效优秀，类别划分标准为政府绩效指数大于等于平均值加一个标准差，即政府绩效指数≥59.26；B 类代表绩效良好，类别划分标准为政府绩效指数大于等于平均值但小于平均值增加一个标准差，即 53.38≤政府绩效指数<59.26；C 类代表绩效一般，类别划分标准为政府绩效指数小于平均值但大于等于平均值减一个标准差，即 47.50≤政府绩效指数<53.38；D 类代表绩效欠佳，类别划分标准为政府绩效指数小于平均值减一个标准差，即政府绩效指数<47.50。图 3 直观展示了类别的划分标准。

图 3 中国县级政府绩效指数类别划分标准

2. 中国县级政府绩效指数频率分布与类别分布

图 4 是中国县级政府绩效指数的频率分布直方图。指数得分位于 A 类、B 类、C 类、D 类的县级政府数量分别为 251 个（占比 14%）、585 个（占比 33%）、660 个（占比 37%）、270 个（占比 15%）。指数得分位于 A 类和 D 类的县级政府数量较少，指数得分位于 B 类和 C 类的县级政府数量较多，呈现"两头小，中间大"的"纺锤体"格局。总体来看，县级政府绩效指数分布近似服从正态分布，说明县级政府绩效评价指标体系、计算过程及评价结果科学、合理，能够突出先进和甄别落后。

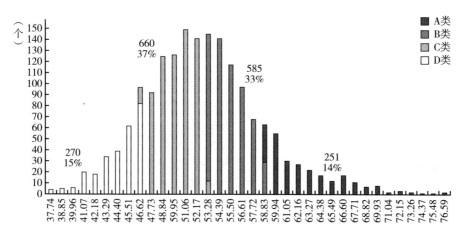

图4 中国县级政府绩效指数频率分布直方图

说明：x轴为县级政府绩效指数，y轴为县级政府数量。

从中国县级政府绩效指数类别分布情况来看：指数得分位于A类的县（市）集中分布在东南地区。指数得分位于B类和C类的县（市）分布相对均匀，没有明显的区域性聚集。指数得分位于D类的县（市）主要分布在黄土高原、东北地区和西南地区。

3. 中国县级政府绩效指数A类县（市）

绩效指数位于A类的县级政府是县级政府绩效的标杆（见表6），表明其在发展成效、社会治理与政府能力等领域综合表现较为突出。

表6 绩效指数A类县（市）

地区	省份	地级市	县（市）
华北	河北省	石家庄市	灵寿县
华北	河北省	石家庄市	平山县
华北	河北省	石家庄市	辛集市
华北	河北省	石家庄市	新乐市
华北	河北省	保定市	望都县
华北	河北省	承德市	宽城满族自治县
华北	河北省	廊坊市	固安县
华北	河北省	廊坊市	香河县

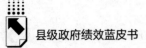

续表

地区	省份	地级市	县(市)
华北	河北省	廊坊市	大厂回族自治县
华北	山西省	晋城市	阳城县
华北	内蒙古自治区	通辽市	霍林郭勒市
华北	内蒙古自治区	鄂尔多斯市	准格尔旗
华北	内蒙古自治区	鄂尔多斯市	鄂托克前旗
华北	内蒙古自治区	鄂尔多斯市	鄂托克旗
华北	内蒙古自治区	鄂尔多斯市	乌审旗
华北	内蒙古自治区	鄂尔多斯市	伊金霍洛旗
华北	内蒙古自治区	呼伦贝尔市	鄂温克族自治旗
华北	内蒙古自治区	呼伦贝尔市	新巴尔虎右旗
华北	内蒙古自治区	呼伦贝尔市	扎兰屯市
华北	内蒙古自治区	巴彦淖尔市	乌拉特后旗
华北	内蒙古自治区	兴安盟	乌兰浩特市
华北	内蒙古自治区	兴安盟	阿尔山市
华北	内蒙古自治区	锡林郭勒盟	锡林浩特市
华北	内蒙古自治区	锡林郭勒盟	苏尼特左旗
华北	内蒙古自治区	阿拉善盟	阿拉善左旗
华北	内蒙古自治区	阿拉善盟	额济纳旗
东北	黑龙江省	牡丹江市	绥芬河市
华东	江苏省	无锡市	江阴市
华东	江苏省	无锡市	宜兴市
华东	江苏省	徐州市	睢宁县
华东	江苏省	徐州市	新沂市
华东	江苏省	徐州市	邳州市
华东	江苏省	常州市	溧阳市
华东	江苏省	苏州市	常熟市
华东	江苏省	苏州市	张家港市
华东	江苏省	苏州市	昆山市
华东	江苏省	苏州市	太仓市
华东	江苏省	南通市	启东市
华东	江苏省	南通市	海安市
华东	江苏省	淮安市	盱眙县
华东	江苏省	淮安市	金湖县
华东	江苏省	盐城市	滨海县

地区	省份	地级市	县（市）
华东	江苏省	盐城市	建湖县
华东	江苏省	盐城市	东台市
华东	江苏省	扬州市	宝应县
华东	江苏省	扬州市	仪征市
华东	江苏省	扬州市	高邮市
华东	江苏省	镇江市	丹阳市
华东	江苏省	镇江市	扬中市
华东	江苏省	镇江市	句容市
华东	江苏省	泰州市	兴化市
华东	江苏省	泰州市	靖江市
华东	江苏省	泰州市	泰兴市
华东	江苏省	宿迁市	泗阳县
华东	江苏省	宿迁市	泗洪县
华东	浙江省	杭州市	桐庐县
华东	浙江省	杭州市	淳安县
华东	浙江省	杭州市	建德市
华东	浙江省	宁波市	象山县
华东	浙江省	宁波市	宁海县
华东	浙江省	宁波市	余姚市
华东	浙江省	宁波市	慈溪市
华东	浙江省	温州市	永嘉县
华东	浙江省	温州市	平阳县
华东	浙江省	温州市	苍南县
华东	浙江省	温州市	文成县
华东	浙江省	温州市	泰顺县
华东	浙江省	温州市	瑞安市
华东	浙江省	温州市	乐清市
华东	浙江省	嘉兴市	嘉善县
华东	浙江省	嘉兴市	海盐县
华东	浙江省	嘉兴市	海宁市
华东	浙江省	嘉兴市	平湖市
华东	浙江省	嘉兴市	桐乡市
华东	浙江省	湖州市	德清县
华东	浙江省	湖州市	长兴县

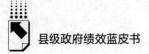

县级政府绩效蓝皮书

续表

地区	省份	地级市	县（市）
华东	浙江省	湖州市	安吉县
华东	浙江省	绍兴市	新昌县
华东	浙江省	绍兴市	诸暨市
华东	浙江省	绍兴市	嵊州市
华东	浙江省	金华市	武义县
华东	浙江省	金华市	浦江县
华东	浙江省	金华市	磐安县
华东	浙江省	金华市	兰溪市
华东	浙江省	金华市	义乌市
华东	浙江省	金华市	东阳市
华东	浙江省	金华市	永康市
华东	浙江省	衢州市	常山县
华东	浙江省	衢州市	开化县
华东	浙江省	衢州市	龙游县
华东	浙江省	衢州市	江山市
华东	浙江省	舟山市	岱山县
华东	浙江省	舟山市	嵊泗县
华东	浙江省	台州市	三门县
华东	浙江省	台州市	天台县
华东	浙江省	台州市	仙居县
华东	浙江省	台州市	温岭市
华东	浙江省	台州市	玉环市
华东	浙江省	丽水市	青田县
华东	浙江省	丽水市	缙云县
华东	浙江省	丽水市	遂昌县
华东	浙江省	丽水市	松阳县
华东	浙江省	丽水市	云和县
华东	浙江省	丽水市	庆元县
华东	浙江省	丽水市	景宁畲族自治县
华东	浙江省	丽水市	龙泉市
华东	安徽省	合肥市	肥西县
华东	安徽省	合肥市	庐江县
华东	安徽省	合肥市	巢湖市
华东	安徽省	芜湖市	南陵县

续表

地区	省份	地级市	县（市）
华东	安徽省	马鞍山市	当涂县
华东	安徽省	马鞍山市	含山县
华东	安徽省	马鞍山市	和县
华东	安徽省	安庆市	太湖县
华东	安徽省	安庆市	宿松县
华东	安徽省	安庆市	岳西县
华东	安徽省	安庆市	桐城市
华东	安徽省	黄山市	歙县
华东	安徽省	黄山市	休宁县
华东	安徽省	黄山市	黟县
华东	安徽省	滁州市	天长市
华东	安徽省	阜阳市	太和县
华东	安徽省	阜阳市	界首市
华东	安徽省	宿州市	砀山县
华东	安徽省	六安市	金寨县
华东	安徽省	六安市	霍山县
华东	安徽省	亳州市	蒙城县
华东	安徽省	池州市	石台县
华东	安徽省	宣城市	泾县
华东	安徽省	宣城市	宁国市
华东	安徽省	宣城市	广德市
华东	福建省	福州市	闽侯县
华东	福建省	福州市	连江县
华东	福建省	福州市	罗源县
华东	福建省	福州市	永泰县
华东	福建省	福州市	福清市
华东	福建省	莆田市	仙游县
华东	福建省	三明市	清流县
华东	福建省	三明市	宁化县
华东	福建省	三明市	将乐县
华东	福建省	三明市	泰宁县
华东	福建省	三明市	永安市
华东	福建省	泉州市	惠安县
华东	福建省	泉州市	安溪县

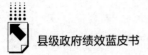

续表

地区	省份	地级市	县（市）
华东	福建省	泉州市	德化县
华东	福建省	泉州市	石狮市
华东	福建省	泉州市	晋江市
华东	福建省	泉州市	南安市
华东	福建省	南平市	邵武市
华东	福建省	南平市	武夷山市
华东	江西省	景德镇市	浮梁县
华东	江西省	九江市	武宁县
华东	江西省	九江市	德安县
华东	江西省	九江市	湖口县
华东	江西省	九江市	共青城市
华东	江西省	鹰潭市	贵溪市
华东	江西省	吉安市	新干县
华东	江西省	吉安市	井冈山市
华东	江西省	宜春市	万载县
华东	江西省	宜春市	上高县
华东	江西省	宜春市	丰城市
华东	江西省	抚州市	资溪县
华东	江西省	上饶市	弋阳县
华东	山东省	济南市	平阴县
华东	山东省	青岛市	胶州市
华东	山东省	青岛市	莱西市
华东	山东省	淄博市	桓台县
华东	山东省	枣庄市	滕州市
华东	山东省	东营市	广饶县
华东	山东省	烟台市	龙口市
华东	山东省	烟台市	招远市
华东	山东省	潍坊市	诸城市
华东	山东省	潍坊市	寿光市
华东	山东省	潍坊市	安丘市
华东	山东省	潍坊市	高密市
华东	山东省	济宁市	曲阜市
华东	山东省	济宁市	邹城市
华东	山东省	威海市	荣成市

地区	省份	地级市	县(市)
华东	山东省	威海市	乳山市
华东	山东省	德州市	平原县
华中	河南省	郑州市	新郑市
华中	河南省	洛阳市	栾川县
华中	湖北省	宜昌市	远安县
华中	湖北省	宜昌市	宜都市
华中	湖北省	宜昌市	枝江市
华中	湖北省	襄阳市	保康县
华中	湖北省	襄阳市	枣阳市
华中	湖北省	咸宁市	嘉鱼县
华中	湖北省	咸宁市	赤壁市
华中	湖北省	省直辖	神农架林区
华中	湖南省	长沙市	长沙县
华中	湖南省	长沙市	浏阳市
华中	湖南省	株洲市	茶陵县
华中	湖南省	衡阳市	祁东县
华中	湖南省	常德市	津市市
华中	湖南省	郴州市	资兴市
华南	广东省	江门市	台山市
华南	广东省	江门市	开平市
华南	广东省	江门市	鹤山市
华南	广东省	江门市	恩平市
华南	广东省	茂名市	高州市
华南	广东省	肇庆市	德庆县
华南	广东省	肇庆市	四会市
华南	广东省	惠州市	惠东县
华南	广东省	惠州市	龙门县
华南	广东省	梅州市	蕉岭县
华南	广东省	汕尾市	海丰县
华南	广西壮族自治区	防城港市	东兴市
西南	四川省	攀枝花市	盐边县
西南	四川省	泸州市	泸县
西南	四川省	德阳市	广汉市
西南	四川省	德阳市	什邡市

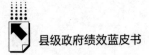
续表

地区	省份	地级市	县(市)
西南	四川省	绵阳市	江油市
西南	四川省	内江市	威远县
西南	四川省	乐山市	峨眉山市
西南	四川省	宜宾市	江安县
西南	四川省	雅安市	石棉县
西南	四川省	阿坝藏族羌族自治州	汶川县
西南	四川省	阿坝藏族羌族自治州	理县
西南	四川省	阿坝藏族羌族自治州	松潘县
西南	四川省	阿坝藏族羌族自治州	九寨沟县
西南	四川省	阿坝藏族羌族自治州	黑水县
西南	贵州省	贵阳市	息烽县
西南	贵州省	贵阳市	修文县
西南	贵州省	遵义市	绥阳县
西南	贵州省	遵义市	赤水市
西南	贵州省	黔东南苗族侗族自治州	凯里市
西南	贵州省	黔东南苗族侗族自治州	丹寨县
西南	贵州省	黔南布依族苗族自治州	福泉市
西南	云南省	昆明市	嵩明县
西南	云南省	昆明市	安宁市
西南	云南省	玉溪市	澄江市
西南	云南省	楚雄彝族自治州	楚雄市
西南	云南省	楚雄彝族自治州	元谋县
西南	云南省	楚雄彝族自治州	禄丰县
西南	云南省	西双版纳傣族自治州	景洪市
西南	云南省	西双版纳傣族自治州	勐腊县
西南	云南省	大理白族自治州	大理市
西南	云南省	大理白族自治州	鹤庆县
西南	西藏自治区	林芝市	米林县
西南	西藏自治区	林芝市	波密县
西北	陕西省	铜川市	宜君县
西北	陕西省	汉中市	留坝县
西北	甘肃省	张掖市	肃南裕固族自治县
西北	甘肃省	张掖市	高台县
西北	甘肃省	酒泉市	肃北蒙古族自治县

地区	省份	地级市	县（市）
西北	青海省	海北藏族自治州	海晏县
西北	青海省	海西蒙古族藏族自治州	格尔木市
西北	青海省	海西蒙古族藏族自治州	德令哈市
西北	新疆维吾尔自治区	昌吉回族自治州	昌吉市
西北	新疆维吾尔自治区	阿勒泰地区	富蕴县

（二）省份分析

1. 省份间比较分析

（1）省份间类别比较分析

图 5 展示了中国县级政府绩效指数类别的省份分布情况，指数得分位于 A 类的县（市）主要分布在浙江（51，98%）①、江苏（28，70%）、安徽（25，43%）等东部省份。指数得分位于 B 类的县（市）主要分布在四川（68，54%）、湖南（39，45%）、云南（39，35%）等下辖县（市）数量较多的省份。指数得分位于 C 类的县（市）在各省份分布比较均匀，主要分布在河北（62，53%）、河南（49，47%）、云南（49，44%）等省份。指数得分位于 D 类的县（市）主要分布在河南（29，28%）、新疆（27，38%）、甘肃（21，30%）等内陆省份。总体而言，绩效得分优良②的县（市）占比较多的省份主要分布在胡焕庸线以东。

（2）省份间均值比较分析

各省份县级政府绩效指数均值的总体均值为 53.22，标准差为 4.08，最小值为 47.76，最大值为 66.00。采用总体均值加减一个标准差形成的 3 个节点，将中国县级政府绩效指数省内均值划分为一等、二等、三等、四等 4 个类别。一等代表绩效优秀，即政府绩效指数省内均值≥57.30；二等代表

---

① 括号内为指数得分位于各类的县级政府数量及其省内占比。以下省份间比较分析相同。

② 绩效得分优良即指数得分位于 A 类和 B 类。以下省份间比较分析相同。

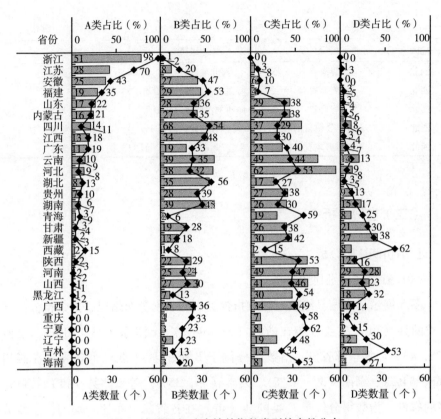

图5 中国县级政府绩效指数类别的省份分布

说明：柱形表示的是各省份指数得分位于不同类别的县级政府数量，折线是各省份指数得分位于不同类别的县级政府数量在纳入评价的县级政府总数中所占的百分比，省份排序以指数得分位于 A 类的县级政府数量为依据。以下省份间比较分析相同。

绩效良好，即 53.22≤政府绩效指数省内均值<57.30；三等代表绩效一般，即 49.14≤政府绩效指数省内均值<53.22；四等代表绩效欠佳，即政府绩效指数省内均值<49.14。图 6 直观展示了类别的划分标准。

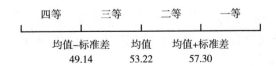

图6 中国县级政府绩效指数省内均值类别划分标准

从各省份县级政府绩效指数均值类别分布情况来看，浙江、江苏、安徽、福建4个省份政府绩效指数省内均值位于一等，占比14%。江西、山东、湖北、内蒙古、四川、广东6个省份政府绩效指数省内均指位于二等，占比21%。贵州、湖南、重庆等15个省份政府绩效指数省内均值位于三等，占比54%。海南、西藏、吉林3个省份政府绩效指数省内均值位于四等，占比11%。整体来看，县级政府绩效整体上呈东高西低的分布态势。其中，浙江、江苏、安徽和福建等东南近海省份县级政府绩效较为优异，而西部内陆省份县级政府绩效较低。胡焕庸线以西省份只有内蒙古县级政府绩效指数省内均值超过全国均值，县级政府绩效表现相对较好。

2. 省份内比较分析

（1）河北省

截至2019年末，河北省共有县级政府121个，其中纳入评价的有118个，纳入评价的县级政府占比为98%。河北省县级政府绩效指数省内均值为52.72，标准差为4.10，最小值为46.46，最大值为65.12。河北省县级政府绩效指数省内均值低于全国平均水平，省内差异程度低于全国平均水平（见表7），说明河北省县级政府绩效普遍有待提升。

表7　河北省和全国县级政府绩效指数的描述性统计

	实评值个数	均值	标准差	最小值	最大值
河北省	118	52.72	4.10	46.46	65.12
全国	1766	53.38	5.88	37.95	77.06

图7展示的是河北省县级政府绩效指数得分位于各类别的数量与占比。指数得分位于A类、B类、C类、D类的县级政府数量分别为9个（占比8%）、38个（占比32%）、62个（占比53%）、9个（占比8%）。河北省县级政府总量大，纳入评价的县级政府数量多，绩效得分优良的县级政府占比较小。

从河北省县级政府绩效指数类别分布情况来看：指数得分位于A类的

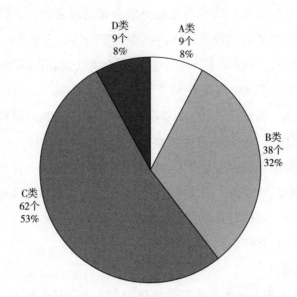

图7　河北省县级政府绩效指数得分位于各类别的数量与占比统计

县（市）主要分布在南北向上的中部地区。指数得分位于 B 类的县（市）集中分布在南部和东北地区。指数得分位于 C 类的县（市）在省内各个地区均有分布，没有明显聚集。指数得分位于 D 类的县（市）稀疏分布在中南部地区。河北省县级政府绩效指数 A 类县（市）见表8。

表8　河北省县级政府绩效指数 A 类县（市）

地级市	县（市）	地级市	县（市）
石家庄市	灵寿县	承德市	宽城满族自治县
石家庄市	平山县	廊坊市	固安县
石家庄市	辛集市	廊坊市	香河县
石家庄市	新乐市	廊坊市	大厂回族自治县
保定市	望都县		

（2）山西省

截至 2019 年末，山西省共有县级政府91 个，其中纳入评价的有90 个，纳入评价的县级政府占比为99%。山西省县级政府绩效指数省内均值为

50.96，标准差为 4.42，最小值为 37.95，最大值为 61.68。山西省县级政府绩效指数省内均值低于全国平均水平，省内差异程度低于全国平均水平（见表 9），说明山西省县级政府绩效普遍有待提升。

表 9   山西省和全国县级政府绩效指数的描述性统计

	实评值个数	均值	标准差	最小值	最大值
山西省	90	50.96	4.42	37.95	61.68
全国	1766	53.38	5.88	37.95	77.06

图 8 展示的是山西省县级政府绩效指数得分位于各类别的数量与占比。指数得分位于 A 类、B 类、C 类、D 类的县级政府数量分别为 1 个（占比 1%）、27 个（占比 30%）、41 个（占比 46%）、21 个（占比 23%）。山西省县级政府总量大，纳入评价的县级政府数量多，绩效得分优良的县级政府占比较小。

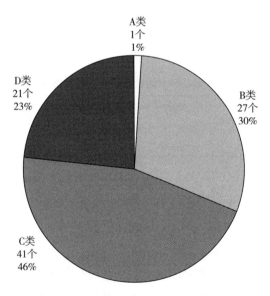

图 8   山西省县级政府绩效指数得分位于各类别的数量与占比统计

从山西省县级政府绩效指数类别分布情况来看：指数得分位于 A 类的县（市）只有 1 个，为位于东南部的阳城县。指数得分位于 B 类的县（市）

主要分布在东南部地区。指数得分位于 C 类的县（市）集中分布在西部地区。指数得分位于 D 类的县（市）分散分布，没有明显聚集。山西省县级政府绩效指数 A 类县（市）见表10。

表10 山西省县级政府绩效指数 A 类县（市）

地级市	县（市）
晋城市	阳城县

（3）内蒙古自治区

截至 2019 年末，内蒙古自治区共有县级政府 80 个，其中纳入评价的有 77 个，纳入评价的县级政府占比为 96%。内蒙古自治区县级政府绩效指数省内均值为 55.00，标准差为 5.57，最小值为 43.70，最大值为 69.35。内蒙古自治区县级政府绩效指数省内均值高于全国平均水平，省内差异程度低于全国平均水平（见表11），说明内蒙古自治区县级政府绩效水平超越全国平均水平，表现良好。

表11 内蒙古自治区和全国县级政府绩效指数的描述性统计

	实评值个数	均值	标准差	最小值	最大值
内蒙古自治区	77	55.00	5.57	43.70	69.35
全国	1766	53.38	5.88	37.95	77.06

图 9 展示的是内蒙古自治区县级政府绩效指数得分位于各类别的数量与占比。指数得分位于 A 类、B 类、C 类、D 类的县级政府数量分别为 16 个（占比 21%）、27 个（占比 35%）、29 个（占比 38%）、5 个（占比 6%）。内蒙古自治区 56% 的县级政府政府绩效指数得分处于优良水平。

从内蒙古自治区县级政府绩效指数类别分布情况来看：指数得分位于 A 类的县（市）主要分布在东北部与西南部地区。指数得分位于 B 类的县（市）集中分布在中西部地区。指数得分位于 C 类和 D 类的县（市）主要分布在中东部地区。内蒙古自治区县级政府绩效指数 A 类县（市）见表12。

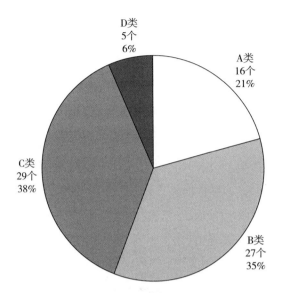

图9　内蒙古自治区县级政府绩效指数得分位于各类别的数量与占比统计

表12　内蒙古自治区县级政府绩效指数 A 类县（市）

地级市	县（市）	地级市	县（市）
通辽市	霍林郭勒市	呼伦贝尔市	扎兰屯市
鄂尔多斯市	准格尔旗	巴彦淖尔市	乌拉特后旗
鄂尔多斯市	鄂托克前旗	兴安盟	乌兰浩特市
鄂尔多斯市	鄂托克旗	兴安盟	阿尔山市
鄂尔多斯市	乌审旗	锡林郭勒盟	锡林浩特市
鄂尔多斯市	伊金霍洛旗	锡林郭勒盟	苏尼特左旗
呼伦贝尔市	鄂温克族自治旗	阿拉善盟	阿拉善左旗
呼伦贝尔市	新巴尔虎右旗	阿拉善盟	额济纳旗

（4）辽宁省

截至 2019 年末，辽宁省共有县级政府 41 个，其中纳入评价的有 40 个，纳入评价的县级政府占比为 98%。辽宁省县级政府绩效指数省内均值为 49.69，标准差为 4.59，最小值为 40.12，最大值为 56.36。辽宁省县级政府绩效指数省内均值低于全国平均水平，省内差异程度低于全国平均水平（见表13），说明辽宁省县级政府绩效普遍有待提升。

表13 辽宁省和全国县级政府绩效指数的描述性统计

	实评值个数	均值	标准差	最小值	最大值
辽宁省	40	49.69	4.59	40.12	56.36
全国	1766	53.38	5.88	37.95	77.06

图10展示的是辽宁省县级政府绩效指数得分位于各类别的数量与占比。指数得分位于A类、B类、C类、D类的县级政府数量分别为0个（占比0%）、9个（占比23%）、19个（占比48%）、12个（占比30%）。辽宁省指数得分位于C类和D类的县级政府占比78%，县级政府绩效普遍处于中等偏下水平。

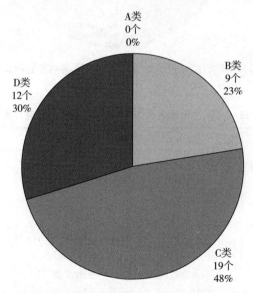

图10 辽宁省县级政府绩效指数得分位于各类别的数量与占比统计

从辽宁省县级政府绩效指数类别分布情况来看：没有指数得分位于A类的县（市），指数得分位于B类的县（市）主要分布于中部平原，指数得分位于C类的县（市）集中分布在西北部地区，指数得分位于D类的县（市）零散分布，没有明显聚集。

（5）吉林省

截至2019年末，吉林省共有县级政府39个，其中纳入评价的有38个，纳入评价的县级政府占比为 97%。吉林省县级政府绩效指数省内均值为 47.76，标准差为 4.24，最小值为 38.25，最大值为 55.40。吉林省县级政府绩效指数省内均值低于全国平均水平，省内差异程度低于全国平均水平（见表 14），说明吉林省县级政府绩效普遍有待提升。

表 14　吉林省和全国县级政府绩效指数的描述性统计

	实评值个数	均值	标准差	最小值	最大值
吉林省	38	47.76	4.24	38.25	55.40
全国	1766	53.38	5.88	37.95	77.06

图 11 展示的是吉林省县级政府绩效指数得分位于各类别的数量与占比。指数得分位于 A 类、B 类、C 类、D 类的县级政府数量分别为 0 个（占比 0%）、5 个（占比 13%）、13 个（占比 34%）、20 个（占比 53%）。吉林省指数得分位于 C 类和 D 类的县级政府占比 87%，县级政府绩效普遍处于中等偏下水平。

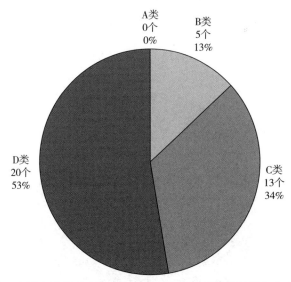

图 11　吉林省县级政府绩效指数得分位于各类别的数量与占比统计

从吉林省县级政府绩效指数类别分布情况来看：没有指数得分位于 A 类的县（市）。指数得分位于 B 类的县（市）集中分布在具有区位优势的东

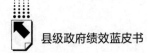

南地区。指数得分位于 C 类、D 类的县（市）零散分布，没有明显聚集。

（6）黑龙江省

截至 2019 年末，黑龙江省共有县级政府 68 个，其中纳入评价的有 56 个，纳入评价的县级政府占比为 82%。黑龙江省县级政府绩效指数省内均值为 49.45，标准差为 4.18，最小值为 40.86，最大值为 65.93。黑龙江省县级政府绩效指数省内均值低于全国平均水平，省内差异程度低于全国平均水平（见表 15），黑龙江省县级政府绩效普遍有待提升。

表 15　黑龙江省和全国县级政府绩效指数的描述性统计

	实评值个数	均值	标准差	最小值	最大值
黑龙江省	56	49.45	4.18	40.86	65.93
全国	1766	53.38	5.88	37.95	77.06

图 12 展示的是黑龙江省县级政府绩效指数得分位于各类别的数量与占比。指数得分位于 A 类、B 类、C 类、D 类的县级政府数量分别为 1 个（占

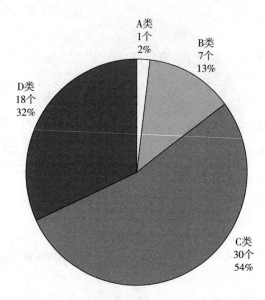

图 12　黑龙江省县级政府绩效指数得分位于各类别的数量与占比统计

比 2%）、7 个（占比 13%）、30 个（占比 54%）、18 个（占比 32%）。黑龙江省指数得分位于 C 类和 D 类的县级政府占比 86%，县级政府绩效普遍处于中等偏下水平。

从黑龙江省县级政府绩效指数类别分布情况来看：指数得分位于 A 类的县（市）只有 1 个，为位于东南部的绥芬河市。指数得分位于 B 类的县（市）主要分布在东南部和北部地区。指数得分位于 C 类和 D 类的县（市）均匀交错分布在中部和西南部地区。黑龙江省县级政府绩效指数 A 类县（市）见表 16。

表 16　黑龙江省县级政府绩效指数 A 类县（市）

地级市	县（市）
牡丹江市	绥芬河市

（7）江苏省

截至 2019 年末，江苏省共有县级政府 41 个，其中纳入评价的有 40 个，纳入评价的县级政府占比为 98%。江苏省县级政府绩效指数省内均值为 62.20，标准差为 7.42，最小值为 45.09，最大值为 77.06。江苏省县级政府绩效指数省内均值高于全国平均水平，省内差异程度高于全国平均水平（见表 17），说明江苏省县级政府绩效水平超越全国平均水平，表现良好。

表 17　江苏省和全国县级政府绩效指数的描述性统计

	实评值个数	均值	标准差	最小值	最大值
江苏省	40	62.20	7.42	45.09	77.06
全国	1766	53.38	5.88	37.95	77.06

图 13 展示的是江苏省县级政府绩效指数得分位于各类别的数量与占比。指数得分位于 A 类、B 类、C 类、D 类的县级政府数量分别为 28 个（占比 70%）、8 个（占比 20%）、3 个（占比 8%）、1 个（占比 3%）。江苏省指数得分位于 A 类和 B 类的县级政府占比达到 90%，县级政府绩效普遍处于中等偏上水平。

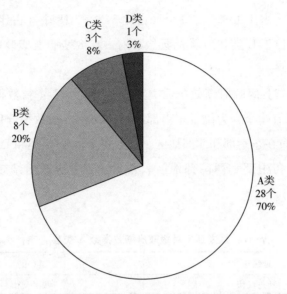

图13　江苏省县级政府绩效指数得分位于各类别的数量与占比统计

　　从江苏省县级政府绩效指数类别分布情况来看：指数得分位于 A 类的县（市）主要分布在中部和南部地区。指数得分位于 B 类、C 类的县（市）集中分布在北部地区，东南部地区也有零星分布。指数得分位于 D 类的县（市）只有 1 个，为位于北部的灌云县。江苏省县级政府绩效指数 A 类县（市）见表 18。

表 18　江苏省县级政府绩效指数 A 类县（市）

地级市	县（市）	地级市	县（市）
无锡市	江阴市	苏州市	昆山市
无锡市	宜兴市	苏州市	太仓市
徐州市	睢宁县	南通市	启东市
徐州市	新沂市	南通市	海安市
徐州市	邳州市	淮安市	盱眙县
常州市	溧阳市	淮安市	金湖县
苏州市	常熟市	盐城市	滨海县
苏州市	张家港市	盐城市	建湖县

地级市	县（市）	地级市	县（市）
盐城市	东台市	镇江市	句容市
扬州市	宝应县	泰州市	兴化市
扬州市	仪征市	泰州市	靖江市
扬州市	高邮市	泰州市	泰兴市
镇江市	丹阳市	宿迁市	泗阳县
镇江市	扬中市	宿迁市	泗洪县

（8）浙江省

截至 2019 年末，浙江省共有县级政府 53 个，其中纳入评价的有 52 个，纳入评价的县级政府占比为 98%。浙江省县级政府绩效指数省内均值为 66.00，标准差为 4.15，最小值为 58.23，最大值为 76.15。浙江省县级政府绩效指数省内均值远高于全国平均水平，省内差异程度低于全国平均水平（见表 19），说明浙江省县级政府绩效普遍较优，表现优异。

表 19 浙江省和全国县级政府绩效指数的描述性统计

	实评值个数	均值	标准差	最小值	最大值
浙江省	52	66.00	4.15	58.23	76.15
全国	1766	53.38	5.88	37.95	77.06

图 14 展示的是浙江省县级政府绩效指数得分位于各类别的数量与占比。指数得分位于 A 类、B 类、C 类、D 类的县级政府数量分别为 51 个（占比 98%）、1 个（占比 2%）、0 个（占比 0%）、0 个（占比 0%）。浙江省县级政府绩效得分优良率达到 100%。

从浙江省县级政府绩效指数类别分布情况来看：只有位于东部的临海市政府绩效指数得分位于 B 类，其余都位于 A 类。浙江省县级政府绩效指数 A 类县（市）见表 20。

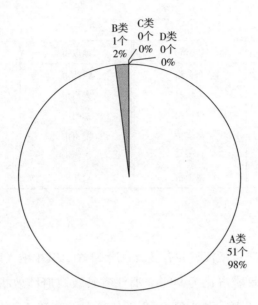

图 14　浙江省县级政府绩效指数得分位于各类别的数量与占比统计

表 20　浙江省县级政府绩效指数 A 类县（市）

地级市	县（市）	地级市	县（市）
杭州市	桐庐县	嘉兴市	海宁市
杭州市	淳安县	嘉兴市	平湖市
杭州市	建德市	嘉兴市	桐乡市
宁波市	象山县	湖州市	德清县
宁波市	宁海县	湖州市	长兴县
宁波市	余姚市	湖州市	安吉县
宁波市	慈溪市	绍兴市	新昌县
温州市	永嘉县	绍兴市	诸暨市
温州市	平阳县	绍兴市	嵊州市
温州市	苍南县	金华市	武义县
温州市	文成县	金华市	浦江县
温州市	泰顺县	金华市	磐安县
温州市	瑞安市	金华市	兰溪市
温州市	乐清市	金华市	义乌市
嘉兴市	嘉善县	金华市	东阳市
嘉兴市	海盐县	金华市	永康市

地级市	县(市)	地级市	县(市)
衢州市	常山县	台州市	玉环市
衢州市	开化县	丽水市	青田县
衢州市	龙游县	丽水市	缙云县
衢州市	江山市	丽水市	遂昌县
舟山市	岱山县	丽水市	松阳县
舟山市	嵊泗县	丽水市	云和县
台州市	三门县	丽水市	庆元县
台州市	天台县	丽水市	景宁畲族自治县
台州市	仙居县	丽水市	龙泉市
台州市	温岭市		

（9）安徽省

截至 2019 年末，安徽省共有县级政府 61 个，其中纳入评价的有 58 个，纳入评价的县级政府占比为 95%。安徽省县级政府绩效指数省内均值为 58.95，标准差为 4.56，最小值为 50.34，最大值为 71.53。安徽省县级政府绩效指数省内均值高于全国平均水平，省内差异程度低于全国平均水平（见表 21），说明安徽省县级政府绩效整体表现良好。

表 21　安徽省和全国县级政府绩效指数的描述性统计

	实评值个数	均值	标准差	最小值	最大值
安徽省	58	58.95	4.56	50.34	71.53
全国	1766	53.38	5.88	37.95	77.06

图 15 展示的是安徽省县级政府绩效指数得分位于各类别的数量与占比。指数得分位于 A 类、B 类、C 类、D 类的县级政府数量分别为 25 个（占比 43%）、27 个（占比 47%）、6 个（占比 10%）、0 个（占比 0%）。安徽省县级政府总量大，纳入评价的县级政府数量多，绩效得分优良的县级政府占比较大。

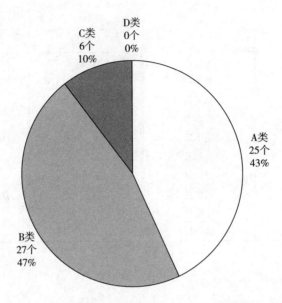

图15 安徽省县级政府绩效指数得分位于各类别的数量与占比统计

从安徽省县级政府绩效指数类别分布情况来看：指数得分位于 A 类的县（市）集中分布于中南部地区。指数得分位于 B 类的县（市）多分布在北部地区。指数得分位于 C 类的县（市）多分布在中部地区。没有指数得分位于 D 类的县（市）。安徽省县级政府绩效指数 A 类县（市）见表22。

表22 安徽省县级政府绩效指数 A 类县（市）

地级市	县（市）	地级市	县（市）
合肥市	肥西县	安庆市	太湖县
合肥市	庐江县	安庆市	宿松县
合肥市	巢湖市	安庆市	岳西县
芜湖市	南陵县	安庆市	桐城市
马鞍山市	当涂县	黄山市	歙县
马鞍山市	含山县	黄山市	休宁县
马鞍山市	和县	黄山市	黟县

地级市	县（市）	地级市	县（市）
滁州市	天长市	亳州市	蒙城县
阜阳市	太和县	池州市	石台县
阜阳市	界首市	宣城市	泾县
宿州市	砀山县	宣城市	宁国市
六安市	金寨县	宣城市	广德市
六安市	霍山县		

（10）福建省

截至 2019 年末，福建省共有县级政府 56 个，其中纳入评价的有 55 个，纳入评价的县级政府占比为 98%。福建省县级政府绩效指数省内均值为 58.33，标准差为 5.22，最小值为 45.66，最大值为 70.09。福建省县级政府绩效指数省内均值高于全国平均水平，省内差异程度低于全国平均水平（见表 23），说明福建省县级政府绩效表现优异。

表 23　福建省和全国县级政府绩效指数的描述性统计

	实评值个数	均值	标准差	最小值	最大值
福建省	55	58.33	5.22	45.66	70.09
全国	1766	53.38	5.88	37.95	77.06

图 16 展示的是福建省县级政府绩效指数得分位于各类别的数量与占比。指数得分位于 A 类、B 类、C 类、D 类的县级政府数量分别为 19 个（占比 35%）、29 个（占比 53%）、4 个（占比 7%）、3 个（占比 5%），绩效得分优良的县级政府占比较高。

从福建省县级政府绩效指数类别分布情况来看：指数得分位于 A 类的县（市）明显集中分布于西北和东南部地区。指数得分位于 B 类、D 类的县（市）主要分布在中部地区。指数得分位于 C 类的县（市）主要分布在西南部地区。福建省县级政府绩效指数 A 类县（市）见表 24。

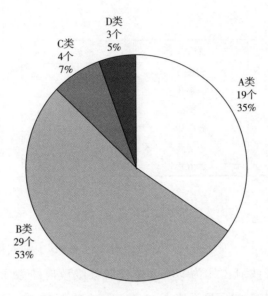

图 16　福建省县级政府绩效指数得分位于各类别的数量与占比统计

表 24　福建省县级政府绩效指数 A 类县（市）

地级市	县（市）	地级市	县（市）
福州市	闽侯县	三明市	永安市
福州市	连江县	泉州市	惠安县
福州市	罗源县	泉州市	安溪县
福州市	永泰县	泉州市	德化县
福州市	福清市	泉州市	石狮市
莆田市	仙游县	泉州市	晋江市
三明市	清流县	泉州市	南安市
三明市	宁化县	南平市	邵武市
三明市	将乐县	南平市	武夷山市
三明市	泰宁县		

（11）江西省

截至 2019 年末，江西省共有县级政府 73 个，其中纳入评价的有 71 个，纳入评价的县级政府占比为 97%。江西省县级政府绩效指数省内均值为 55.33，标准差为 4.21，最小值为 42.63，最大值为 64.69。江西省县级政府绩效指数省内均值高于全国平均水平，省内差异程度低于全国平均水平（见表25），说明江西省县级政府绩效表现较好。

表25　江西省和全国县级政府绩效指数的描述性统计

	实评值个数	均值	标准差	最小值	最大值
江西省	71	55.33	4.21	42.63	64.69
全国	1766	53.38	5.88	37.95	77.06

图17展示的是江西省县级政府绩效指数得分位于各类别的数量与占比。指数得分位于A类、B类、C类、D类的县级政府数量分别为13个（占比18%）、34个（占比48%）、21个（占比30%）、3个（占比4%）。江西省县级政府数量大且纳入评价的县级政府数量多，绩效得分优良的县级政府占比较大。

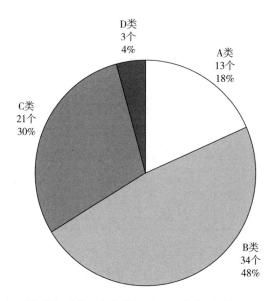

图17　江西省县级政府绩效指数得分位于各类别的数量与占比统计

从江西省县级政府绩效指数类别分布情况来看：指数得分位于A类的县（市）主要分布在北部地区。指数得分位于B类、C类、D类的县（市）

零散分布，没有明显的聚集。江西省县级政府绩效指数 A 类县（市）见表 26。

表 26　江西省县级政府绩效指数 A 类县（市）

地级市	县（市）	地级市	县（市）
景德镇市	浮梁县	吉安市	井冈山市
九江市	武宁县	宜春市	万载县
九江市	德安县	宜春市	上高县
九江市	湖口县	宜春市	丰城市
九江市	共青城市	抚州市	资溪县
鹰潭市	贵溪市	上饶市	弋阳县
吉安市	新干县		

（12）山东省

截至 2019 年末，山东省共有县级政府 80 个，其中纳入评价的有 77 个，纳入评价的县级政府占比为 96%。山东省县级政府绩效指数省内均值为 55.15，标准差为 5.51，最小值为 43.04，最大值为 69.16。山东省县级政府绩效指数省内均值高于全国平均水平，省内差异程度低于全国平均水平（见表 27），说明山东省县级政府绩效表现优异。

表 27　山东省和全国县级政府绩效指数的描述性统计

	实评值个数	均值	标准差	最小值	最大值
山东省	77	55.15	5.51	43.04	69.16
全国	1766	53.38	5.88	37.95	77.06

图 18 展示的是山东省县级政府绩效指数得分位于各类别的数量与占比。指数得分位于 A 类、B 类、C 类、D 类的县级政府数量分别为 17 个（占比 22%）、28 个（占比 36%）、29 个（占比 38%）、3 个（占比 4%），绩效得分优良的县级政府占比较高。

从山东省县级政府绩效指数类别分布情况来看：指数得分位于 A 类的

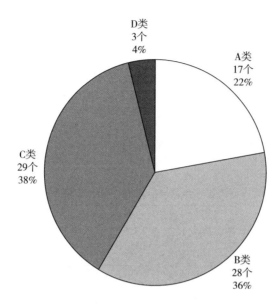

图 18 山东省县级政府绩效指数得分位于各类别的数量与占比统计

县（市）集中在山东半岛。指数得分位于 B 类的县（市）零散分布，没有明显的聚集。指数得分位于 C 类、D 类的县（市）多分布在西部地区。总体来看，山东省县级政府绩效呈现"东强西弱"的格局。山东省县级政府绩效指数 A 类县（市）见表 28。

表 28 山东省县级政府绩效指数 A 类县（市）

地级市	县（市）	地级市	县（市）
济南市	平阴县	潍坊市	寿光市
青岛市	胶州市	潍坊市	安丘市
青岛市	莱西市	潍坊市	高密市
淄博市	桓台县	济宁市	曲阜市
枣庄市	滕州市	济宁市	邹城市
东营市	广饶县	威海市	荣成市
烟台市	龙口市	威海市	乳山市
烟台市	招远市	德州市	平原县
潍坊市	诸城市		

(13) 河南省

截至 2019 年末，河南省共有县级政府 105 个，其中纳入评价的有 105 个，纳入评价的县级政府占比为 100%。河南省县级政府绩效指数省内均值为 50.38，标准差为 4.65，最小值为 39.08，最大值为 64.03。河南省县级政府绩效指数省内均值低于全国平均水平，省内差异程度低于全国平均水平（见表 29），说明河南省县级政府绩效普遍有待提升。

表 29 河南省和全国县级政府绩效指数的描述性统计

	实评值个数	均值	标准差	最小值	最大值
河南省	105	50.38	4.65	39.08	64.03
全国	1766	53.38	5.88	37.95	77.06

图 19 展示的是河南省县级政府绩效指数得分位于各类别的数量与占比。指数得分位于 A 类、B 类、C 类、D 类的县级政府数量分别为 2 个（占比

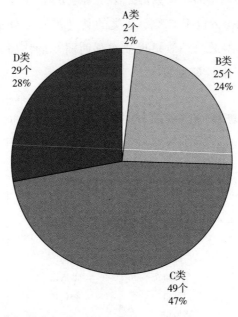

图 19 河南省县级政府绩效指数得分位于各类别的数量与占比统计

2%)、25 个（占比 24%）、49 个（占比 47%）、29 个（占 28%）。河南省县级政府总量大，纳入评价的县级政府数量多，绩效得分优良的县级政府占比较小，指数得分拔尖的县级政府不多。

从河南省县级政府绩效指数类别分布情况来看：指数得分位于 A 类的县（市）仅有 2 个，为位于中部地区的新郑市与栾川县。指数得分位于 B 类的县（市）集中分布在中部地区。指数得分位于 C 类的县（市）零散分布，没有明显的聚集。指数得分位于 D 类的县（市）多分布在南部地区。总体来看，河南省县级政府绩效呈现"西强东弱"的格局。河南省县级政府绩效指数 A 类县（市）见表 30。

表 30　河南省县级政府绩效指数 A 类县（市）

地级市	县（市）
郑州市	新郑市
洛阳市	栾川县

（14）湖北省

截至 2019 年末，湖北省共有县级政府 64 个，其中纳入评价的有 63 个，纳入评价的县级政府占比为 98%。湖北省县级政府绩效指数省内均值为 55.00，标准差为 4.20，最小值为 45.67，最大值为 67.12。湖北省县级政府绩效指数省内均值高于全国平均水平，省内差异程度低于全国平均水平（见表 31），说明湖北省县级政府绩效整体表现良好。

表 31　湖北省和全国县级政府绩效指数的描述性统计

	实评值个数	均值	标准差	最小值	最大值
湖北省	63	55.00	4.20	45.67	67.12
全国	1766	53.38	5.88	37.95	77.06

图 20 展示的是湖北省县级政府绩效指数得分位于各类别的数量与占比。指数得分位于 A 类、B 类、C 类、D 类的县级政府数量分别为 8 个（占比

13%）、35 个（占比 56%）、17 个（占比 27%）、3 个（占 5%）。湖北省县级政府绩效得分优良的县级政府占比达 69%。

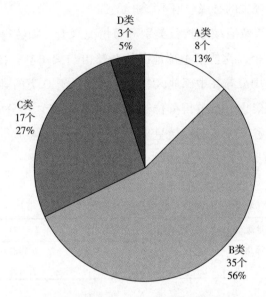

图 20　湖北省县级政府绩效指数得分位于各类别的数量与占比统计

　　从湖北省县级政府绩效指数类别分布情况来看：指数得分位于 A 类的县（市）主要分布在中部地区。指数得分位于 B 类、C 类的县（市）零散分布，没有明显的聚集。指数得分位于 D 类的县（市）主要分布在东部地区。湖北省县级政府绩效指数 A 类县（市）见表 32。

表 32　湖北省县级政府绩效指数 A 类县（市）

地级市	县(市)	地级市	县(市)
宜昌市	远安县	襄阳市	枣阳市
宜昌市	宜都市	咸宁市	嘉鱼县
宜昌市	枝江市	咸宁市	赤壁市
襄阳市	保康县	省直辖	神农架林区

（15）湖南省

截至 2019 年末，湖南省共有县级政府 86 个，其中纳入评价的有 86 个，纳入评价的县级政府占比为 100%。湖南省县级政府绩效指数省内均值为52.89，标准差为5.17，最小值为38.46，最大值为68.20。湖南省县级政府绩效指数省内均值低于全国平均水平，省内差异程度低于全国平均水平（见表33），说明湖南省县级政府绩效普遍有待提升。

表33　湖南省和全国县级政府绩效指数的描述性统计

	实评值个数	均值	标准差	最小值	最大值
湖南省	86	52.89	5.17	38.46	68.20
全国	1766	53.38	5.88	37.95	77.06

图21展示的是湖南省县级政府绩效指数得分位于各类别的数量与占比。指数得分位于 A 类、B 类、C 类、D 类的县级政府数量分别为 6 个（占比 7%）、39个（占比 45%）、26 个（占比 30%）、15 个（占比 17%）。湖南省县级政府总量大，纳入评价的县级政府数量多，绩效得分优良的县级政府占比超过一半。

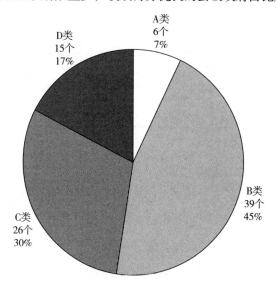

图21　湖南省县级政府绩效指数得分位于各类别的数量与占比统计

从湖南省县级政府绩效指数类别分布情况看，指数得分位于 A 类的县（市）大多分布于湖南东部地区。指数得分位于 B 类的县（市）分布均匀。指数得分位于 C 类和 D 类的县（市）集中在中北部地区。湖南省县级政府绩效指数 A 类县（市）见表34。

表34　湖南省县级政府绩效指数 A 类县（市）

地级市	县（市）	地级市	县（市）
长沙市	长沙县	衡阳市	祁东县
长沙市	浏阳市	常德市	津市市
株洲市	茶陵县	郴州市	资兴市

（16）广东省

截至 2019 年末，广东省共有县级政府 57 个，其中纳入评价的有 57 个，纳入评价的县级政府占比为 100%。广东省县级政府绩效指数省内均值为 54.29，标准差为 4.79，最小值为 43.96，最大值为 63.14。广东省县级政府绩效指数省内均值高于全国平均水平，省内差异程度低于全国平均水平（见表35），说明广东省县级政府绩效整体表现较好。

表35　广东省和全国县级政府绩效指数的描述性统计

	实评值个数	均值	标准差	最小值	最大值
广东省	57	54.29	4.79	43.96	63.14
全国	1766	53.38	5.88	37.95	77.06

图22 展示的是广东省县级政府绩效指数得分位于各类别的数量与占比。指数得分位于 A 类、B 类、C 类、D 类的县级政府数量分别为 11 个（占比 19%）、19 个（占比 33%）、23 个（占比 40%）、4 个（占比 7%），政府绩效得分优良的县级政府占比超过一半。

从广东省县级政府绩效指数类别分布情况看，指数呈现"中间强，两边弱"的格局，临近广州市的县（市）绩效指数表现较好。指数得分位于 D 类

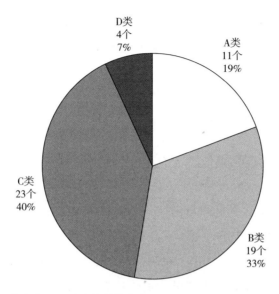

图22　广东省县级政府绩效指数得分位于各类别的数量与占比统计

的县（市）处于广东省的两端，而指数得分位于 B 类、C 类的县（市）分布在较为中间的部分。广东省县级政府绩效指数 A 类县（市）见表36。

表36　广东省县级政府绩效指数 A 类县（市）

地级市	县（市）	地级市	县（市）
江门市	台山市	肇庆市	四会市
江门市	开平市	惠州市	惠东县
江门市	鹤山市	惠州市	龙门县
江门市	恩平市	梅州市	蕉岭县
茂名市	高州市	汕尾市	海丰县
肇庆市	德庆县		

（17）广西壮族自治区

　　截至 2019 年末，广西壮族自治区共有县级政府 70 个，全部纳入评价，评价率达100%。广西壮族自治区县级政府绩效指数省内均值为51.89，标准差为3.72，最小值为44.75，最大值为62.48。广西壮族自治区县级政府绩效指数省内均值低于全国平均水平，省内差异程度低于全国平均水平（见表 37），说明广西壮族自治区县级政府绩效普遍有待提升。

表 37　广西壮族自治区和全国县级政府绩效指数的描述性统计

	实评值个数	均值	标准差	最小值	最大值
广西壮族自治区	70	51.89	3.72	44.75	62.48
全国	1766	53.38	5.88	37.95	77.06

　　图 23 展示的是广西壮族自治区县级政府绩效指数得分位于各类别的数量与占比。指数得分位于 A 类、B 类、C 类、D 类的县级政府数量分别为 1 个（占比 1%）、25 个（占比 36%）、34 个（占比 49%）、10 个（占比 14%）。广西壮族自治区绩效得分优良的县级政府占比较低，近一半县级政府绩效指数得分位于 C 类。

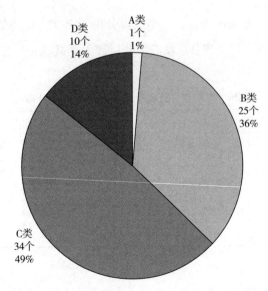

图 23　广西壮族自治区县级政府绩效指数得分位于各类别的数量与占比统计

　　从广西壮族自治区县级政府绩效指数类别分布情况看，指数得分位于 A 类的县级政府数量较少。指数得分位于 B 类的县（市）主要分散在广西壮族自治区东部地区。指数得分位于 C 类与 D 类的县（市）数量较多，分布较为均匀，没有出现明显的聚集。广西壮族自治区县级政府绩效指数 A 类县（市）见表 38。

表 38　广西壮族自治区县级政府绩效指数 A 类县（市）

地级市	县（市）
防城港市	东兴市

（18）海南省

截至 2019 年末，海南省共有县级政府 15 个，其中纳入评价的有 15 个，纳入评价的县级政府占比为 100%。海南省县级政府绩效指数省内均值为 49.11，标准差为 3.52，最小值为 42.26，最大值为 55.11。海南省县级政府绩效指数省内均值远低于全国平均水平，省内差异程度低于全国平均水平（见表 39），说明海南省县级政府绩效普遍有待提升。

表 39　海南省和全国县级政府绩效指数的描述性统计

	实评值个数	均值	标准差	最小值	最大值
海南省	15	49.11	3.52	42.26	55.11
全国	1766	53.38	5.88	37.95	77.06

图 24 展示的是海南省县级政府绩效指数得分位于各类别的数量与占比。指数得分位于 A 类、B 类、C 类、D 类的县级政府数量分别为 0 个（占比 0%）、3 个（占比 20%）、8 个（占比 53%）、4 个（占比 27%）。海南省县级政府总量和纳入评价的县级政府数量都相对较少，没有绩效指数得分拔尖的县级政府，大多数县级政府绩效指数得分位于 C 类。

从海南省县级政府绩效指数类别分布情况看，没有指数得分位于 A 类的县（市）。指数得分位于 B 类的县（市）主要分布在东南部地区。指数得分位于 C 类的县（市）主要分布在海南省的西部地区。指数得分位于 D 类的县（市）数量较少，位于海南省的北部地区。

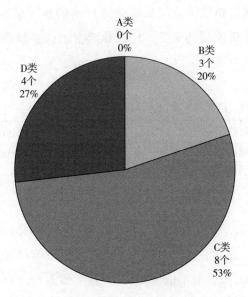

图 24 海南省县级政府绩效指数得分位于各类别的数量与占比统计

（19）重庆市

截至 2019 年末，重庆市共有县级政府 12 个，全部纳入评价，评价率达100%。重庆市县级政府绩效指数省内均值为 52.86，标准差为 4.23，最小值为 43.07，最大值为 58.98。重庆市县级政府绩效指数省内均值低于全国平均水平，省内差异程度低于全国平均水平（见表40），说明重庆市县级政府绩效普遍有待提升。

表 40 重庆市和全国县级政府绩效指数的描述性统计

	实评值个数	均值	标准差	最小值	最大值
重庆市	12	52.86	4.23	43.07	58.98
全国	1766	53.38	5.88	37.95	77.06

图 25 展示的是重庆市县级政府绩效指数得分位于各类别的数量与占比。指数得分位于 A 类、B 类、C 类、D 类的县级政府数量分别为 0 个（占比

0%）、4个（占比33%）、7个（占比58%）、1个（占比8%）。重庆市县级政府总量和纳入评价的县级政府数量都相对较少，并且绩效得分优良的县级政府占比较低，没有绩效指数得分拔尖的县级政府。

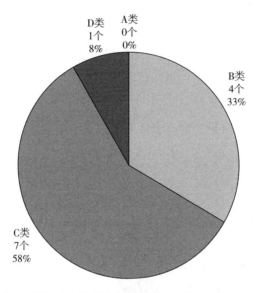

图25 重庆市县级政府绩效指数得分位于各类别的数量与占比统计

从重庆市县级政府绩效指数类别分布情况看，没有指数得分位于 A 类的县（市）。指数得分位于 B 类的县（市）数量较少，集中分布在中部地区。指数得分位于 C 类的县（市）位于重庆市的北部和南部地区。指数得分位于 D 类的县（市）数量较少。

（20）四川省

截至 2019 年末，四川省共有县级政府 129 个，其中纳入评价的有 127 个，纳入评价的县级政府占比为 98%。四川省县级政府绩效指数省内均值为 54.46，标准差为 4.28，最小值为 41.80，最大值为 67.81。四川省县级政府绩效指数省内均值高于全国平均水平，省内差异程度低于全国平均水平（见表 41），说明四川省县级政府绩效整体表现良好。

表41 四川省和全国县级政府绩效指数的描述性统计

	实评值个数	均值	标准差	最小值	最大值
四川省	127	54.46	4.28	41.80	67.81
全国	1766	53.38	5.88	37.95	77.06

图26展示的是四川省县级政府绩效指数得分位于各类别的数量与占比。指数得分位于A类、B类、C类、D类的县级政府数量分别为14个（占比11%）、68个（占比54%）、37个（占比29%）、8个（占比6%）。四川省县级政府总量大，纳入评价的县级政府数量多，绩效得分优良的县级政府占比相对较高。

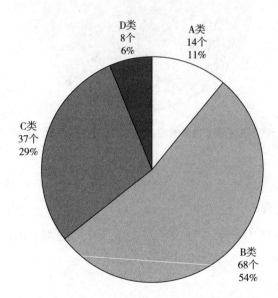

图26 四川省县级政府绩效指数得分位于各类别的数量与占比统计

从四川省县级政府绩效指数类别分布情况看，指数得分位于A类的县（市）数量较少，主要分布在四川省的中部地区。指数得分位于B类、C类的县（市）分布较为均匀，没有明显的聚集。指数得分位于D类的县（市）零散分布在四周。四川省县级政府绩效指数A类县（市）见表42。

表42　四川省县级政府绩效指数 A 类县（市）

地级市	县（市）	地级市	县（市）
攀枝花市	盐边县	德阳市	广汉市
泸州市	泸县	德阳市	什邡市
绵阳市	江油市	阿坝藏族羌族自治州	汶川县
内江市	威远县	阿坝藏族羌族自治州	理县
乐山市	峨眉山市	阿坝藏族羌族自治州	松潘县
宜宾市	江安县	阿坝藏族羌族自治州	九寨沟县
雅安市	石棉县	阿坝藏族羌族自治州	黑水县

（21）贵州省

截至 2019 年末，贵州省共有县级政府 72 个，其中纳入评价的有 71 个，纳入评价的县级政府占比为 99%。贵州省县级政府绩效指数省内均值为 53.16，标准差为 4.59，最小值为 43.97，最大值为 65.76。贵州省县级政府绩效指数省内均值与全国平均水平相差不大，省内差异程度低于全国平均水平（见表43），说明贵州省县级政府绩效处于中等水平。

表43　贵州省和全国县级政府绩效指数的描述性统计

	实评值个数	均值	标准差	最小值	最大值
贵州省	71	53.16	4.59	43.97	65.76
全国	1766	53.38	5.88	37.95	77.06

图 27 展示的是贵州省县级政府绩效指数得分位于各类别的数量与占比。指数得分位于 A 类、B 类、C 类、D 类的县级政府数量分别为 7 个（占比 10%）、28 个（占比 39%）、27 个（占比 38%）、9 个（占比 13%）。贵州省绩效指数得分拔尖的县级政府数量较少，大部分县级政府绩效处于中等水平。

从贵州省县级政府绩效指数类别分布情况看，指数得分位于 A 类的县（市）集中在中部地区。指数得分位于 B 类、C 类的县（市）分布较为均匀，没有明显的聚集。指数得分位于 D 类的县（市）零散分布在四周。贵州省县级政府绩效指数 A 类县（市）见表44。

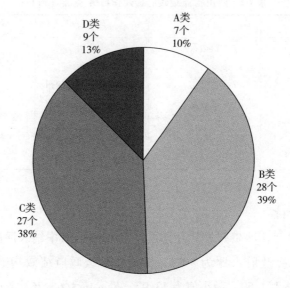

图 27 贵州省县级政府绩效指数得分位于各类别的数量
与占比统计

表 44 贵州省县级政府绩效指数 A 类县（市）

地级市	县（市）	地级市	县（市）
贵阳市	息烽县	黔东南苗族侗族自治州	凯里市
贵阳市	修文县	黔东南苗族侗族自治州	丹寨县
遵义市	绥阳县	黔南布依族苗族自治州	福泉市
遵义市	赤水市		

（22）云南省

截至 2019 年末，云南省共有县级政府 112 个，其中纳入评价的有 112 个，纳入评价的县级政府占比为 100%。云南省县级政府绩效指数省内均值为 52.79，标准差为 4.78，最小值为 42.87，最大值为 66.58。云南省县级政府绩效指数省内均值低于全国平均水平，省内差异程度低于全国平均水平（见表 45），说明云南省县级政府绩效有待提升。

表 45　云南省和全国县级政府绩效指数的描述性统计

	实评值个数	均值	标准差	最小值	最大值
云南省	112	52.79	4.78	42.87	66.58
全国	1766	53.38	5.88	37.95	77.06

图 28 展示的是云南省县级政府绩效指数得分位于各类别的数量与占比。指数得分位于 A 类、B 类、C 类、D 类的县级政府数量分别为 10 个（占比 9%）、39 个（占比 35%）、49 个（占比 44%）、14 个（占比 13%）。云南省县级政府总量大，纳入评价的县级政府数量多，绩效指数得分拔尖的县级政府占比却较低。

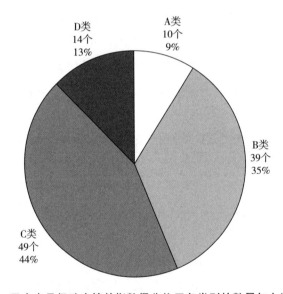

图 28　云南省县级政府绩效指数得分位于各类别的数量与占比统计

从云南省县级政府绩效指数类别分布情况看，指数得分位于 A 类的县（市）较少，集中在中部和南部地区。指数得分位于 B 类的县（市）较多分布在中北部地区。指数得分位于 C 类的县（市）集中在南部地区。指数得分位于 D 类的县（市）主要分布在北部和东部地区。云南省县级政府绩效指数 A 类县（市）见表 46。

表 46　云南省县级政府绩效指数 A 类县（市）

地级市	县（市）	地级市	县（市）
昆明市	嵩明县	楚雄彝族自治州	禄丰县
昆明市	安宁市	西双版纳傣族自治州	景洪市
玉溪市	澄江市	西双版纳傣族自治州	勐腊县
楚雄彝族自治州	楚雄市	大理白族自治州	大理市
楚雄彝族自治州	元谋县	大理白族自治州	鹤庆县

（23）西藏自治区

截至 2019 年末，西藏自治区共有县级政府 66 个，其中纳入评价的有 13 个，纳入评价的县级政府占比为 20%。西藏自治区县级政府绩效指数省内均值为 48.59，标准差为 7.21，最小值为 38.19，最大值为 61.12。西藏自治区县级政府绩效指数省内均值远低于全国平均水平，省内差异程度高于全国平均水平（见表 47），说明西藏自治区县级政府绩效有较大提升空间。

表 47　西藏自治区和全国县级政府绩效指数的描述性统计

	实评值个数	均值	标准差	最小值	最大值
西藏自治区	13	48.59	7.21	38.19	61.12
全国	1766	53.38	5.88	37.95	77.06

图 29 展示的是西藏自治区县级政府绩效指数得分位于各类别的数量与占比。指数得分位于 A 类、B 类、C 类、D 类的县级政府数量分别为 2 个（占比 15%）、1 个（占比 8%）、2 个（占比 15%）、8 个（占比 62%），西藏自治区绩效指数得分拔尖的县级政府很少。

从西藏自治区县级政府绩效指数类别分布情况看，指数得分位于 A 类和 D 类的县（市）均集中在东部地区。指数得分位于 B 类的县（市）仅有 1 个，分布在中部地区。指数得分位于 C 类的县（市）集中在西部地区。西藏自治区县级政府绩效指数 A 类县（市）见表 48。

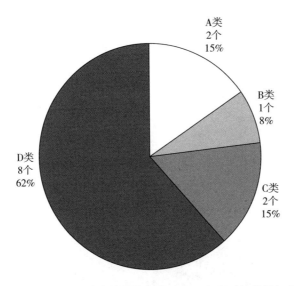

图 29　西藏自治区县级政府绩效指数得分位于各类别的数量与占比统计

表 48　西藏自治区县级政府绩效指数 A 类县（市）

地级市	县（市）
林芝市	米林县
林芝市	波密县

（24）陕西省

截至 2019 年末，陕西省共有县级政府 77 个，全部纳入评价，评价率达 100%。陕西省县级政府绩效指数省内均值为 51.42，标准差为 3.83，最小值为 42.17，最大值为 59.64。陕西省县级政府绩效指数省内均值低于全国平均水平，省内差异程度低于全国平均水平（见表 49），说明陕西省县级政府绩效普遍有待提升。

表 49　陕西省和全国县级政府绩效指数的描述性统计

	实评值个数	均值	标准差	最小值	最大值
陕西省	77	51.42	3.83	42.17	59.64
全国	1766	53.38	5.88	37.95	77.06

图 30 展示的是陕西省县级政府绩效指数得分位于各类别的数量与占比。指数得分位于 A 类、B 类、C 类、D 类的县级政府数量分别为 2 个（占比 3%）、22 个（占比 29%）、41 个（占比 53%）、12 个（占比 16%）。陕西省政府绩效得分优良的县级政府占比较低，大多数县级政府绩效指数得分位于 C 类。

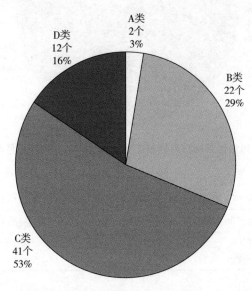

图 30　陕西省县级政府绩效指数得分位于各类别的数量与占比统计

　　从陕西省县级政府绩效指数类别分布情况看，指数得分位于 A 类和 D 类的县（市）零散分布，没有明显的聚集。指数得分位于 B 类的县（市）集中在南部、北部地区。指数得分位于 C 类的县（市）集中在中部地区。陕西省县级政府绩效指数 A 类县（市）见表 50。

表 50　陕西省县级政府绩效指数 A 类县（市）

地级市	县（市）
铜川市	宜君县
汉中市	留坝县

（25）甘肃省

截至 2019 年末，甘肃省共有县级政府 69 个，全部纳入评价，评价率达
100%。甘肃省县级政府绩效指数省内均值为 50.80，标准差为 4.85，最小
值为 39.38，最大值为 60.45。甘肃省县级政府绩效指数省内均值低于全国
的均值，省内差异程度低于全国平均水平（见表 51），说明甘肃省县级政府
绩效普遍有待提升。

表 51　甘肃省和全国县级政府绩效指数的描述性统计

	实评值个数	均值	标准差	最小值	最大值
甘肃省	69	50.80	4.85	39.38	60.45
全国	1766	53.38	5.88	37.95	77.06

图 31 展示的是甘肃省县级政府绩效指数得分位于各类别的数量与占比。指
数得分位于 A 类、B 类、C 类、D 类的县级政府数量分别为 3 个（占比 4%）、19
个（占比 28%）、26 个（占比 38%）、21 个（占比 30%）。甘肃省只有 32% 的县

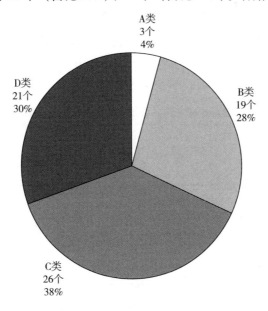

图 31　甘肃省县级政府绩效指数得分位于各类别的数量与占比统计

级政府绩效指数得分优良，大多数县级政府绩效指数得分处于 C 类和 D 类。

从甘肃省县级政府绩效指数类别分布情况看，指数得分位于 A 类和 B 类的县（市）集中分布在河西地区，指数得分位于 C 类和 D 类的县（市）集中分布在河东地区。总体来看，甘肃省县级政府绩效呈现"西强东弱"的格局。甘肃省县级政府绩效指数 A 类县（市）见表 52。

表 52　甘肃省县级政府绩效指数 A 类县（市）

地级市	县（市）
张掖市	肃南裕固族自治县
张掖市	高台县
酒泉市	肃北蒙古族自治县

（26）青海省

截至 2019 年末，青海省共有县级政府 37 个，其中纳入评价的有 32 个，纳入评价的县级政府占比为 86%。青海省县级政府绩效指数省内均值为 50.79，标准差为 4.54，最小值为 43.09，最大值为 63.23。青海省县级政府绩效指数省内均值低于全国的均值，省内差异程度低于全国平均水平（见表 53），说明青海省县级政府绩效普遍有待提升。

表 53　青海省和全国县级政府绩效指数的描述性统计

	实评值个数	均值	标准差	最小值	最大值
青海省	32	50.79	4.54	43.09	63.23
全国	1766	53.38	5.88	37.95	77.06

图 32 展示的是青海省县级政府绩效指数得分位于各类别的数量与占比。指数得分位于 A 类、B 类、C 类、D 类的县级政府数量分别为 3 个（占比 9%）、2 个（占比 6%）、19 个（占比 59%）、8 个（占比 25%）。青海省只有不到 20% 的县级政府绩效指数得分优良，超过 80% 的县级政府绩效指数得分处于 C 类和 D 类。

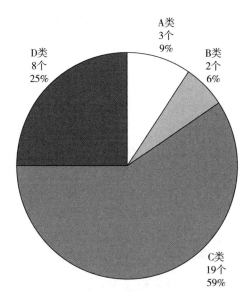

图 32　青海省县级政府绩效指数得分位于各类别的数量与占比统计

从青海省县级政府绩效指数类别分布情况看，指数得分位于 A 类的县（市）集中分布在北部地区，指数得分位于 B 类、C 类的县（市）集中分布在东部地区。指数得分位于 D 类的县（市）集中分布在西部地区。青海省县级政府绩效指数 A 类县（市）见表 54。

表 54　青海省县级政府绩效指数 A 类县（市）

地级市	县（市）
海北藏族自治州	海晏县
海西蒙古族藏族自治州	格尔木市
海西蒙古族藏族自治州	德令哈市

（27）宁夏回族自治区

截至 2019 年末，宁夏回族自治区共有县级政府 13 个，其中纳入评价的有 13 个，纳入评价的县级政府占比为 100%。宁夏回族自治区县级政府绩效指数省内均值为 50.73，标准差为 5.38，最小值为 39.67，最大值为 58.10。宁夏回族自治区县级政府绩效指数省内均值低于全国平均水平，省内差异程度低于全国平均水平（见表55），说明宁夏回族自治区县级政府绩效普遍有待提升。

表55　宁夏回族自治区和全国县级政府绩效指数的描述性统计

	实评值个数	均值	标准差	最小值	最大值
宁夏回族自治区	13	50.73	5.38	39.67	58.10
全国	1766	53.38	5.88	37.95	77.06

图33展示的是宁夏回族自治区县级政府绩效指数得分位于各类别的数量与占比。指数得分位于A类、B类、C类、D类的县级政府数量分别为0个（占比0%）、3个（占比23%）、8个（占比62%）、2个（占比15%）。宁夏回族自治区县级政府数量少且县级政府绩效指数得分大部分位于C类。

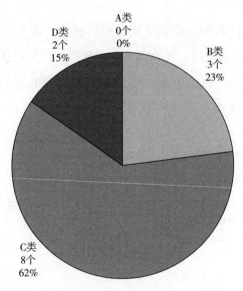

图33　宁夏回族自治区县级政府绩效指数得分位于各类别的数量与占比统计

从宁夏回族自治区县级政府绩效指数类别分布情况看，没有指数得分位于A类的县（市）。指数得分位于B类的县（市）集中分布在具有地理区位优势的北部地区。指数得分位于 C 类和 D 类的县（市）集中在中部和南部地区。

（28）新疆维吾尔自治区

截至 2019 年末，新疆维吾尔自治区共有县级政府 93 个，其中纳入评价的有 72 个，纳入评价的县级政府占比为 77%。新疆维吾尔自治区县级政府绩效指数省内均值为 49.36，标准差为 4.96，最小值为 40.01，最大值为 61.11。新疆维吾尔自治区县级政府绩效指数省内均值远低于全国平均水平，省内差异程度低于全国平均水平（见表 56），说明新疆维吾尔自治区县级政府绩效普遍有待提升。

表 56　新疆维吾尔自治区和全国县级政府绩效指数的描述性统计

	实评值个数	均值	标准差	最小值	最大值
新疆维吾尔自治区	72	49.36	4.96	40.01	61.11
全国	1766	53.38	5.88	37.95	77.06

图 34 展示的是新疆维吾尔自治区县级政府绩效指数得分位于各类别的数量与占比。指数得分位于 A 类、B 类、C 类、D 类的县级政府数量分别为

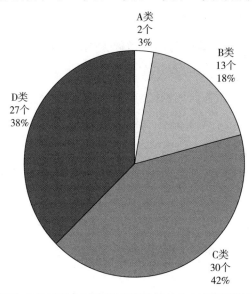

图 34　新疆维吾尔自治区县级政府绩效指数得分位于各类别的数量与占比统计

2 个（占比 3%）、13 个（占比 18%）、30 个（占比 42%）、27 个（占比 38%），新疆维吾尔自治区政府绩效得分优良的县级政府占比较低，80%的县级政府绩效指数得分处于 C 类和 D 类。

从新疆维吾尔自治区县级政府绩效指数类别分布情况看，指数得分位于 A 类和 B 类的县（市）分布于东部地区。指数得分位于 C 类的县（市）在北疆和南疆均匀分布。指数得分位于 D 类的县（市）集中分布在西部地区。新疆维吾尔自治区县级政府绩效指数 A 类县（市）见表 57。

表 57　新疆维吾尔自治区县级政府绩效指数 A 类县（市）

地级市	县（市）
昌吉回族自治州	昌吉市
阿勒泰地区	富蕴县

（三）区域分析

1. 区域间比较分析

（1）区域间类别比较分析

图 35 展示了中国县级政府绩效指数类别的区域分布情况。指数得分位于 A 类的县（市）主要分布在华东地区（153，43%）[1]。指数得分位于 B 类的县（市）主要分布在西南地区（140，42%）、华东地区（127，36%）、华中地区（99，39%）、华北地区（92，32%）、西北地区（59，22%）。指数得分位于 C 类的县（市）主要分布在华北地区（132，46%）、西北地区（124，47%）、西南地区（122，36%）。指数得分位于 D 类的县（市）主要分布在西北地区（70，27%）、东北地区（50，37%）。总体而言，政府绩效指数 A 类县（市）占比较多的区域仅有华东地区，指数得分位于 B 类、C 类、D 类的县（市）在各区域分布较为均匀。

---

[1]　括号内为指数得分位于各类的县级政府数量及其区域内占比。以下区域间分析同。

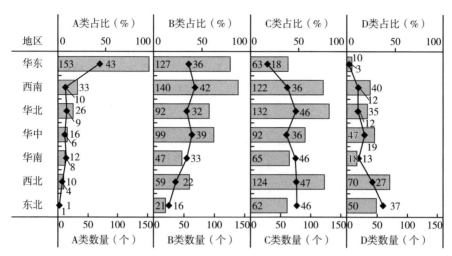

图 35　中国县级政府绩效指数类别的区域分布

说明：柱形表示的是各区域指数得分位于不同类别的县级政府数量，折线是各区域指数得分位于不同类别的县级政府数量在纳入评价的县级政府总数中所占的百分比，区域排序以指数得分位于 A 类的县级政府数量为依据。以下区域间分析同。

（2）区域间均值比较分析

如表 58 所示，县级政府绩效指数区域之间存在 V 形绩效鸿沟：华东地区、西南地区、华北地区、华南地区、华中地区县级政府绩效较为优异，而西北地区和东北地区县级政府绩效较低。

表 58　中国县级政府绩效指数区域内均值

地区	区域内均值	地区	区域内均值
华东	58.70	华中	52.38
西南	53.34	西北	50.58
华北	52.78	东北	49.04
华南	52.56		

2.区域内比较分析

（1）东北地区

①总体分析

截至 2019 年末，东北地区共有县级政府 148 个，其中纳入评价的有 134

个，纳入评价的县级政府占比为91%。东北地区县级政府绩效指数区域内均值为49.04，标准差为4.37，最小值为38.25，最大值为65.93。东北地区县级政府绩效指数区域内均值低于全国平均水平，区域内差异程度低于全国平均水平（见表59），说明东北地区县级政府绩效有待提升。

表59 东北地区和全国县级政府绩效指数的描述性统计

	实评值个数	均值	标准差	最小值	最大值
东北地区	134	49.04	4.37	38.25	65.93
全国	1766	53.38	5.88	37.95	77.06

图36展示的是东北地区县级政府绩效指数得分位于各类别的数量与占比。指数得分位于A类、B类、C类、D类的县级政府数量分别为1个（占比1%）、21个（占比16%）、62个（占比46%）、50个（占比37%）。东北地区绩效指数得分拔尖的县级政府较少，绩效得分优良的县级政府占比不到20%，大多数县级政府的绩效处于全国中等水平。

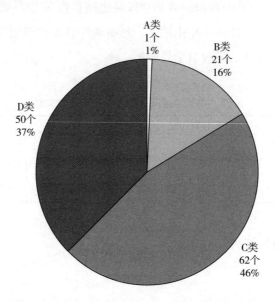

图36 东北地区县级政府绩效指数得分位于各类别的数量与占比统计

从东北地区县级政府绩效指数类别分布情况来看，县级政府绩效呈现"东南强，西北弱"的格局。指数得分位于 A 类的县（市）仅 1 个，为位于东南部的绥芬河市。指数得分位于 B 类的县（市）集中分布在东南部地区，指数得分位于 C 类、D 类的县（市）分散分布在中部和西部地区。东北地区县级政府绩效指数 A 类县（市）见表 60。

表 60　东北地区县级政府绩效指数 A 类县（市）

省份	地级市	县（市）
黑龙江省	牡丹江市	绥芬河市

②省份分析

图 37 展示了东北地区县级政府绩效指数类别的省份分布情况。指数得分位于 A 类的县（市）最多的省份是黑龙江省（1，2%）[1]。指数得分位于 B 类的县（市）最多的省份是辽宁省（9，23%）。指数得分位于 C 类的县（市）最多的省份是黑龙江省（30，54%）。指数得分位于 D 类的县（市）最多的省份是吉林省（20，53%）。

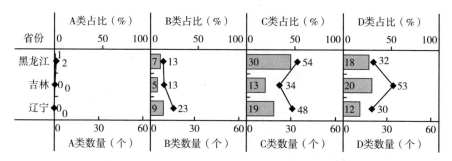

图 37　东北地区县级政府绩效指数类别的省份分布②

① 括号内为指数得分位于各类的县级政府数量及其省份内占比。以下区域内比较分析同。
② 柱形表示的是各省份指数得分位于不同类别的县级政府数量，折线是各省份指数得分位于不同类别的县级政府数量在纳入评价的县级政府总数中所占的百分比，省份排序以指数得分位于 A 类的县级政府数量为依据。以下区域内分析同。

（2）华北地区

①总体分析

截至 2019 年末，华北地区共有县级政府 292 个，其中纳入评价的有 285 个，纳入评价的县级政府占比为 98%。华北地区县级政府绩效指数区域内均值为 52.78，标准差为 4.87，最小值为 37.95，最大值为 69.35。华北地区县级政府绩效指数区域内均值低于全国平均水平，区域内差异程度低于全国平均水平（见表61），说明华北地区县级政府绩效普遍有待提升。

表 61　华北地区和全国县级政府绩效指数的描述性统计

	实评值个数	均值	标准差	最小值	最大值
华北地区	285	52.78	4.87	37.95	69.35
全国	1766	53.38	5.88	37.95	77.06

图 38 展示的是华北地区县级政府绩效指数得分位于各类别的数量与占比。指数得分位于 A 类、B 类、C 类、D 类的县级政府数量分别为 26 个（占比 9%）、92 个（占比 32%）、132 个（占比 46%）、35 个（占比 12%），

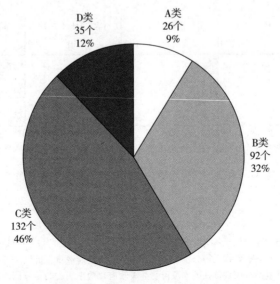

图 38　华北地区县级政府绩效指数得分位于各类别的数量与占比统计

绩效得分优良的县级政府占比为 41%，大多数县级政府的绩效处于全国中等水平。

从华北地区县级政府绩效指数类别分布情况来看，县级政府绩效呈现"北强南弱"的格局。指数得分位于 A 类、B 类的县（市）集中在内蒙古及河北中部，指数得分位于 C 类、D 类的县（市）集中在华北地区南部。华北地区县级政府绩效指数 A 类县（市）见表 62。

表 62　华北地区县级政府绩效指数 A 类县（市）

省份	地级市	县（市）
河北省	石家庄市	灵寿县
河北省	石家庄市	平山县
河北省	石家庄市	辛集市
河北省	石家庄市	新乐市
河北省	保定市	望都县
河北省	承德市	宽城满族自治县
河北省	廊坊市	固安县
河北省	廊坊市	香河县
河北省	廊坊市	大厂回族自治县
山西省	晋城市	阳城县
内蒙古自治区	通辽市	霍林郭勒市
内蒙古自治区	鄂尔多斯市	准格尔旗
内蒙古自治区	鄂尔多斯市	鄂托克前旗
内蒙古自治区	鄂尔多斯市	鄂托克旗
内蒙古自治区	鄂尔多斯市	乌审旗
内蒙古自治区	鄂尔多斯市	伊金霍洛旗
内蒙古自治区	呼伦贝尔市	鄂温克族自治旗
内蒙古自治区	呼伦贝尔市	新巴尔虎右旗
内蒙古自治区	呼伦贝尔市	扎兰屯市
内蒙古自治区	巴彦淖尔市	乌拉特后旗
内蒙古自治区	兴安盟	乌兰浩特市
内蒙古自治区	兴安盟	阿尔山市
内蒙古自治区	锡林郭勒盟	锡林浩特市
内蒙古自治区	锡林郭勒盟	苏尼特左旗
内蒙古自治区	阿拉善盟	阿拉善左旗
内蒙古自治区	阿拉善盟	额济纳旗

②省份分析

图 39 展示了华北地区县级政府绩效指数类别的省份分布情况。指数得分位于 A 类的县（市）最多的省份是内蒙古自治区（16，21%）。指数得分位于 B 类的县（市）最多的省份是河北省（38，32%）。指数得分位于 C 类的县（市）最多的省份是河北省（62，53%）。指数得分位于 D 类的县（市）最多的省份是山西省（21，23%）。

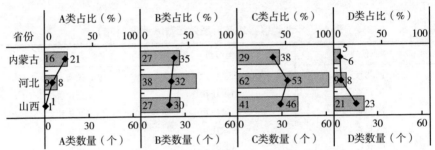

图39　华北地区县级政府绩效指数类别的省份分布

（3）华东地区

①总体分析

截至 2019 年末，华东地区共有县级政府 364 个，其中纳入评价的有 353 个，纳入评价的县级政府占比为 97%。华东地区县级政府绩效指数区域内均值为 58.70，标准差为 6.37，最小值为 42.63，最大值为 77.06。华东地区县级政府绩效指数区域内均值高于全国平均水平，区域内差异程度高于全国平均水平（见表 63），说明华东地区县级政府绩效全国拔尖。

表63　华东地区和全国县级政府绩效指数的描述性统计

	实评值个数	均值	标准差	最小值	最大值
华东地区	353	58.70	6.37	42.63	77.06
全国	1766	53.38	5.88	37.95	77.06

图 40 展示的是华东地区县级政府绩效指数得分位于各类别的数量与占比。指数得分位于 A 类、B 类、C 类、D 类的县级政府数量分别为 153 个

（占比 43%）、127 个（占比 36%）、63 个（占比 18%）、10 个（占比 3%）。华东地区绩效指数得分拔尖的县级政府较多，绩效得分优良的县级政府占比近 80%，绝大多数县级政府的绩效处于全国中上等水平。

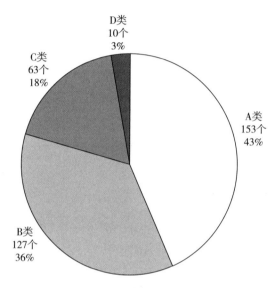

D类
10个
3%

C类
63个
18%

A类
153个
43%

B类
127个
36%

图 40　华东地区县级政府绩效指数得分位于各类别的数量与占比统计

从华东地区县级政府绩效指数类别分布情况来看，指数得分位于 A 类的县（市）在华东地区东部，即浙江、江苏两省交界地区出现明显的聚集。指数得分位于 B 类的县（市）分散分布，没有出现明显的聚集。指数得分位于 C 类的县（市）集中在华东地区的西南部和西北部。指数得分位于 D 类的县（市）主要分布在华东地区的北部和南部。华东地区县级政府绩效指数 A 类县（市）见表 64。

表 64　华东地区县级政府绩效指数 A 类县（市）

省份	地级市	县(市)
江苏省	无锡市	江阴市
江苏省	无锡市	宜兴市
江苏省	徐州市	睢宁县

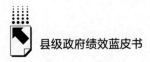

续表

省份	地级市	县(市)
江苏省	徐州市	新沂市
江苏省	徐州市	邳州市
江苏省	常州市	溧阳市
江苏省	苏州市	常熟市
江苏省	苏州市	张家港市
江苏省	苏州市	昆山市
江苏省	苏州市	太仓市
江苏省	南通市	启东市
江苏省	南通市	海安市
江苏省	淮安市	盱眙县
江苏省	淮安市	金湖县
江苏省	盐城市	滨海县
江苏省	盐城市	建湖县
江苏省	盐城市	东台市
江苏省	扬州市	宝应县
江苏省	扬州市	仪征市
江苏省	扬州市	高邮市
江苏省	镇江市	丹阳市
江苏省	镇江市	扬中市
江苏省	镇江市	句容市
江苏省	泰州市	兴化市
江苏省	泰州市	靖江市
江苏省	泰州市	泰兴市
江苏省	宿迁市	泗阳县
江苏省	宿迁市	泗洪县
浙江省	杭州市	桐庐县
浙江省	杭州市	淳安县
浙江省	杭州市	建德市
浙江省	宁波市	象山县
浙江省	宁波市	宁海县
浙江省	宁波市	余姚市
浙江省	宁波市	慈溪市
浙江省	温州市	永嘉县
浙江省	温州市	平阳县

续表

省份	地级市	县（市）
浙江省	温州市	苍南县
浙江省	温州市	文成县
浙江省	温州市	泰顺县
浙江省	温州市	瑞安市
浙江省	温州市	乐清市
浙江省	嘉兴市	嘉善县
浙江省	嘉兴市	海盐县
浙江省	嘉兴市	海宁市
浙江省	嘉兴市	平湖市
浙江省	嘉兴市	桐乡市
浙江省	湖州市	德清县
浙江省	湖州市	长兴县
浙江省	湖州市	安吉县
浙江省	绍兴市	新昌县
浙江省	绍兴市	诸暨市
浙江省	绍兴市	嵊州市
浙江省	金华市	武义县
浙江省	金华市	浦江县
浙江省	金华市	磐安县
浙江省	金华市	兰溪市
浙江省	金华市	义乌市
浙江省	金华市	东阳市
浙江省	金华市	永康市
浙江省	衢州市	常山县
浙江省	衢州市	开化县
浙江省	衢州市	龙游县
浙江省	衢州市	江山市
浙江省	舟山市	岱山县
浙江省	舟山市	嵊泗县
浙江省	台州市	三门县
浙江省	台州市	天台县
浙江省	台州市	仙居县
浙江省	台州市	温岭市
浙江省	台州市	玉环市

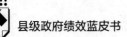

续表

省份	地级市	县（市）
浙江省	丽水市	青田县
浙江省	丽水市	缙云县
浙江省	丽水市	遂昌县
浙江省	丽水市	松阳县
浙江省	丽水市	云和县
浙江省	丽水市	庆元县
浙江省	丽水市	景宁畲族自治县
浙江省	丽水市	龙泉市
安徽省	合肥市	肥西县
安徽省	合肥市	庐江县
安徽省	合肥市	巢湖市
安徽省	芜湖市	南陵县
安徽省	马鞍山市	当涂县
安徽省	马鞍山市	含山县
安徽省	马鞍山市	和县
安徽省	安庆市	太湖县
安徽省	安庆市	宿松县
安徽省	安庆市	岳西县
安徽省	安庆市	桐城市
安徽省	黄山市	歙县
安徽省	黄山市	休宁县
安徽省	黄山市	黟县
安徽省	滁州市	天长市
安徽省	阜阳市	太和县
安徽省	阜阳市	界首市
安徽省	宿州市	砀山县
安徽省	六安市	金寨县
安徽省	六安市	霍山县
安徽省	亳州市	蒙城县
安徽省	池州市	石台县
安徽省	宣城市	泾县
安徽省	宣城市	宁国市
安徽省	宣城市	广德市
福建省	福州市	闽侯县

省份	地级市	县（市）
福建省	福州市	连江县
福建省	福州市	罗源县
福建省	福州市	永泰县
福建省	福州市	福清市
福建省	莆田市	仙游县
福建省	三明市	清流县
福建省	三明市	宁化县
福建省	三明市	将乐县
福建省	三明市	泰宁县
福建省	三明市	永安市
福建省	泉州市	惠安县
福建省	泉州市	安溪县
福建省	泉州市	德化县
福建省	泉州市	石狮市
福建省	泉州市	晋江市
福建省	泉州市	南安市
福建省	南平市	邵武市
福建省	南平市	武夷山市
江西省	景德镇市	浮梁县
江西省	九江市	武宁县
江西省	九江市	德安县
江西省	九江市	湖口县
江西省	九江市	共青城市
江西省	鹰潭市	贵溪市
江西省	吉安市	新干县
江西省	吉安市	井冈山市
江西省	宜春市	万载县
江西省	宜春市	上高县
江西省	宜春市	丰城市
江西省	抚州市	资溪县
江西省	上饶市	弋阳县
山东省	济南市	平阴县
山东省	青岛市	胶州市
山东省	青岛市	莱西市

续表

省份	地级市	县（市）
山东省	淄博市	桓台县
山东省	枣庄市	滕州市
山东省	东营市	广饶县
山东省	烟台市	龙口市
山东省	烟台市	招远市
山东省	潍坊市	诸城市
山东省	潍坊市	寿光市
山东省	潍坊市	安丘市
山东省	潍坊市	高密市
山东省	济宁市	曲阜市
山东省	济宁市	邹城市
山东省	威海市	荣成市
山东省	威海市	乳山市
山东省	德州市	平原县

②省份分析

图 41 展示了华东地区县级政府绩效指数类别的省份分布情况。指数得分位于 A 类的县（市）最多的省份是浙江省（51，98%）。指数得分位于 B 类的县（市）最多的省份是江西省（34，48%）。指数得分位于 C 类的县

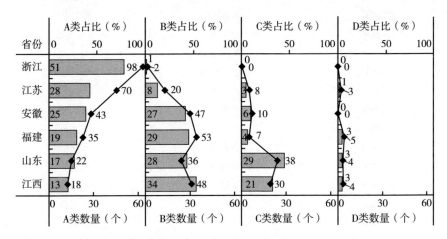

图 41　华东地区县级政府绩效指数类别的省份分布

（市）最多的省份是山东省（29，38%）。指数得分位于 D 类的县（市）最多的省份是福建省（3，5%）、山东省（3，4%）、江西省（3，4%）。总体上看，浙江省表现极为突出，98%的县（市）指数得分为 A 类。此外，华东地区中所有省份绩效得分优良的县（市）占比均超过 50%。浙江省、安徽省没有指数得分位于 D 类的县（市）。

（4）华南地区

①总体分析

截至 2019 年末，华南地区共有县级政府 142 个，其中纳入评价的有 142 个，纳入评价的县级政府占比为 100%。华南地区县级政府绩效指数区域内均值为 52.56，标准差为 4.45，最小值为 42.26，最大值为 63.14。华南地区县级政府绩效指数区域内均值低于全国平均水平，区域内差异程度低于全国平均水平（见表 65），说明华南地区县级政府绩效普遍有待提升。

表 65　华南地区和全国县级政府绩效指数的描述性统计

	实评值个数	均值	标准差	最小值	最大值
华南地区	142	52.56	4.45	42.26	63.14
全国	1766	53.38	5.88	37.95	77.06

图 42 展示的是华南地区县级政府绩效指数得分位于各类别的数量与占比。指数得分位于 A 类、B 类、C 类、D 类的县级政府数量分别为 12 个（占比 8%）、47 个（占比 33%）、65 个（占比 46%）、18 个（占比 13%）。华南地区绩效指数得分拔尖的县级政府较少，绩效得分优良的县级政府占比41%，大多数县级政府的绩效处于全国中等水平。

从华南地区县级政府绩效指数类别分布情况来看：指数得分位于 A 类的县（市）主要分布在广东省境内，尤以珠三角地区最为集中。指数得分位于 B 类、C 类的县（市）较为均匀地分布在华南地区。指数得分位于 D 类的县（市）多分布在华南地区北部与中部。华南地区县级政府绩效指数 A 类县（市）见表 66。

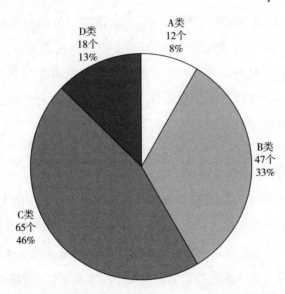

图 42　华南地区县级政府绩效指数得分位于各类别的数量与占比统计

表 66　华南地区县级政府绩效指数 A 类县（市）

省份	地级市	县（市）
广东省	江门市	台山市
广东省	江门市	开平市
广东省	江门市	鹤山市
广东省	江门市	恩平市
广东省	茂名市	高州市
广东省	肇庆市	德庆县
广东省	肇庆市	四会市
广东省	惠州市	惠东县
广东省	惠州市	龙门县
广东省	梅州市	蕉岭县
广东省	汕尾市	海丰县
广西壮族自治区	防城港市	东兴市

②省份分析

图 43 展示了华南地区县级政府绩效指数类别的省份分布情况。指数得

分位于 A 类的县（市）最多的省份是广东省（11，19%）。指数得分位于 B 类的县（市）数量最多的省份为广西壮族自治区（25，36%）。指数得分位于 C 类的县（市）数量最多的省份为广西壮族自治区（34，49%）。指数得分位于 D 类的县（市）数量最多的省份为广西壮族自治区（10，14%）。

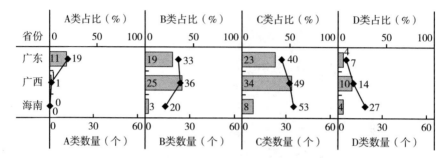

图 43　华南地区县级政府绩效指数类别的省份分布

（5）华中地区

①总体分析

截至 2019 年末，华中地区共有县级政府 255 个，其中纳入评价的有 254 个，纳入评价的县级政府占比约为 100%。华中地区县级政府绩效指数区域内均值为 52.38，标准差为 5.06，最小值为 38.46，最大值为 68.20。华中地区县级政府绩效指数区域内均值低于全国平均水平，区域内差异程度低于全国平均水平（见表 67）。华中地区县级政府绩效普遍有待提升。

表 67　华中地区和全国县级政府绩效指数的描述性统计

	实评值个数	均值	标准差	最小值	最大值
华中地区	254	52.38	5.06	38.46	68.20
全国	1766	53.38	5.88	37.95	77.06

图 44 展示的是华中地区县级政府绩效指数得分位于各类别的数量与占比。指数得分位于 A 类、B 类、C 类、D 类的县级政府数量分别为 16 个（占比 6%）、99 个（占比 39%）、92 个（占比 36%）、47 个（占比 19%）。

绩效得分优良的县级政府占比不到 50%，大多数县级政府的绩效处于全国中等水平。

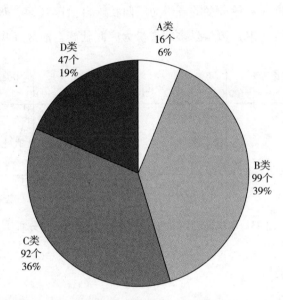

图 44 华中地区县级政府绩效指数得分位于各类别的数量与占比统计

从华中地区县级政府绩效指数类别分布情况看，指数得分位于 A 类、B 类的县（市）集中分布在东部、南部，指数得分位于 C 类、D 类的县（市）集中分布在北部。华中地区县级政府绩效指数 A 类县（市）见表 68。

表 68 华中地区县级政府绩效指数 A 类县（市）

省份	地级市	县（市）
河南省	郑州市	新郑市
河南省	洛阳市	栾川县
湖北省	宜昌市	远安县
湖北省	宜昌市	宜都市
湖北省	宜昌市	枝江市
湖北省	襄阳市	保康县
湖北省	襄阳市	枣阳市
湖北省	咸宁市	嘉鱼县
湖北省	咸宁市	赤壁市

续表

省份	地级市	县(市)
湖北省	省直辖	神农架林区
湖南省	长沙市	长沙县
湖南省	长沙市	浏阳市
湖南省	株洲市	茶陵县
湖南省	衡阳市	祁东县
湖南省	常德市	津市市
湖南省	郴州市	资兴市

②省份分析

图 45 展示了华中地区县级政府绩效指数类别的省份分布情况。指数得分位于 A 类的县（市）最多的省份是湖北省（8，13%）。指数得分位于 B 类的县（市）最多的省份是湖南省（39，45%）。指数得分位于 C 类的县（市）最多的省份是河南省（49，47%）。指数得分位于 D 类的县（市）最多的省份是河南省（29，28%）。指数得分位于 A 类、B 类的县（市）在华中地区各省份的分布不具有一致性。

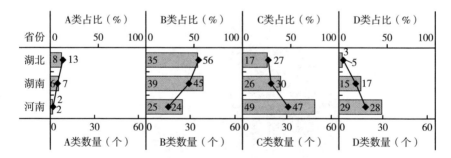

图 45　华中地区县级政府绩效指数类别的省份分布

（6）西北地区

①总体分析

截至 2019 年末，西北地区共有县级政府 289 个，其中纳入评价的有 263 个，纳入评价的县级政府占比为 91%。西北地区县级政府绩效指数区域内均值为 50.58，标准差为 4.63，最小值为 39.38，最大值为 63.23。西北地区县级政府绩效指数区域内均值低于全国平均水平，区域内差异程度低于全国平均水平（见表 69）。西北地区存在较多绩效欠佳的县级政府，县级政府绩效普遍有待提升。

表 69　西北地区和全国县级政府绩效指数的描述性统计

	实评值个数	均值	标准差	最小值	最大值
西北地区	263	50.58	4.63	39.38	63.23
全国	1766	53.38	5.88	37.95	77.06

图 46 展示的是西北地区县级政府绩效指数得分位于各类别的数量与占比。指数得分位于 A 类、B 类、C 类、D 类的县级政府数量分别为 10 个（占比 4%）、59 个（占比 22%）、124 个（占比 47%）、70 个（占比 27%）。西北地区绩效指数得分拔尖的县级政府较少，绩效得分优良的县级政府占比不到 30%，大多数县级政府的绩效处于全国中等水平。

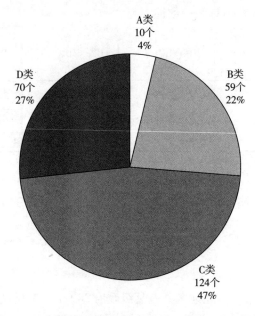

图 46　西北地区县级政府绩效指数得分位于各类别的数量与占比统计

西北地区县级政府绩效指数类别分布呈现"东西弱，中部强"的格局。指数得分位于 A 类、B 类的县（市）集中分布在中部，指数得分位于 C 类、D 类的县（市）集中分布在东部和西部。西北地区县级政府绩效指数 A 类县（市）见表70。

表70　西北地区县级政府绩效指数 A 类县（市）

省份	地级市	县(市)
陕西省	铜川市	宜君县
陕西省	汉中市	留坝县
甘肃省	张掖市	肃南裕固族自治县
甘肃省	张掖市	高台县
甘肃省	酒泉市	肃北蒙古族自治县
青海省	海北藏族自治州	海晏县
青海省	海西蒙古族藏族自治州	格尔木市
青海省	海西蒙古族藏族自治州	德令哈市
新疆维吾尔自治区	昌吉回族自治州	昌吉市
新疆维吾尔自治区	阿勒泰地区	富蕴县

②省份分析

图47 展示了西北地区县级政府绩效指数类别的省份分布情况。指数得分位于 A 类的县（市）最多的省份是青海省（3，9%）。指数得分位于 B 类

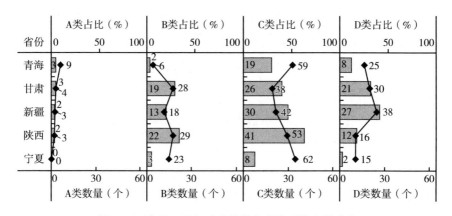

图47　西北地区县级政府绩效指数类别的省份分布

的县（市）最多的省份是陕西省（22，29%）。指数得分位于 C 类的县（市）最多的省份是陕西省（41，53%）。指数得分位于 D 类的县（市）最多的省份是新疆维吾尔自治区（27，38%）。指数得分位于 A 类、B 类的县（市）在西北地区各省份的分布不具有一致性。

（7）西南地区

①总体分析

截至 2019 年末，西南地区共有县级政府 391 个，其中纳入评价的有 335 个，纳入评价的县级政府占比为 86%。西南地区县级政府绩效指数区域内均值为 53.34，标准差为 4.78，最小值为 38.19，最大值为 67.81。西南地区县级政府绩效指数区域内均值略低于全国平均水平，区域内差异程度低于全国平均水平（见表 71）。西南地区县级政府绩效基本处于全国中等水平。

表 71　西南地区和全国县级政府绩效指数的描述性统计

	实评值个数	均值	标准差	最小值	最大值
西南地区	335	53.34	4.78	38.19	67.81
全国	1766	53.38	5.88	37.95	77.06

图 48 展示的是西南地区县级政府绩效指数得分位于各类别的数量与占比。指数得分位于 A 类、B 类、C 类、D 类的县级政府数量分别为 33 个（占比 10%）、140 个（占比 42%）、122 个（占比 36%）、40 个（占比 12%）。西南地区绩效指数得分拔尖的县级政府较少，将近 80% 的县级政府的绩效处于全国中等水平。

从西南地区县级政府绩效指数类别分布情况看，指数得分位于 A 类的县（市）主要分布在"成都—昆明"沿线及其东部地区。指数得分位于 B 类和 C 类的县（市）分布较为均匀，没有出现明显的聚集。指数得分位于 D 类的县（市）在云南、贵州和四川三省交界地带有集中分布。西南地区县级政府绩效指数 A 类县（市）见表 72。

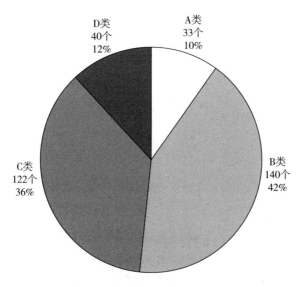

图 48　西南地区县级政府绩效指数得分位于各类别的数量与占比统计

表 72　西南地区县级政府绩效指数 A 类县（市）

省份	地级市	县（市）
四川省	攀枝花市	盐边县
四川省	泸州市	泸县
四川省	德阳市	广汉市
四川省	德阳市	什邡市
四川省	绵阳市	江油市
四川省	内江市	威远县
四川省	乐山市	峨眉山市
四川省	宜宾市	江安县
四川省	雅安市	石棉县
四川省	阿坝藏族羌族自治州	汶川县
四川省	阿坝藏族羌族自治州	理县
四川省	阿坝藏族羌族自治州	松潘县
四川省	阿坝藏族羌族自治州	九寨沟县
四川省	阿坝藏族羌族自治州	黑水县
贵州省	贵阳市	息烽县
贵州省	贵阳市	修文县
贵州省	遵义市	绥阳县
贵州省	遵义市	赤水市

续表

省份	地级市	县（市）
贵州省	黔东南苗族侗族自治州	凯里市
贵州省	黔东南苗族侗族自治州	丹寨县
贵州省	黔南布依族苗族自治州	福泉市
云南省	昆明市	嵩明县
云南省	昆明市	安宁市
云南省	玉溪市	澄江市
云南省	楚雄彝族自治州	楚雄市
云南省	楚雄彝族自治州	元谋县
云南省	楚雄彝族自治州	禄丰县
云南省	西双版纳傣族自治州	景洪市
云南省	西双版纳傣族自治州	勐腊县
云南省	大理白族自治州	大理市
云南省	大理白族自治州	鹤庆县
西藏自治区	林芝市	米林县
西藏自治区	林芝市	波密县

②省份分析

图 49 展示了西南地区县级政府绩效指数类别的省份分布情况。指数得分位于 A 类的县（市）最多的省份是四川省（14，11%）。指数得分位于 B 类的县（市）最多的省份是四川省（68，54%）。指数得分位于 C 类的县

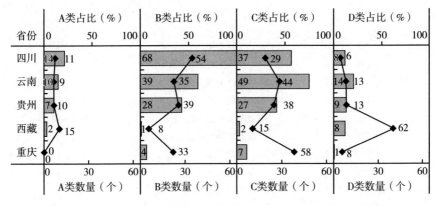

图 49　西南地区县级政府绩效指数类别的省份分布

（市）最多的省份是云南省（49，44%）。指数得分位于 D 类的县（市）最多的省份是云南省（14，13%）。指数得分位于 A 类、B 类的县（市）在西南地区各省份的分布不具有一致性。

（四）年度对比分析

1. 政府绩效指数总体年度比较

表 73 是 2018~2019 年中国县级政府绩效指数对比情况。2019 年全国县级政府绩效指数均值高于 2018 年，涨幅为 2.20%，最大值略微低于 2018 年，最小值远高于 2018 年，指数得分位于 A 类和 B 类的县级政府数量多于 2018 年，增加了51 个，增幅为 6.50%。整体来看，2019 年县级政府绩效总体有所改进。

表 73　2018~2019 年中国县级政府绩效指数对比

单位：个

年份	均值	最大值	最小值	A 类	B 类	C 类	D 类
2018	52.23	77.87	33.81	258	527	642	270
2019	53.38	77.06	37.95	251	585	660	270

2. 政府绩效指数省内均值年度比较

表 74 是 2019 年中国县级政府绩效指数省内均值同比变化情况。2019年县级政府绩效指数省内均值增加的省份有 21 个，占比 75%，其中，湖北省的增加幅度最大，达到 15.35%，重庆市次之，为 11.66%；降低的省份有 7 个，占比 25%。

表 74　2018~2019 年中国县级政府绩效指数省内均值比较

单位：%

省份	2019 年	2018 年	均值变化	变化幅度
浙　江	66.00	67.15	-1.15	-1.71
江　苏	62.20	61.28	0.92	1.51
安　徽	58.95	60.49	-1.54	-2.55

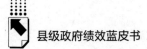

续表

省份	2019 年	2018 年	均值变化	变化幅度
福 建	58.33	58.24	0.09	0.15
江 西	55.33	54.02	1.31	2.42
山 东	55.15	53.52	1.62	3.03
湖 北	55.00	47.68	7.32	15.35
内蒙古	55.00	50.90	4.10	8.06
四 川	54.46	53.91	0.55	1.03
广 东	54.29	52.20	2.09	4.01
贵 州	53.16	51.04	2.12	4.15
湖 南	52.89	48.98	3.91	7.99
重 庆	52.86	47.34	5.52	11.66
云 南	52.79	51.45	1.34	2.61
河 北	52.72	50.37	2.35	4.67
广 西	51.89	50.32	1.57	3.13
陕 西	51.42	54.17	-2.75	-5.07
山 西	50.96	48.15	2.80	5.82
甘 肃	50.80	47.86	2.94	6.15
青 海	50.79	47.47	3.32	7.00
宁 夏	50.73	50.29	0.44	0.88
河 南	50.38	51.48	-1.10	-2.14
辽 宁	49.69	48.77	0.92	1.88
黑龙江	49.45	50.09	-0.63	-1.26
新 疆	49.36	50.75	-1.39	-2.74
海 南	49.11	52.14	-3.02	-5.80
西 藏	48.59	48.07	0.53	1.09
吉 林	47.76	47.62	0.14	0.29

3. 政府绩效指数区域内均值年度比较

表 75 是 2019 年中国县级政府绩效指数区域内均值同比变化情况。2019
年，只有西北地区县级政府绩效指数区域内均值略微降低，降幅为 0.37%，
其余地区县级政府绩效指数区域内均值均有所增加。其中，华北地区的增加
幅度最大，达到 5.98%，华中地区的增加幅度次之，为 5.56%。

表 75　2018~2019 年政府绩效指数区域内均值比较

单位：%

地区	2019 年	2018 年	均值变化	变化幅度
华东	58.70	58.35	0.35	0.60
西南	53.34	52.08	1.27	2.43
华北	52.78	49.80	2.98	5.98
华南	52.56	51.25	1.31	2.55
华中	52.38	49.62	2.76	5.56
西北	50.58	50.77	-0.19	-0.37
东北	49.04	48.93	0.12	0.24

七　研究发现与对策建议

针对中国县级政府绩效指数的评价结果，本报告有如下研究发现，并基于研究发现就如何改进县级政府绩效提出对策建议。

（一）研究发现

县级政府绩效对于推动区域发展、实现基层政府治理体系和治理能力现代化具有重要作用，如何评价县级政府绩效是理论界与实务界共同关注的核心问题之一。兰州大学中国政府绩效管理研究中心课题组基于以公共价值为基础的政府绩效治理理论，从发展成效、社会治理和政府能力三个维度切入，构建了一套科学且可落地的县级政府绩效评价体系。课题组综合利用官方统计数据、第三方平台数据和调查数据，对 1766 个县级政府 2019 年的绩效进行评价，主要的研究发现如下。

1. 全国县级政府绩效指数分布情况符合正态分布

大多数县级政府的绩效处于中等水平，绩效指数得分拔尖和靠后的县级政府相对较少，呈现"两头小、中间大"的"纺锤体"格局。

2. 县级政府绩效出现区域性聚集的现象

绩效指数得分拔尖的县（市）集中分布在东南地区，特别是长三角地

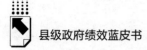

区的浙江、江苏、安徽3省，长三角地区不仅是我国经济发展的引擎，也是县级政府绩效的高地；绩效指数得分靠后的县（市）主要分布在黄土高原、东北地区和西南地区。

3. 浙江省县级政府绩效整体拔尖

浙江省98%的县级政府绩效指数得分位于A类，县级政府绩效指数省内均值位于一等。浙江省县级政府绩效普遍优异，这反映出其背后有全省范围内共同的积极因素在起作用。

4. 省份之间存在东南—西北向的"绩效雁阵"

县级政府绩效指数省内均值自东南向西北形成从高到低的走势。东南部沿海省份县级政府绩效指数省内均值表现最好，中西部省份相对较低，四川和内蒙古在中西部省份中表现较为突出。

5. 华东地区县级政府绩效领先全国

华东地区绩效指数得分位于A类的县级政府占比43%，县级政府绩效指数区域均值为58.70，均远超其他地区。华东地区是县级政府绩效最优异的地区，与其经济最发达地区的地位相匹配。

6. 区域之间存在V形绩效鸿沟

华东、西南、华北、华南和华中地区县级政府绩效较为优异，西北和东北地区县级政府绩效较低。华东、华北、华南地区县级政府绩效表现符合其经济强势地位，西南地区表现超出预期。

7. 县级政府绩效总体平稳、稳中有进

2019年全国县级政府绩效指数总体均值提高2.20%，绩效优良的县级政府数量增加6.50%。21个省份县级政府绩效指数省内均值增加，占比75%；6个区域县级政府绩效指数区域内均值增加，占比86%。

（二）对策建议

1. 兼顾经济效益、社会效益和生态效益，全方位提升发展成效

以经济建设为中心，促进县域经济持续健康发展。第一，夯实经济基础。县级政府要发挥好宏观调控职能，适度刺激消费，扩大内需，增加人均国民收入。第二，挖掘经济潜力。县级政府要持续大力优化营商环境。在深化"放管服"改革、增强法治保障、激发市场活力、吸引人才流入等方面系统发力，努力打造经济增长点。第三，注重发展平衡性。县级政府要以乡村振兴战略为契机，在增加城乡居民人均可支配收入的同时，注意实现两者的平衡，走好共同富裕的道路。

加强社会建设和文化建设，推动县域安全和谐发展。第一，推进社会事业全面进步。县级政府要切实贯彻科教兴国战略，加强科技创新和科学普及，提升教育普及度和教育质量。大力发展文化事业和文化企业，适当增加公共图书馆数量，促进文体企业发展；依法从快从严从重查处食品安全、医疗卫生与安全生产事件，增强医疗服务能力。第二，维护公共安全。确保社会稳定、社会安全和安全生产。

紧抓生态文明建设，实现县域绿色健康发展。第一，注重生态环境保护。县级政府要牢固树立并自觉践行"绿水青山就是金山银山"的理念，运用好项目审批、执法监管、排污许可证管理等职权，从源头紧抓生态建设和环境保护工作。第二，加强生态环境建设。县级政府要因地制宜，打造优质的公园（景区），积极建设国家生态园林城市，回应县域居民对美好生活环境的需求和向往。

2. 加快推进社区、社会组织、社工"三社联动"，大力度优化社会治理

强化社区参与。第一，加强参与平台建设。县级政府要充分利用人民网、微信、微博、抖音等平台，搭建类型更多元、覆盖更广泛的公众参与平台，让各类社会群体有更多的渠道参与社会治理，同时优化完善参与平台，提升参与平台的影响力。第二，提升参与程度。县级政府要鼓励社会公众评价，广泛开展意见征集，并且注重评价结果与征集意见的使用，将其作为科学决策与改善治理的重要依据。

培育社会组织。县级政府要厘清政社边界，积极引导、有效监管社会组织发展，使其依法承接政府职能转移，减轻政府压力，改善社会治理。完善社会组织发展的扶持政策，加强社会组织培训，依法降低社会组织准入门槛，使社会组织既成立得起来，也发展得下去。加强对社会组织的管理和引

导，确保社会组织为国家和人民服务，充满活力又发展有序。

促进社工发展。县级政府要为优秀的社工铺好路、搭好台，让社工成为体面、受人尊敬的"天使"职业，筑牢社工机构的人才根基。给予社会工作适当的财政支持，让社工机构在物质上有保障。努力增加社工机构数量，加快社工机构业务专业化、服务多元化、管理智能化，提升社工机构开展社会工作专业服务的能力。

3.打造高效、法治、回应、廉洁、智慧的政府，多维度加强政府建设

加强财税综合治理，增强政府财政能力。第一，优化财政质量。县级政府要严格落实税费改革的相关要求，多举措培育税源，积极扩大税收收入在公共财政收入中的占比，提高财政收入质量。第二，确保财政增长。县级政府要多渠道挖掘财税增收潜力，加强对隐瞒、转移、截留、坐支等问题的财政监管，强化财政收入征管，为政府落实发展战略、优化营商环境和公共服务提供充足的财力保障。

推进法治政府建设，增强政府法治能力。第一，加大普法力度。县级政府要以公众喜闻乐见、接地气的形式讲好法治故事，更好满足公众日益增长的法治需求。第二，提升执法质量。县级政府要通过针对性培训增强行政机关工作人员依法行政的意识和能力，以群众路线为抓手严格规范公正文明执法，做到对公众和法律有敬畏之心，真正把法治精神内化于心、外化于行。

政府回应提质增效，增强政府回应能力。第一，提高回应效率。县级政府要充分利用以人民网地方领导留言板和政府门户网站为主的政民互动平台，及时有效回应社会各界对政府工作的意见与建议。第二，提升回应质量。县级政府要真正和公众共情，做到"想民之所想，急民之所急，干民之所盼"，热心积极对待公众的合理诉求，让回应既有速度又有温度。

加强党风廉政建设，增强政府廉政能力。第一，依法加大反腐力度。县级政府要坚持标本兼治、综合治理、惩防并举的工作方针，推动源头预防和惩治腐败工作，减少腐败存量，遏制腐败增量。第二，推进政治纪律建设。县级政府要通过多种形式灵活开展政治纪律教育和警示教育培训，让党员干

部获得更多切身感受。

推进数字政府建设，增强政府数字能力。第一，强化政务公开。县级政府要充分利用线上线下等各类信息公开平台，依法及时主动公开政府信息。第二，优化政务服务。县级政府要以智慧网上政务服务大厅建设为抓手，推进"放管服"改革和数字政府建设，逐步探索实现"在线咨询、网上申请、快递送达"办理模式。

指数分析篇
Index Analysis Reports

B.2
中国县级政府发展成效维度分析报告

兰州大学中国政府绩效管理研究中心"县级政府绩效指数"课题组[*]

摘　要： 推动高质量发展是"十四五"时期我国经济社会发展的主题，县
（市）高质量发展是国家高质量发展的基础，其成效直接关系我国
"十四五"时期经济社会发展目标的实现。本报告对2019年全国县
级政府的发展成效进行了第三方评价，旨在通过评价，进一步推动
县域高质量发展。本报告分为总体分析、省份分析、区域分析和年
度对比分析四个部分。总体分析发现，全国县级政府发展成效维度
得分近似符合正态分布，呈现区域性聚集的特征。省份分析发现，
浙江省县级政府发展成效整体拔尖，省内均值存在"中部洼地"。
区域分析发现，华东地区县级政府发展成效领先全国，区域之间在
"西北—东南"向上呈现"中轴强，两翼弱"的分布格局。年度对
比分析发现，县级政府发展成效水平较上一年度普遍上升，2019年
全国县级政府的发展成效显著提升。本报告针对提升县（市）发展

---

[*] 执笔人：戴正、孙露。戴正，兰州大学管理学院博士研究生，研究方向为政府绩效管理；孙露，兰州大学管理学院硕士研究生，研究方向为政府绩效管理。

成效，提出优化营商环境、加强制度建设等对策建议。

关键词： 县级政府　政府绩效评价　政府发展成效

一　中国县级政府发展成效维度评价结果

（一）总体分析

1. 中国县级政府发展成效类别划分标准

中国县级政府发展成效维度得分总体均值为 32.19，标准差为 4.19，最小值为 19.38，最大值为 46.69。采用均值加减一个标准差形成的 3 个节点，将中国县级政府发展成效维度得分划分为 A 类、B 类、C 类、D 类 4 个类别。A 类代表发展成效为优，即发展成效维度得分≥36.38；B 类代表发展成效良好，即 32.19≤发展成效维度得分<36.38；C 类代表发展成效一般，即 28.00≤发展成效维度得分<32.19；D 类代表发展成效欠佳，即发展成效维度得分<28.00。图 1 直观展示了类别的划分标准。

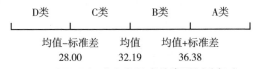

图1　中国县级政府发展成效类别划分标准

2. 中国县级政府发展成效频率分布与类别分布

图 2 是县级政府发展成效维度得分的频率分布直方图。发展成效维度得分位于 A 类、B 类、C 类、D 类的数量分别为 251 个（占比 14%）、571 个（占比 32%）、693 个（占比 39%）、251 个（占比 14%），与县级政府绩效指数分布高度相似。发展成效维度得分位于 A 类和 D 类的县级政府数量较少，发展成效维度得分位于 B 类和 C 类的县级政府数量较多，呈现"两头小，中间大"的格局，且发展成效维度得分位于 A 类与 D 类的县级政府数量持平，发展成效

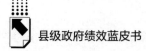

维度得分位于 B 类的县级政府数量少于发展成效维度得分位于 C 类的县级政府。县级政府发展成效维度得分近似服从正态分布，说明县级政府发展成效维度指标体系、计算过程及评价结果科学、合理，能够突出先进和甄别落后。

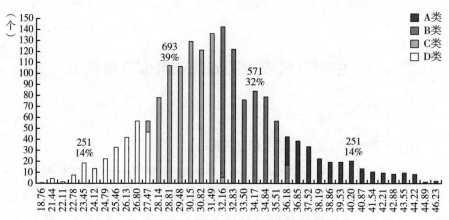

图 2　中国县级政府发展成效频率分布直方图

说明：x 轴为县级政府发展成效维度得分，y 轴为县级政府数量。

从中国县级政府发展成效维度得分类别分布情况看，发展成效维度得分位于 A 类的县（市）集中在东部沿海省份。发展成效维度得分位于 B 类和 C 类的县（市）错落分布，没有明显的区域性聚集。发展成效维度得分位于 D 类的县（市）主要分布在中部地区和东北地区。

3. 中国县级政府发展成效 A 类县（市）

发展成效维度位于 A 类的县级政府是县级政府发展成效的标杆，表明其在经济发展、生态建设、科技发展、教育发展、文体发展、卫生发展和公共安全发展等领域取得较为优异的成绩。发展成效 A 类县（市）见表 1。

表 1　发展成效 A 类县（市）

地区	省份	地级市	县(市)
华北	河北省	石家庄市	正定县
华北	河北省	石家庄市	平山县
华北	河北省	石家庄市	辛集市

地区	省份	地级市	县（市）
华北	河北省	保定市	涿州市
华北	河北省	张家口市	张北县
华北	河北省	承德市	宽城满族自治县
华北	河北省	廊坊市	固安县
华北	河北省	廊坊市	香河县
华北	河北省	廊坊市	大厂回族自治县
华北	山西省	太原市	阳曲县
华北	山西省	晋城市	阳城县
华北	山西省	临汾市	侯马市
华北	内蒙古自治区	通辽市	霍林郭勒市
华北	内蒙古自治区	鄂尔多斯市	达拉特旗
华北	内蒙古自治区	鄂尔多斯市	准格尔旗
华北	内蒙古自治区	鄂尔多斯市	鄂托克前旗
华北	内蒙古自治区	鄂尔多斯市	鄂托克旗
华北	内蒙古自治区	鄂尔多斯市	杭锦旗
华北	内蒙古自治区	鄂尔多斯市	乌审旗
华北	内蒙古自治区	鄂尔多斯市	伊金霍洛旗
华北	内蒙古自治区	呼伦贝尔市	新巴尔虎右旗
华北	内蒙古自治区	呼伦贝尔市	额尔古纳市
华北	内蒙古自治区	兴安盟	乌兰浩特市
华北	内蒙古自治区	锡林郭勒盟	二连浩特市
华北	内蒙古自治区	锡林郭勒盟	锡林浩特市
华北	内蒙古自治区	锡林郭勒盟	苏尼特左旗
华北	内蒙古自治区	锡林郭勒盟	东乌珠穆沁旗
华北	内蒙古自治区	锡林郭勒盟	西乌珠穆沁旗
华北	内蒙古自治区	阿拉善盟	阿拉善左旗
华北	内蒙古自治区	阿拉善盟	阿拉善右旗
华北	内蒙古自治区	阿拉善盟	额济纳旗
东北	吉林省	白山市	抚松县
东北	黑龙江省	牡丹江市	绥芬河市
华东	江苏省	无锡市	江阴市
华东	江苏省	无锡市	宜兴市
华东	江苏省	徐州市	睢宁县
华东	江苏省	徐州市	新沂市

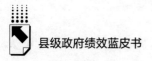
地区	省份	地级市	县（市）
华东	江苏省	常州市	溧阳市
华东	江苏省	苏州市	常熟市
华东	江苏省	苏州市	张家港市
华东	江苏省	苏州市	昆山市
华东	江苏省	苏州市	太仓市
华东	江苏省	南通市	如东县
华东	江苏省	南通市	启东市
华东	江苏省	南通市	如皋市
华东	江苏省	南通市	海安市
华东	江苏省	淮安市	金湖县
华东	江苏省	盐城市	建湖县
华东	江苏省	盐城市	东台市
华东	江苏省	扬州市	仪征市
华东	江苏省	扬州市	高邮市
华东	江苏省	镇江市	丹阳市
华东	江苏省	镇江市	扬中市
华东	江苏省	镇江市	句容市
华东	江苏省	泰州市	兴化市
华东	江苏省	泰州市	靖江市
华东	江苏省	泰州市	泰兴市
华东	浙江省	杭州市	桐庐县
华东	浙江省	杭州市	淳安县
华东	浙江省	杭州市	建德市
华东	浙江省	宁波市	象山县
华东	浙江省	宁波市	宁海县
华东	浙江省	宁波市	余姚市
华东	浙江省	宁波市	慈溪市
华东	浙江省	温州市	平阳县
华东	浙江省	温州市	文成县
华东	浙江省	温州市	泰顺县
华东	浙江省	温州市	瑞安市
华东	浙江省	温州市	乐清市
华东	浙江省	嘉兴市	嘉善县
华东	浙江省	嘉兴市	海盐县

地区	省份	地级市	县（市）
华东	浙江省	嘉兴市	海宁市
华东	浙江省	嘉兴市	平湖市
华东	浙江省	嘉兴市	桐乡市
华东	浙江省	湖州市	德清县
华东	浙江省	湖州市	长兴县
华东	浙江省	湖州市	安吉县
华东	浙江省	绍兴市	新昌县
华东	浙江省	绍兴市	诸暨市
华东	浙江省	绍兴市	嵊州市
华东	浙江省	金华市	武义县
华东	浙江省	金华市	浦江县
华东	浙江省	金华市	磐安县
华东	浙江省	金华市	兰溪市
华东	浙江省	金华市	义乌市
华东	浙江省	金华市	东阳市
华东	浙江省	金华市	永康市
华东	浙江省	衢州市	常山县
华东	浙江省	衢州市	开化县
华东	浙江省	衢州市	龙游县
华东	浙江省	衢州市	江山市
华东	浙江省	舟山市	岱山县
华东	浙江省	舟山市	嵊泗县
华东	浙江省	台州市	三门县
华东	浙江省	台州市	天台县
华东	浙江省	台州市	仙居县
华东	浙江省	台州市	温岭市
华东	浙江省	台州市	临海市
华东	浙江省	台州市	玉环市
华东	浙江省	丽水市	缙云县
华东	浙江省	丽水市	遂昌县
华东	浙江省	丽水市	松阳县
华东	浙江省	丽水市	云和县
华东	浙江省	丽水市	庆元县
华东	浙江省	丽水市	景宁畲族自治县

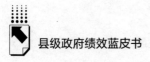

地区	省份	地级市	县（市）
华东	浙江省	丽水市	龙泉市
华东	安徽省	合肥市	肥西县
华东	安徽省	马鞍山市	当涂县
华东	安徽省	安庆市	太湖县
华东	安徽省	安庆市	岳西县
华东	安徽省	安庆市	桐城市
华东	安徽省	黄山市	休宁县
华东	安徽省	黄山市	黟县
华东	安徽省	滁州市	来安县
华东	安徽省	滁州市	天长市
华东	安徽省	六安市	金寨县
华东	安徽省	六安市	霍山县
华东	安徽省	池州市	石台县
华东	安徽省	池州市	青阳县
华东	安徽省	宣城市	绩溪县
华东	安徽省	宣城市	宁国市
华东	安徽省	宣城市	广德市
华东	福建省	福州市	闽侯县
华东	福建省	福州市	连江县
华东	福建省	福州市	罗源县
华东	福建省	福州市	福清市
华东	福建省	莆田市	仙游县
华东	福建省	三明市	清流县
华东	福建省	三明市	大田县
华东	福建省	三明市	沙县
华东	福建省	三明市	将乐县
华东	福建省	三明市	泰宁县
华东	福建省	三明市	永安市
华东	福建省	泉州市	惠安县
华东	福建省	泉州市	安溪县
华东	福建省	泉州市	永春县
华东	福建省	泉州市	德化县
华东	福建省	泉州市	石狮市
华东	福建省	泉州市	南安市

续表

地区	省份	地级市	县(市)
华东	福建省	漳州市	长泰县
华东	福建省	漳州市	东山县
华东	福建省	漳州市	龙海市
华东	福建省	南平市	邵武市
华东	福建省	南平市	武夷山市
华东	福建省	龙岩市	上杭县
华东	福建省	龙岩市	武平县
华东	福建省	宁德市	柘荣县
华东	福建省	宁德市	福鼎市
华东	江西省	景德镇市	浮梁县
华东	江西省	九江市	德安县
华东	江西省	九江市	共青城市
华东	江西省	九江市	庐山市
华东	江西省	吉安市	井冈山市
华东	江西省	抚州市	南城县
华东	山东省	济南市	平阴县
华东	山东省	青岛市	胶州市
华东	山东省	青岛市	莱西市
华东	山东省	淄博市	桓台县
华东	山东省	淄博市	沂源县
华东	山东省	枣庄市	滕州市
华东	山东省	东营市	广饶县
华东	山东省	烟台市	龙口市
华东	山东省	烟台市	招远市
华东	山东省	潍坊市	青州市
华东	山东省	潍坊市	诸城市
华东	山东省	潍坊市	寿光市
华东	山东省	潍坊市	高密市
华东	山东省	济宁市	曲阜市
华东	山东省	济宁市	邹城市
华东	山东省	威海市	荣成市
华中	河南省	郑州市	新郑市
华中	河南省	洛阳市	栾川县
华中	河南省	平顶山市	宝丰县

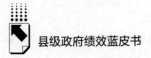

续表

地区	省份	地级市	县（市）
华中	湖北省	宜昌市	远安县
华中	湖北省	宜昌市	宜都市
华中	湖北省	宜昌市	枝江市
华中	湖北省	襄阳市	保康县
华中	湖北省	黄冈市	武穴市
华中	湖北省	咸宁市	赤壁市
华中	湖北省	省直辖	神农架林区
华中	湖南省	长沙市	长沙县
华中	湖南省	长沙市	浏阳市
华中	湖南省	湘潭市	韶山市
华中	湖南省	岳阳市	平江县
华中	湖南省	常德市	津市市
华中	湖南省	益阳市	安化县
华中	湖南省	郴州市	资兴市
华中	湖南省	永州市	双牌县
华中	湖南省	永州市	蓝山县
华中	湖南省	湘西土家族苗族自治州	吉首市
华南	广东省	江门市	鹤山市
华南	广东省	肇庆市	四会市
华南	广东省	惠州市	博罗县
华南	广东省	惠州市	惠东县
华南	广东省	惠州市	龙门县
华南	广东省	清远市	佛冈县
华南	广西壮族自治区	桂林市	灵川县
华南	广西壮族自治区	桂林市	龙胜各族自治县
华南	广西壮族自治区	防城港市	东兴市
西南	四川省	成都市	崇州市
西南	四川省	攀枝花市	米易县
西南	四川省	德阳市	广汉市
西南	四川省	德阳市	绵竹市
西南	四川省	绵阳市	江油市
西南	四川省	乐山市	峨眉山市
西南	四川省	阿坝藏族羌族自治州	马尔康市
西南	四川省	阿坝藏族羌族自治州	汶川县

续表

地区	省份	地级市	县（市）
西南	四川省	阿坝藏族羌族自治州	理县
西南	四川省	阿坝藏族羌族自治州	九寨沟县
西南	四川省	凉山彝族自治州	西昌市
西南	贵州省	黔东南苗族侗族自治州	凯里市
西南	贵州省	黔南布依族苗族自治州	龙里县
西南	云南省	昆明市	宜良县
西南	云南省	昆明市	石林彝族自治县
西南	云南省	昆明市	嵩明县
西南	云南省	昆明市	安宁市
西南	云南省	玉溪市	易门县
西南	云南省	楚雄彝族自治州	楚雄市
西南	云南省	楚雄彝族自治州	永仁县
西南	云南省	楚雄彝族自治州	元谋县
西南	云南省	红河哈尼族彝族自治州	蒙自市
西南	云南省	文山壮族苗族自治州	文山市
西南	云南省	西双版纳傣族自治州	景洪市
西南	云南省	德宏傣族景颇族自治州	瑞丽市
西南	西藏自治区	林芝市	米林县
西南	西藏自治区	林芝市	波密县
西北	陕西省	宝鸡市	眉县
西北	陕西省	延安市	黄陵县
西北	陕西省	汉中市	留坝县
西北	陕西省	榆林市	府谷县
西北	陕西省	榆林市	靖边县
西北	甘肃省	张掖市	肃南裕固族自治县
西北	甘肃省	张掖市	临泽县
西北	甘肃省	酒泉市	瓜州县
西北	甘肃省	酒泉市	肃北蒙古族自治县
西北	甘肃省	酒泉市	阿克塞哈萨克族自治县
西北	甘肃省	酒泉市	玉门市
西北	甘肃省	酒泉市	敦煌市
西北	甘肃省	甘南藏族自治州	合作市
西北	青海省	海北藏族自治州	门源回族自治县
西北	青海省	海北藏族自治州	海晏县

地区	省份	地级市	县(市)
西北	青海省	海西蒙古族藏族自治州	格尔木市
西北	青海省	海西蒙古族藏族自治州	德令哈市
西北	宁夏回族自治区	银川市	贺兰县
西北	新疆维吾尔自治区	乌鲁木齐市	乌鲁木齐县
西北	新疆维吾尔自治区	昌吉回族自治州	昌吉市
西北	新疆维吾尔自治区	昌吉回族自治州	阜康市
西北	新疆维吾尔自治区	巴音郭楞蒙古自治州	库尔勒市
西北	新疆维吾尔自治区	巴音郭楞蒙古自治州	博湖县
西北	新疆维吾尔自治区	伊犁哈萨克自治州	霍尔果斯市
西北	新疆维吾尔自治区	阿勒泰地区	富蕴县

(二)省份分析

1. 省份间比较分析

(1)省份间类别比较分析

图 3 展示了县级政府发展成效维度得分类别的省份分布情况,维度得分位于 A 类的县(市)主要分布在浙江(49,94%)、福建(26,47%)、江苏(24,60%)等东南沿海省份。维度得分位于 B 类的县(市)主要分布在四川(55,43%)、湖南(41,48%)、江西(37,52%)、山西(37,41%)等省份。维度得分位于 C 类的县(市)主要分布在河南(64,61%)、河北(59,50%)、云南(56,50%)等省份。维度得分位于 D 类的县(市)主要分布在河南(24,23%)、贵州(22,31%)、四川(19,15%)等省份。

(2)省份间均值比较分析

各省份发展成效维度得分的总体均值为 32.30,标准差为 2.64,最小值为 29.01,最大值为 41.04。采用总体均值加减一个标准差形成的 3 个节点,将中国县级政府发展成效维度得分省内均值划分为一等、二等、三等、四等 4 个类别。一等代表发展成效为优,即政府发展成效维度得分省内均值 ≥34.94;二等代表发展成效良好,即 32.30 ≤ 政府发展成效维度得分省内均

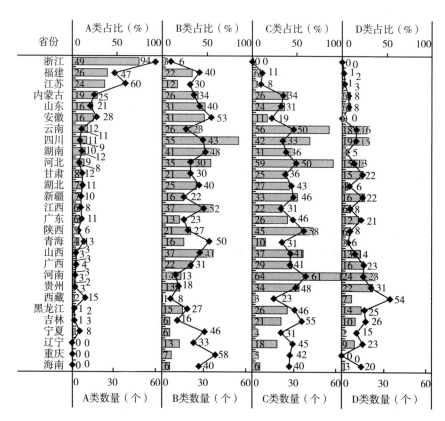

图 3　中国县级政府发展成效类别的省份分布

值<34.94；三等代表发展成效一般，即 29.66≤政府发展成效维度得分省内均值<32.30；四等代表发展成效欠佳，即政府发展成效维度得分省内均值<29.66。图 4 直观展示了类别的划分标准。

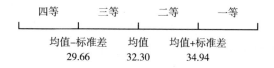

图 4　中国县级政府发展成效维度得分省内均值类别划分标准

从各省份县级政府发展成效维度得分省内均值类别分布情况看，浙江、江苏和福建 3 个省份发展成效维度得分省内均值位于一等，占比 11%；安徽、内蒙古、山东、青海等8个省份发展成效维度得分省内均值位于二等，占比29%；宁夏、四川、甘肃、河北等16个省份发展成效维度得分省内均值位于三等，占比57%；西藏发展成效维度得分省内均值位于四等，占比4%。整体来看，中国县级政府发展成效维度得分省内均值分布存在"中部洼地"：东南部和西部省份表现较好，中部省份表现相对较差。

2. 省份内比较分析

（1）河北省

河北省县级政府发展成效维度得分省内均值为31.54，标准差为3.37，最小值为25.38，最大值为43.48。河北省县级政府发展成效维度得分省内均值低于全国平均水平，省内差异程度低于全国平均水平（见表2），说明河北省县（市）发展成效普遍有待改善。

表2　河北省和全国县级政府发展成效维度的描述性统计

	实评值个数	均值	标准差	最小值	最大值
河北省	118	31.54	3.37	25.38	43.48
全国	1766	32.19	4.19	19.38	46.69

图5展示的是河北省县级政府发展成效维度得分位于各类别的数量与占比。得分位于A类、B类、C类、D类的县级政府数量分别为9个（占比8%）、35个（占比30%）、59个（占比50%）、15个（占比13%）。河北省发展成效维度得分优良的县级政府占比不到50%。

从河北省县级政府发展成效维度类别分布情况看，维度得分位于A类的县（市）分布较为零散，在与北京南部以及与天津西北部交界的地带出现少量聚集。维度得分位于B类的县（市）集中分布在北部和中部地区。维度得分位于C类的县（市）分布相对较为均匀。维度得分位于D类的县（市）更多地零星分布在南部地区。河北省发展成效维度A类县（市）见表3。

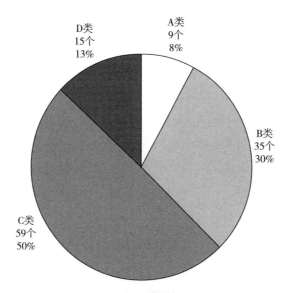

图5 河北省县级政府发展成效维度得分位于
各类别的数量与占比统计

表3 河北省发展成效维度 A 类县（市）

地级市	县(市)	地级市	县(市)
石家庄市	正定县	承德市	宽城满族自治县
石家庄市	平山县	廊坊市	固安县
石家庄市	辛集市	廊坊市	香河县
保定市	涿州市	廊坊市	大厂回族自治县
张家口市	张北县		

（2）山西省

山西省县级政府发展成效维度得分省内均值为 31.38，标准差为 2.98，最小值为 23.97，最大值为 37.66。山西省县级政府发展成效维度得分省内均值低于全国平均水平，省内差异程度低于全国平均水平（见表4），说明山西省县（市）发展成效普遍有待改善。

121

表4 山西省和全国县级政府发展成效维度的描述性统计

	实评值个数	均值	标准差	最小值	最大值
山西省	90	31.38	2.98	23.97	37.66
全国	1766	32.19	4.19	19.38	46.69

图6展示的是山西省县级政府发展成效维度得分位于各类别的数量与占比。得分位于A类、B类、C类、D类的县级政府数量分别为3个（占比3%）、37个（占比41%）、37个（占比41%）、13个（占比14%）。山西省发展成效维度得分优良的县级政府占比不到50%。

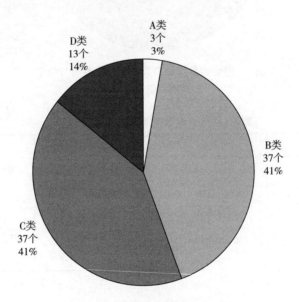

图6 山西省县级政府发展成效维度得分位于
各类别的数量与占比统计

从山西省县级政府发展成效维度类别分布情况看，维度得分位于A类的县（市）零星分布在南部和中部地区。维度得分位于B类和C类的县（市）分布较为均匀。维度得分位于D类的县（市）集中分布在北部地区。山西省发展成效维度A类县（市）见表5。

122

表5 山西省发展成效维度 A 类县（市）

地级市	县(市)
太原市	阳曲县
晋城市	阳城县
临汾市	侯马市

（3）内蒙古自治区

内蒙古自治区县级政府发展成效维度得分省内均值为 33.68，标准差为 4.62，最小值为 22.89，最大值为 46.24。内蒙古自治区县级政府发展成效维度得分省内均值高于全国平均水平，省内差异程度高于全国平均水平（见表6），说明内蒙古自治区县（市）发展成效普遍较好。

表6 内蒙古自治区和全国县级政府发展成效维度的描述性统计

	实评值个数	均值	标准差	最小值	最大值
内蒙古自治区	77	33.68	4.62	22.89	46.24
全国	1766	32.19	4.19	19.38	46.69

图7 展示的是内蒙古自治区县级政府发展成效维度得分位于各类别的数量与占比。得分位于 A 类、B 类、C 类、D 类的县级政府数量分别为 19 个（占比 25%）、26 个（占比 34%）、26 个（占比 34%）、6 个（占比 8%）。内蒙古自治区发展成效维度得分优良的县级政府占比近 60%。

从内蒙古自治区县级政府发展成效维度类别分布情况看，维度得分位于 A 类的县（市）集中分布在西南部和中部偏北的地区。维度得分位于 B 类的县（市）聚集分布在中部偏北地区。维度得分位于 C 类的县（市）集中分布在东部和中部偏南地区。维度得分位于 D 类的县（市）零星分布在中部偏南和东部地区。内蒙古自治区发展成效维度 A 类县（市）见表7。

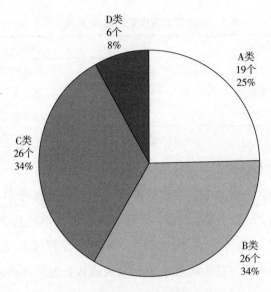

图7 内蒙古自治区县级政府发展成效维度得分位于各类别的数量与占比统计

表7 内蒙古自治区发展成效维度A类县（市）

地级市	县(市)	地级市	县(市)
通辽市	霍林郭勒市	兴安盟	乌兰浩特市
鄂尔多斯市	达拉特旗	锡林郭勒盟	二连浩特市
鄂尔多斯市	准格尔旗	锡林郭勒盟	锡林浩特市
鄂尔多斯市	鄂托克前旗	锡林郭勒盟	苏尼特左旗
鄂尔多斯市	鄂托克旗	锡林郭勒盟	东乌珠穆沁旗
鄂尔多斯市	杭锦旗	锡林郭勒盟	西乌珠穆沁旗
鄂尔多斯市	乌审旗	阿拉善盟	阿拉善左旗
鄂尔多斯市	伊金霍洛旗	阿拉善盟	阿拉善右旗
呼伦贝尔市	新巴尔虎右旗	阿拉善盟	额济纳旗
呼伦贝尔市	额尔古纳市		

（4）辽宁省

辽宁省县级政府发展成效维度得分省内均值为30.36，标准差为3.34，最小值为19.38，最大值为35.67。辽宁省县级政府发展成效维度得分省内均值低于全国平均水平，省内差异程度低于全国平均水平（见表8），说明辽宁省县（市）发展成效普遍有待改善。

表 8   辽宁省和全国县级政府发展成效维度的描述性统计

	实评值个数	均值	标准差	最小值	最大值
辽宁省	40	30.36	3.34	19.38	35.67
全国	1766	32.19	4.19	19.38	46.69

图 8 展示的是辽宁省县级政府发展成效维度得分位于各类别的数量与占比。得分位于 A 类、B 类、C 类、D 类的县级政府数量分别为 0 个（占比 0%）、13 个（占比 33%）、18 个（占比 45%）、9 个（占比 23%）。辽宁省发展成效维度得分优良的县级政府占比不到 35%。

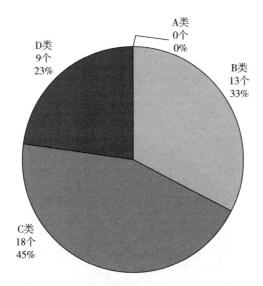

图 8   辽宁省县级政府发展成效维度得分位于各类别的数量与占比统计

从辽宁省县级政府发展成效维度类别分布情况看，没有维度得分位于 A 类的县（市）。维度得分位于 B 类的县（市）在沈阳市附近团状聚集分布。维度得分位于 C 类的县（市）分布较为均匀。维度得分位于 D 类的县（市）主要聚集在西北部和东北部地区。

（5）吉林省

吉林省县级政府发展成效维度得分省内均值为 29.72，标准差为 2.80，最小值为 24.89，最大值为 37.27。吉林省县级政府发展成效维度得分省内均值低于全国平均水平，省内差异程度低于全国平均水平（见表 9），说明吉林省县（市）发展成效普遍有待改善。

表 9　吉林省和全国县级政府发展成效维度的描述性统计

	实评值个数	均值	标准差	最小值	最大值
吉林省	38	29.72	2.80	24.89	37.27
全国	1766	32.19	4.19	19.38	46.69

图 9 展示的是吉林省县级政府发展成效维度得分位于各类别的数量与占比。得分位于 A 类、B 类、C 类、D 类的县级政府数量分别为 1 个（占比 3%）、6 个（占比 16%）、21 个（占比 55%）、10 个（占比 26%）。吉林省发展成效维度得分优良的县级政府占比不到 20%。

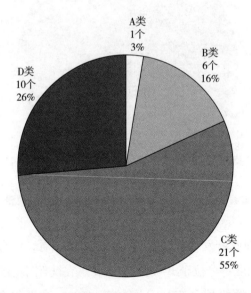

图 9　吉林省县级政府发展成效维度得分位于各类别的数量与占比统计

从吉林省县级政府发展成效维度类别分布情况看，维度得分位于 A 类的县（市）较少，位于东南部地区。维度得分位于 B 类的县（市）集中分布在东南部地区，零星分布在西北部和东北部地区。维度得分位于 C 类的县（市）分布较为均匀。维度得分位于 D 类的县（市）更多分布在中部偏北地区。吉林省发展成效维度 A 类县（市）见表10。

表 10　吉林省发展成效维度 A 类县（市）

地级市	县（市）
白山市	抚松县

（6）黑龙江省

黑龙江省县级政府发展成效维度得分省内均值为 30.02，标准差为 3.28，最小值为 22.70，最大值为 39.65。黑龙江省县级政府发展成效维度得分省内均值低于全国平均水平，省内差异程度低于全国平均水平（见表11），说明黑龙江省县（市）发展成效普遍有待改善。

表 11　黑龙江省和全国县级政府发展成效维度的描述性统计

	实评值个数	均值	标准差	最小值	最大值
黑龙江省	56	30.02	3.28	22.70	39.65
全国	1766	32.19	4.19	19.38	46.69

图 10 展示的是黑龙江省县级政府发展成效维度得分位于各类别的数量与占比。得分位于 A 类、B 类、C 类、D 类的县级政府数量分别为 1 个（占比 2%）、15 个（占比 27%）、26 个（占比 46%）、14 个（占比 25%）。黑龙江省发展成效维度得分优良的县级政府占比不到30%。

从黑龙江省县级政府发展成效维度类别分布情况看，维度得分位于 A 类的县（市）较少，分布在东南部的边界地带。维度得分位于 B 类的县（市）集中分布在北部和东部的边界地带。维度得分位于 C 类和 D 类的县（市）交错分布在中部和南部地区。黑龙江省发展成效维度 A 类县（市）见表12。

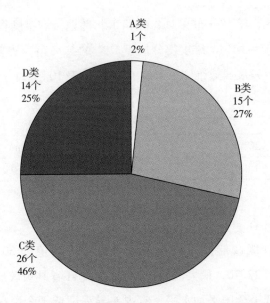

图 10　黑龙江省县级政府发展成效维度得分位于各类别的数量与占比统计

表 12　黑龙江省发展成效维度 A 类县（市）

地级市	县（市）
牡丹江市	绥芬河市

（7）江苏省

江苏省县级政府发展成效维度得分省内均值为 38.01，标准差为 4.95，最小值为 27.67，最大值为 46.69。江苏省县级政府发展成效维度得分省内均值高于全国平均水平，省内差异程度高于全国平均水平（见表 13），说明江苏省县（市）发展成效普遍较好。

表 13　江苏省和全国县级政府发展成效维度的描述性统计

	实评值个数	均值	标准差	最小值	最大值
江苏省	40	38.01	4.95	27.67	46.69
全国	1766	32.19	4.19	19.38	46.69

　　图11展示的是江苏省县级政府发展成效维度得分位于各类别的数量与占比。得分位于A类、B类、C类、D类的县级政府数量分别为24个（占比60%）、12个（占比30%）、3个（占比8%）、1个（占比3%）。江苏省发展成效维度得分优良的县级政府占比为90%。

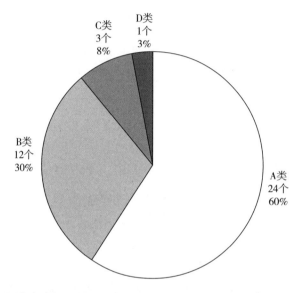

图11　江苏省县级政府发展成效维度得分位于各类别的数量与占比统计

　　从江苏省县级政府发展成效维度类别分布情况看，维度得分位于A类的县（市）主要聚集分布在南部地区。维度得分位于B类的县（市）集中分布在北部地区。维度得分位于C类和D类的县（市）较少，分布在中部偏北地区。江苏省发展成效维度A类县（市）见表14。

表14　江苏省发展成效维度A类县（市）

地级市	县（市）	地级市	县（市）
无锡市	江阴市	常州市	溧阳市
无锡市	宜兴市	苏州市	常熟市
徐州市	睢宁县	苏州市	张家港市
徐州市	新沂市	苏州市	昆山市

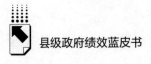
续表

地级市	县(市)	地级市	县(市)
苏州市	太仓市	扬州市	仪征市
南通市	如东县	扬州市	高邮市
南通市	启东市	镇江市	丹阳市
南通市	如皋市	镇江市	扬中市
南通市	海安市	镇江市	句容市
淮安市	金湖县	泰州市	兴化市
盐城市	建湖县	泰州市	靖江市
盐城市	东台市	泰州市	泰兴市

（8）浙江省

浙江省县级政府发展成效维度得分省内均值为 41.04，标准差为 2.47，最小值为 35.70，最大值为 45.31。浙江省县级政府发展成效维度得分省内均值高于全国平均水平，省内差异程度低于全国平均水平（见表 15），说明浙江省县（市）发展成效普遍较好。

表 15　浙江省和全国县级政府发展成效维度的描述性统计

	实评值个数	均值	标准差	最小值	最大值
浙江省	52	41.04	2.47	35.70	45.31
全国	1766	32.19	4.19	19.38	46.69

图 12 展示的是浙江省县级政府发展成效维度得分位于各类别的数量与占比。得分位于 A 类、B 类、C 类、D 类的县级政府数量分别为 49 个（占比 94%）、3 个（占比 6%）、0 个（占比 0%）、0 个（占比 0%）。浙江省发展成效维度得分优良的县级政府占比为 100%。

从浙江省县级政府发展成效维度类别分布情况看，维度得分位于 A 类的县（市）占绝大多数，个别维度得分位于 B 类的县（市）分布在东南部地区。没有维度得分位于 C 类和 D 类的县（市）。浙江省发展成效维度 A 类县（市）见表 16。

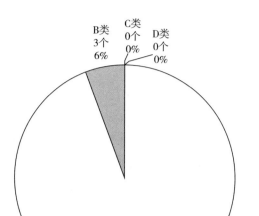

B类
3个
6%

C类
0个
0%

D类
0个
0%

A类
49个
94%

图 12　浙江省县级政府发展成效维度得分位于各类别的数量与占比统计

表 16　浙江省发展成效维度 A 类县（市）

地级市	县(市)	地级市	县(市)
杭州市	桐庐县	嘉兴市	桐乡市
杭州市	淳安县	湖州市	德清县
杭州市	建德市	湖州市	长兴县
宁波市	象山县	湖州市	安吉县
宁波市	宁海县	绍兴市	新昌县
宁波市	余姚市	绍兴市	诸暨市
宁波市	慈溪市	绍兴市	嵊州市
温州市	平阳县	金华市	武义县
温州市	文成县	金华市	浦江县
温州市	泰顺县	金华市	磐安县
温州市	瑞安市	金华市	兰溪市
温州市	乐清市	金华市	义乌市
嘉兴市	嘉善县	金华市	东阳市
嘉兴市	海盐县	金华市	永康市
嘉兴市	海宁市	衢州市	常山县
嘉兴市	平湖市	衢州市	开化县

地级市	县(市)	地级市	县(市)
衢州市	龙游县	台州市	玉环市
衢州市	江山市	丽水市	缙云县
舟山市	岱山县	丽水市	遂昌县
舟山市	嵊泗县	丽水市	松阳县
台州市	三门县	丽水市	云和县
台州市	天台县	丽水市	庆元县
台州市	仙居县	丽水市	景宁畲族自治县
台州市	温岭市	丽水市	龙泉市
台州市	临海市		

(9) 安徽省

安徽省县级政府发展成效维度得分省内均值为 34.72，标准差为 2.93，最小值为 28.40，最大值为 40.81。安徽省县级政府发展成效维度得分省内均值高于全国平均水平，省内差异程度低于全国平均水平（见表 17），说明安徽省县（市）发展成效普遍较好。

表 17　安徽省和全国县级政府发展成效维度的描述性统计

	实评值个数	均值	标准差	最小值	最大值
安徽省	58	34.72	2.93	28.40	40.81
全国	1766	32.19	4.19	19.38	46.69

图 13 展示的是安徽省县级政府发展成效维度得分位于各类别的数量与占比。得分位于 A 类、B 类、C 类、D 类的县级政府数量分别为 16 个（占比 28%）、31 个（占比 53%）、11 个（占比 19%）、0 个（占比 0%）。安徽省发展成效维度得分优良的县级政府占比超过 80%。

从安徽省县级政府发展成效维度类别分布情况看，维度得分位于 A 类的县（市）主要聚集分布在南部地区。维度得分位于 B 类的县（市）分布较为均匀。维度得分位于 C 类的县（市）零散分布于北部和西南部地区。

没有维度得分位于 D 类的县（市）。总体来说，安徽省县级政府发展成效呈"南强北弱"的格局。安徽省发展成效维度 A 类县（市）见表18。

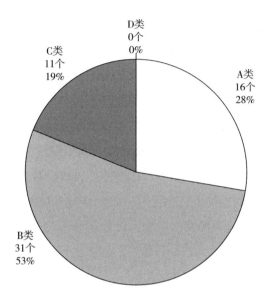

图13　安徽省县级政府发展成效维度得分位于各类别的数量与占比统计

表18　安徽省发展成效维度 A 类县（市）

地级市	县（市）	地级市	县（市）
合肥市	肥西县	滁州市	天长市
马鞍山市	当涂县	六安市	金寨县
安庆市	太湖县	六安市	霍山县
安庆市	岳西县	池州市	石台县
安庆市	桐城市	池州市	青阳县
黄山市	休宁县	宣城市	绩溪县
黄山市	黟县	宣城市	宁国市
滁州市	来安县	宣城市	广德市

（10）福建省

福建省县级政府发展成效维度得分省内均值为36.64，标准差为3.63，最小值为27.13，最大值为44.84。福建省县级政府发展成效维度得分省内均值高于全国平均水平，省内差异程度低于全国平均水平（见表 19），说明福建省县（市）发展成效普遍较好。

表 19   福建省和全国县级政府发展成效维度的描述性统计

	实评值个数	均值	标准差	最小值	最大值
福建省	55	36.64	3.63	27.13	44.84
全国	1766	32.19	4.19	19.38	46.69

图 14 展示的是福建省县级政府发展成效维度得分位于各类别的数量与占比。得分位于 A 类、B 类、C 类、D 类的县级政府数量分别为 26 个（占比 47%）、22 个（占比 40%）、6 个（占比 11%）、1 个（占比 2%）。福建省发展成效维度得分优良的县级政府占比近 90%。

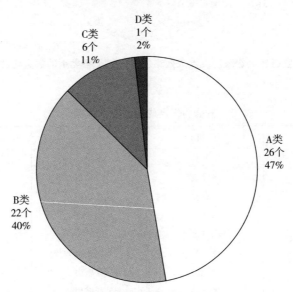

图 14   福建省县级政府发展成效维度得分位于各类别的数量与占比统计

从福建省县级政府发展成效维度类别分布情况看，维度得分位于 A 类和 B 类的县（市）分布较为均匀，相对聚集在中部地区。维度得分位于 C 类的县（市）较少，聚集分布在中部偏南地区。维度得分位于 D 类的县

（市）少，分布在中部偏北地区。福建省发展成效维度 A 类县（市）见表 20。

表 20　福建省发展成效维度 A 类县（市）

地级市	县（市）	地级市	县（市）
福州市	闽侯县	泉州市	永春县
福州市	连江县	泉州市	德化县
福州市	罗源县	泉州市	石狮市
福州市	福清市	泉州市	南安市
莆田市	仙游县	漳州市	长泰县
三明市	清流县	漳州市	东山县
三明市	大田县	漳州市	龙海市
三明市	沙县	南平市	邵武市
三明市	将乐县	南平市	武夷山市
三明市	泰宁县	龙岩市	上杭县
三明市	永安市	龙岩市	武平县
泉州市	惠安县	宁德市	柘荣县
泉州市	安溪县	宁德市	福鼎市

（11）江西省

江西省县级政府发展成效维度得分省内均值为 32.56，标准差为 3.05，最小值为 24.23，最大值为 39.90。江西省县级政府发展成效维度得分省内均值高于全国平均水平，省内差异程度低于全国平均水平（见表 21），说明江西省县（市）发展成效普遍较好。

表 21　江西省和全国县级政府发展成效维度的描述性统计

	实评值个数	均值	标准差	最小值	最大值
江西省	71	32.56	3.05	24.23	39.90
全国	1766	32.19	4.19	19.38	46.69

图 15 展示的是江西省县级政府发展成效维度得分位于各类别的数量与占比。得分位于 A 类、B 类、C 类、D 类的县级政府数量分别为 6 个（占比

8%）、37个（占比52%）22个（占比31%）、6个（占比8%）。江西省发展成效维度得分优良的县级政府占比为60%。

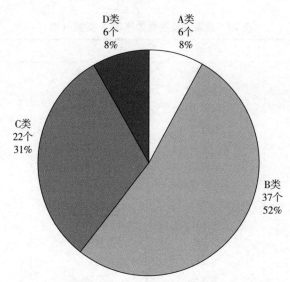

图 15　江西省县级政府发展成效维度得分位于各类别的数量与占比统计

从江西省县级政府发展成效维度类别分布情况看，维度得分位于 A 类的县（市）零散分布在中部和北部地区。维度得分位于 B 类和 C 类的县（市）分布均匀，没有明显聚集。维度得分位于 D 类的县（市）零散分布在中部和北部地区。江西省发展成效维度 A 类县（市）见表 22。

表 22　江西省发展成效维度 A 类县（市）

地级市	县（市）	地级市	县（市）
景德镇市	浮梁县	九江市	庐山市
九江市	德安县	吉安市	井冈山市
九江市	共青城市	抚州市	南城县

（12）山东省

山东省县级政府发展成效维度得分省内均值为 33.34，标准差为 4.31，最小值为 23.63，最大值为 44.00。山东省县级政府发展成效维度得分省内均值高于全国平均水平，省内差异程度高于全国平均水平（见表23），说明山东省县（市）发展成效普遍较好。

表 23　山东省和全国县级政府发展成效维度的描述性统计

	实评值个数	均值	标准差	最小值	最大值
山东省	77	33.34	4.31	23.63	44.00
全国	1766	32.19	4.19	19.38	46.69

图 16 展示的是山东省县级政府发展成效维度得分位于各类别的数量与占比。得分位于 A 类、B 类、C 类、D 类的县级政府数量分别为 16 个（占比 21%）、31 个（占比 40%）、24 个（占比 31%）、6 个（占比 8%）。山东省发展成效维度得分优良的县级政府占比超过 60%。

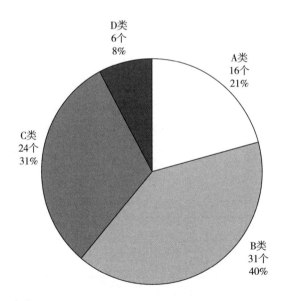

图 16　山东省县级政府发展成效维度得分位于各类别的数量与占比统计

从山东省县级政府发展成效维度类别分布情况看，维度得分位于 A 类和 B 类的县（市）主要聚集分布在中部地区和山东半岛。维度得分位于 C 类的县（市）主要分布在西部和南部地区。维度得分位于 D 类的县

137

（市）主要分布在西南部地区。整体而言，山东省县级政府发展成效呈现"东中强，西弱"的格局。山东省发展成效维度 A 类县（市）见表 24。

表 24　山东省发展成效维度 A 类县（市）

地级市	县（市）	地级市	县（市）
济南市	平阴县	烟台市	招远市
青岛市	胶州市	潍坊市	青州市
青岛市	莱西市	潍坊市	诸城市
淄博市	桓台县	潍坊市	寿光市
淄博市	沂源县	潍坊市	高密市
枣庄市	滕州市	济宁市	曲阜市
东营市	广饶县	济宁市	邹城市
烟台市	龙口市	威海市	荣成市

（13）河南省

河南省县级政府发展成效维度得分省内均值为 30.03，标准差为 3.02，最小值为 22.81，最大值为 40.93。河南省县级政府发展成效维度得分省内均值低于全国平均水平，省内差异程度低于全国平均水平（见表 25），说明河南省县（市）发展成效普遍有待改善。

表 25　河南省和全国县级政府发展成效维度的描述性统计

	实评值个数	均值	标准差	最小值	最大值
河南省	105	30.03	3.02	22.81	40.93
全国	1766	32.19	4.19	19.38	46.69

图 17 展示的是河南省县级政府发展成效维度得分位于各类别的数量与占比。得分位于 A 类、B 类、C 类、D 类的县级政府数量分别为 3 个（占比 3%）、14 个（占比 13%）、64 个（占比 61%）、24 个（占比 23%）。河南省发展成效维度得分优良的县级政府占比不到 20%。

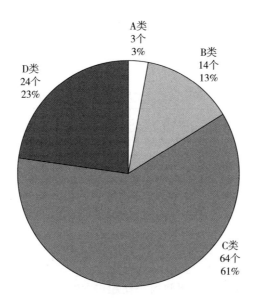

图 17 河南省县级政府发展成效维度得分位于各类别的数量与占比统计

从河南省县级政府发展成效维度类别分布情况看，维度得分位于 A 类的县（市）零星分布在中部及中部偏西地区。维度得分位于 B 类的县（市）聚集分布在中部偏西地区。维度得分位于 C 类的县（市）分布较为均匀，主要聚集分布在西部地区。维度得分位于 D 类的县（市）主要集中在东部地区。河南省发展成效维度 A 类县（市）见表 26。

表 26 河南省发展成效维度 A 类县（市）

地级市	县（市）
郑州市	新郑市
洛阳市	栾川县
平顶山市	宝丰县

（14）湖北省

湖北省县级政府发展成效维度得分省内均值为 32.42，标准差为 2.95，最小值为 26.59，最大值为 38.56。湖北省县级政府发展成效维度得分省内均值高于全国平均水平，省内差异程度低于全国平均水平（见表27），说明湖北省县（市）发展成效普遍较好。

表27　湖北省和全国县级政府发展成效维度的描述性统计

	实评值个数	均值	标准差	最小值	最大值
湖北省	63	32.42	2.95	26.59	38.56
全国	1766	32.19	4.19	19.38	46.69

图18展示的是湖北省县级政府发展成效维度得分位于各类别的数量与占比。得分位于A类、B类、C类、D类的县级政府数量分别为7个（占比11%）、25个（占比40%）、27个（占比43%）、4个（占比6%）。湖北省发展成效维度得分优良的县级政府占比超过50%。

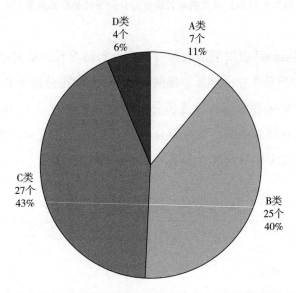

图18　湖北省县级政府发展成效维度得分位于各类别的数量与占比统计

从湖北省县级政府发展成效维度类别分布情况看，维度得分位于A类的县（市）主要分布在中部偏西地区。维度得分位于B类和C类的县（市）分布较为均匀，没有明显聚集。维度得分位于D类的县（市）零星分散在中部和东北部地区。湖北省发展成效维度 A 类县（市）见表28。

表28　湖北省发展成效维度 A 类县（市）

地级市	县（市）	地级市	县（市）
宜昌市	远安县	黄冈市	武穴市
宜昌市	宜都市	咸宁市	赤壁市
宜昌市	枝江市	省直辖	神农架林区
襄阳市	保康县		

（15）湖南省

湖南省县级政府发展成效维度得分省内均值为 32.67，标准差为 3.35，最小值为 21.98，最大值为 40.66。湖南省县级政府发展成效维度得分省内均值略高于全国平均水平，省内差异程度低于全国平均水平（见表29），说明湖南省县（市）发展成效仍有待改善。

表29　湖南省和全国县级政府发展成效维度的描述性统计

	实评值个数	均值	标准差	最小值	最大值
湖南省	86	32.67	3.35	21.98	40.66
全国	1766	32.19	4.19	19.38	46.69

图 19 展示的是湖南省县级政府发展成效维度得分位于各类别的数量与占比。得分位于 A 类、B 类、C 类、D 类的县级政府数量分别为 10 个（占比 12%）、41 个（占比 48%）、31 个（占比 36%）、4 个（占比 5%）。湖南省发展成效维度得分优良的县级政府占比 60%。

从湖南省县级政府发展成效维度类别分布情况看，维度得分位于 A 类的县（市）分布比较零散，在东北部地区出现聚集。维度得分位于 B 类的县（市）主要聚集分布在东部和南部地区。维度得分位于 C 类的县（市）主要分布在中部和西北部地区，有明显的聚集。维度得分位于 D 类的县（市）零星分布，主要分布在北部地区。湖南省发展成效维度 A 类县（市）见表30。

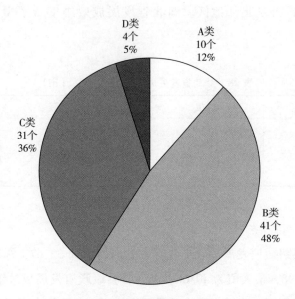

图 19　湖南省县级政府发展成效维度得分位于各类别的数量与占比统计

表 30　湖南省发展成效维度 A 类县（市）

地级市	县（市）	地级市	县（市）
长沙市	长沙县	益阳市	安化县
长沙市	浏阳市	郴州市	资兴市
湘潭市	韶山市	永州市	双牌县
岳阳市	平江县	永州市	蓝山县
常德市	津市市	湘西土家族苗族自治州	吉首市

（16）广东省

广东省县级政府发展成效维度得分省内均值为 30.89，标准差为 3.97，最小值为 23.15，最大值为 41.36。广东省县级政府发展成效维度得分省内均值低于全国平均水平，省内差异程度低于全国平均水平（见表 31），说明广东省县（市）发展成效普遍有待改善。

表 31　广东省和全国县级政府发展成效维度的描述性统计

	实评值个数	均值	标准差	最小值	最大值
广东省	57	30.89	3.97	23.15	41.36
全国	1766	32.19	4.19	19.38	46.69

图 20 展示的是广东省县级政府发展成效维度得分位于各类别的数量与占比。得分位于 A 类、B 类、C 类、D 类的县级政府数量分别为 6 个（占比 11%）、13 个（占比 23%）、26 个（占比 46%）、12 个（占比 21%）。广东省发展成效维度得分优良的县级政府占比不到 40%。

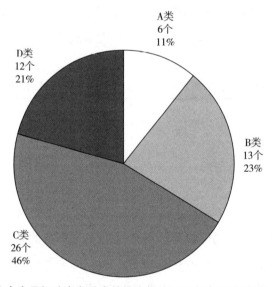

图 20　广东省县级政府发展成效维度得分位于各类别的数量与占比统计

从广东省县级政府发展成效维度类别分布情况看，维度得分位于 A 类的县（市）大多分布于中部地区，临近广州市的县（市）发展成效较好。维度得分位于 B 类的县（市）主要聚集分布在北部的中间地区。维度得分位于 C 类的县（市）分布较为均匀。维度得分位于 D 类的县（市）主要分布在广东省的东北部和西南部地区。广东省发展成效维度 A 类县（市）见表 32。

表 32　广东省发展成效维度 A 类县（市）

地级市	县（市）	地级市	县（市）
江门市	鹤山市	惠州市	惠东县
肇庆市	四会市	惠州市	龙门县
惠州市	博罗县	清远市	佛冈县

（17）广西壮族自治区

广西壮族自治区县级政府发展成效维度得分省内均值为 30.74，标准差为 3.27，最小值为 23.49，最大值为 40.17。广西壮族自治区县级政府发展成效维度得分省内均值低于全国平均水平，省内差异程度低于全国平均水平（见表 33），说明广西壮族自治区县（市）发展成效普遍有待提升。

表 33　广西壮族自治区和全国县级政府发展成效维度的描述性统计

	实评值个数	均值	标准差	最小值	最大值
广西壮族自治区	70	30.74	3.27	23.49	40.17
全国	1766	32.19	4.19	19.38	46.69

图 21 展示的是广西壮族自治区县级政府发展成效维度得分位于各类别的数量与占比。得分位于 A 类、B 类、C 类、D 类的县级政府数量分别为 3 个（占比 4%）、22 个（占比 31%）、29 个（占比 41%）、16 个（占比 23%）。广西壮族自治区发展成效维度得分优良的县级政府占比不到 40%。

从广西壮族自治区县级政府发展成效维度类别分布情况看，维度得分位于 A 类的县（市）较少，分布在北部和南部地区。维度得分位于 B 类的县（市）主要聚集分布在东北部和中部地区。维度得分位于 C 类和 D 类的县（市）分布比较零散，无明显聚集。广西壮族自治区发展成效维度 A 类县（市）见表 34。

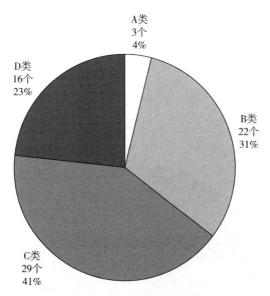

图 21　广西壮族自治区县级政府发展成效维度得分位于各类别的数量与占比统计

表 34　广西壮族自治区发展成效维度 A 类县（市）

地级市	县(市)
桂林市	灵川县
桂林市	龙胜各族自治县
防城港市	东兴市

（18）海南省

海南省县级政府发展成效维度得分省内均值为 30.68，标准差为 2.79，最小值为 25.78，最大值为 35.34。海南省县级政府发展成效维度得分省内均值低于全国平均水平，省内差异程度低于全国平均水平（见表 35），说明海南省县（市）发展成效普遍有待改善。

表 35　海南省和全国县级政府发展成效维度的描述性统计

	实评值个数	均值	标准差	最小值	最大值
海南省	15	30.68	2.79	25.78	35.34
全国	1766	32.19	4.19	19.38	46.69

图 22 展示的是海南省县级政府发展成效维度得分位于各类别的数量与占比。得分位于 A 类、B 类、C 类、D 类的县级政府数量分别为 0 个（占比 0%）、6 个（占比 40%）、6 个（占比 40%）、3 个（占比 20%）。海南省发展成效维度得分优良的县级政府占比不到 50%。

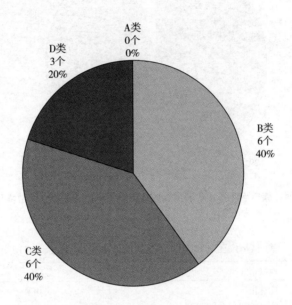

图 22　海南省县级政府发展成效维度得分位于各类别的数量与占比统计

从海南省县级政府发展成效维度类别分布情况看，没有维度得分位于 A 类的县（市）。维度得分位于 B 类的县（市）主要聚集分布在东南部地区。维度得分位于 C 类的县（市）主要分布在东北和西北部地区。维度得分位于 D 类的县（市）较少且分布比较零散。

（19）重庆市

重庆市县级政府发展成效维度得分省内均值为 32.85，标准差为 2.06，最小值为 29.39，最大值为 35.41。重庆市县级政府发展成效维度得分均值高于全国平均水平，省内差异程度低于全国平均水平（见表 36），说明重庆县（市）发展成效较好，但仍待提升。

表36　重庆市和全国县级政府发展成效维度的描述性统计

	实评值个数	均值	标准差	最小值	最大值
重庆市	12	32.85	2.06	29.39	35.41
全国	1766	32.19	4.19	19.38	46.69

图23展示的是重庆市县级政府发展成效维度得分位于各类别的数量与占比。得分位于A类、B类、C类、D类的县级政府数量分别为0个（占比0%）、7个（占比58%）、5个（占比42%）、0个（占比0%）。重庆市发展成效维度得分优良的县级政府占比超过50%。

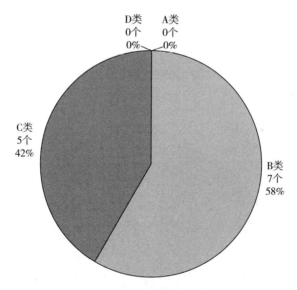

图23　重庆市县级政府发展成效维度得分位于各类别的数量与占比统计

从重庆市县级政府发展成效维度类别分布情况看，没有维度得分位于A类和D类的县（市）。维度得分位于B类的县（市）较多，聚集分布于中部和东北部地区。维度得分位于C类的县（市）主要在东北部和东南部地区聚集分布。

（20）四川省

四川省县级政府发展成效维度得分省内均值为31.83，标准差为3.64，最小值为 21.58，最大值为 40.75。四川省县级政府发展成效维度得分省内均值低于全国平均水平，省内差异程度低于全国平均水平（见表37），说明四川省县（市）发展成效普遍有待提升。

表 37　四川省和全国县级政府发展成效维度的描述性统计

	实评值个数	均值	标准差	最小值	最大值
四川省	127	31.83	3.64	21.58	40.75
全国	1766	32.19	4.19	19.38	46.69

图 24 展示的是四川省县级政府发展成效维度得分位于各类别的数量与占比。得分位于 A 类、B 类、C 类、D 类的县级政府数量分别为 11 个（占比 9%）、55 个（占比 43%）、42 个（占比 33%）、19 个（占比 15%）。四川省发展成效维度得分优良的县级政府占比超过 50%。

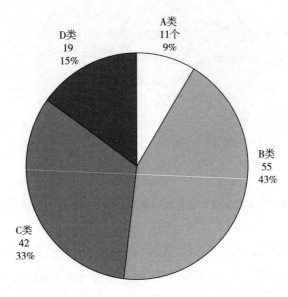

图 24　四川省县级政府发展成效维度得分位于各类别的数量与占比统计

从四川省县级政府发展成效维度类别分布情况看，维度得分位于 A 类、B 类的县（市）主要分布在北部的中间地区。维度得分位于 C 类的县（市）

主要聚集分布在西北部和东北部地区。维度得分位于 D 类的县（市）主要分布在东部和南部地区，在南部地区有明显聚集。四川省发展成效维度 A 类县（市）见表 38。

表 38 四川省发展成效维度 A 类县（市）

地级市	县（市）	地级市	县（市）
成都市	崇州市	阿坝藏族羌族自治州	马尔康市
攀枝花市	米易县	阿坝藏族羌族自治州	汶川县
德阳市	广汉市	阿坝藏族羌族自治州	理县
德阳市	绵竹市	阿坝藏族羌族自治州	九寨沟县
绵阳市	江油市	凉山彝族自治州	西昌市
乐山市	峨眉山市		

（21）贵州省

贵州省县级政府发展成效维度得分省内均值为 29.83，标准差为 3.39，最小值为 21.84，最大值为 38.60。贵州省县级政府发展成效维度得分省内均值低于全国平均水平，省内差异程度低于全国平均水平（见表 39），说明贵州省县（市）发展成效普遍有待提升。

表 39 贵州省和全国县级政府发展成效维度的描述性统计

	实评值个数	均值	标准差	最小值	最大值
贵州省	71	29.83	3.39	21.84	38.60
全国	1766	32.19	4.19	19.38	46.69

图 25 展示的是贵州省县级政府发展成效维度得分位于各类别的数量与占比。得分位于 A 类、B 类、C 类、D 类的县级政府数量分别为 2 个（占比 3%）、13 个（占比 18%）、34 个（占比 48%）、22 个（占比 31%）。贵州省发展成效维度得分优良的县级政府占比不到 30%。

从贵州省县级政府发展成效维度类别分布情况看，维度得分位于 A 类的县（市）较少，分布在东部和中部地区。维度得分位于 B 类的县（市）

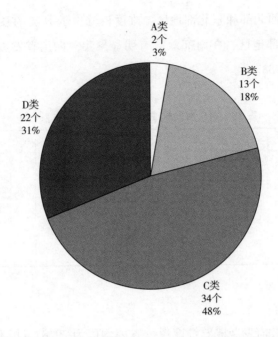

图 25　贵州省县级政府发展成效维度得分位于各类别的数量与占比统计

分布零散，无明显聚集。维度得分位于 C 类的县（市）较多，主要在中部和东南部地区聚集分布。维度得分位于 D 类的县（市）分布较为均匀。贵州省发展成效维度 A 类县（市）见表 40。

表 40　贵州省发展成效维度 A 类县（市）

地级市	县（市）
黔东南苗族侗族自治州	凯里市
黔南布依族苗族自治州	龙里县

（22）云南省

云南省县级政府发展成效维度得分省内均值为 31.37，标准差为 3.63，最小值为 23.59，最大值为 41.48。云南省县级政府发展成效维度得分省内均值低于全国平均水平，省内差异程度低于全国平均水平（见表 41），说明云南省县（市）发展成效普遍有待提升。

表41 云南省和全国县级政府发展成效维度的描述性统计

	实评值个数	均值	标准差	最小值	最大值
云南省	112	31.37	3.63	23.59	41.48
全国	1766	32.19	4.19	19.38	46.69

图26展示的是云南省县级政府发展成效维度得分位于各类别的数量与占比。得分位于A类、B类、C类、D类的县级政府数量分别为12个（占比11%）、26个（占比23%）、56个（占比50%）、18个（占比16%）。云南省发展成效维度得分优良的县级政府占比不到40%。

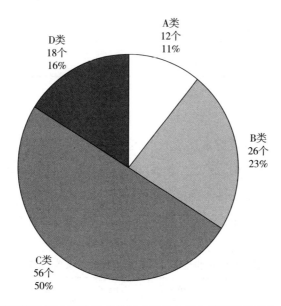

图26 云南省县级政府发展成效维度得分位于各类别的数量与占比统计

从云南省县级政府发展成效维度类别分布情况看，维度得分位于A类的县（市）较少，主要在中部地区零散分布。维度得分位于B类的县（市）主要分布在西北部和中部地区。维度得分位于C类的县（市）较多，无明显聚集。维度得分位于D类的县（市）主要在东南部地区出现聚集。云南省发展成效维度A类县（市）见表42。

表 42　云南省发展成效维度 A 类县（市）

地级市	县(市)
昆明市	宜良县
昆明市	石林彝族自治县
昆明市	嵩明县
昆明市	安宁市
玉溪市	易门县
楚雄彝族自治州	楚雄市
楚雄彝族自治州	永仁县
楚雄彝族自治州	元谋县
红河哈尼族彝族自治州	蒙自市
文山壮族苗族自治州	文山市
西双版纳傣族自治州	景洪市
德宏傣族景颇族自治州	瑞丽市

（23）西藏自治区

西藏自治区县级政府发展成效维度得分省内均值为 29.01，标准差为 4.64，最小值为 22.14，最大值为 38.04。西藏自治区县级政府发展成效维度得分省内均值低于全国平均水平，省内差异程度高于全国平均水平（见表 43），说明西藏自治区县（市）发展成效普遍有待提升。

表 43　西藏自治区和全国县级政府发展成效维度的描述性统计

	实评值个数	均值	标准差	最小值	最大值
西藏自治区	13	29.01	4.64	22.14	38.04
全国	1766	32.19	4.19	19.38	46.69

图 27 展示的是西藏自治区县级政府发展成效维度得分位于各类别的数量与占比。得分位于 A 类、B 类、C 类、D 类的县级政府数量分别为 2 个（占比 15%）、1 个（占比 8%）、3 个（占比 23%）、7 个（占比 54%）。西藏自治区发展成效维度得分优良的县级政府占比不到 30%。

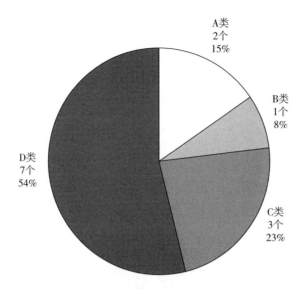

图 27　西藏自治区县级政府发展成效维度得分位于
各类别的数量与占比统计

从西藏自治区县级政府发展成效维度类别分布情况看，维度得分位于 A 类、B 类、C 类的县（市）较少，没有特别明显的聚集。维度得分位于 D 类的县（市）较多，主要分布在东北部地区。西藏自治区发展成效维度 A 类县（市）见表 44。

表 44　西藏自治区发展成效维度 A 类县（市）

地级市	县（市）
林芝市	米林县
林芝市	波密县

（24）陕西省

陕西省县级政府发展成效维度得分省内均值为 31.31，标准差为 2.84，最小值为 24.44，最大值为 38.13。陕西省县级政府发展成效维度得分省内均值低于全国平均水平，省内差异程度低于全国平均水平（见表 45），说明陕西省县（市）发展成效普遍有待提升。

表 45　陕西省和全国县级政府发展成效维度的描述性统计

	实评值个数	均值	标准差	最小值	最大值
陕西省	77	31.31	2.84	24.44	38.13
全国	1766	32.19	4.19	19.38	46.69

图 28 展示的是陕西省县级政府发展成效维度得分位于各类别的数量与占比。得分位于 A 类、B 类、C 类、D 类的县级政府数量分别为 5 个（占比 6%）、21 个（占比 27%）、45 个（占比 58%）、6 个（占比 8%）。陕西省发展成效维度得分优良的县级政府占比不到 40%。

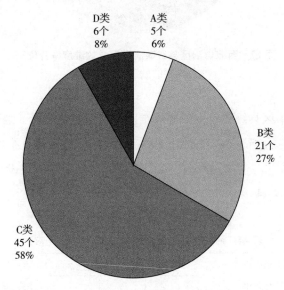

图 28　陕西省县级政府发展成效维度得分位于各类别的数量与占比统计

从陕西省县级政府发展成效维度类别分布情况看，维度得分位于 A 类的县（市）较少且分布零散。维度得分位于 B 类的县（市）在南部地区聚集明显。维度得分位于 C 类的县（市）较多，分布较为均匀。维度得分位于 D 类的县（市）较少，在中部和南部地区零星分布。陕西省发展成效维度 A 类县（市）见表 46。

表46 陕西省发展成效维度 A 类县（市）

地级市	县(市)	地级市	县(市)
宝鸡市	眉县	榆林市	府谷县
延安市	黄陵县	榆林市	靖边县
汉中市	留坝县		

（25）甘肃省

甘肃省县级政府发展成效维度得分省内均值为 31.56，标准差为 4.33，最小值为 22.96，最大值为 44.64。甘肃省县级政府发展成效维度得分省内均值低于全国平均水平，省内差异程度高于全国平均水平（见表 47），说明甘肃省县（市）发展成效普遍有待提升。

表47 甘肃省和全国县级政府发展成效维度的描述性统计

	实评值个数	均值	标准差	最小值	最大值
甘肃省	69	31.56	4.33	22.96	44.64
全国	1766	32.19	4.19	19.38	46.69

图 29 展示的是甘肃省县级政府发展成效维度得分位于各类别的数量与占比。得分位于 A 类、B 类、C 类、D 类的县级政府数量分别为 8 个（占比12%）、21 个（占比 30%）、25 个（占比 36%）、15 个（占比 22%）。甘肃省发展成效维度得分优良的县级政府占比不到 50%。

从甘肃省县级政府发展成效维度类别分布情况看，维度得分位于 A 类的县（市）聚集分布在西北部地区，即河西走廊地区。维度得分位于 B 类的县（市）分布较为均匀。维度得分位于 C 类和 D 类的县（市）主要分布在东部地区。整体来看，甘肃省县（市）发展成效呈现"西强东弱"的格局。甘肃省发展成效维度 A 类县（市）见表 48。

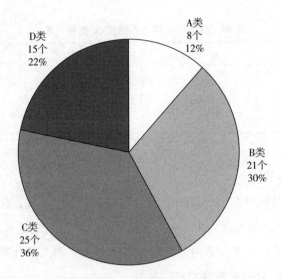

图 29　甘肃省县级政府发展成效维度得分位于各类别的数量与占比统计

表 48　甘肃省发展成效维度 A 类县（市）

地级市	县(市)	地级市	县(市)
张掖市	肃南裕固族自治县	酒泉市	阿克塞哈萨克族自治县
张掖市	临泽县	酒泉市	玉门市
酒泉市	瓜州县	酒泉市	敦煌市
酒泉市	肃北蒙古族自治县	甘南藏族自治州	合作市

（26）青海省

青海省县级政府发展成效维度得分省内均值为 33.05，标准差为 4.01，最小值为 23.16，最大值为 44.07。青海省县级政府发展成效维度得分省内均值高于全国平均水平，省内差异程度低于全国平均水平（见表 49），说明青海省县（市）发展成效处于全国中等水平。

表 49　青海省和全国县级政府发展成效维度的描述性统计

	实评值个数	均值	标准差	最小值	最大值
青海省	32	33.05	4.01	23.16	44.07
全国	1766	32.19	4.19	19.38	46.69

图 30 展示的是青海省县级政府发展成效维度得分位于各类别的数量与占比。得分位于 A 类、B 类、C 类、D 类的县级政府数量分别为 4 个（占比13%）、16 个（占比 50%）、10 个（占比 31%）、2 个（占比 6%）。青海省发展成效维度得分优良的县级政府占比超过 60%。

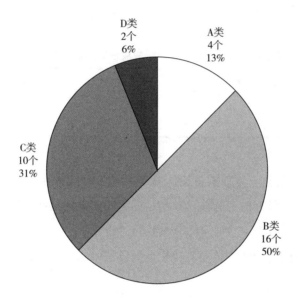

图 30　青海省县级政府发展成效维度得分位于各类别的数量与占比统计

从青海省县级政府发展成效维度类别分布情况看，维度得分位于 A 类的县（市）较少，主要分布在北部地区。维度得分位于 B 类的县（市）较多，主要分布于东南部地区，有明显的聚集。维度得分位于 C 类的县（市）分布较为均匀。维度得分位于 D 类的县（市）较少，分布在东北部地区。青海省发展成效维度 A 类县（市）见表 50。

表 50　青海省发展成效维度 A 类县（市）

地级市	县（市）	地级市	县（市）
海北藏族自治州	门源回族自治县	海西蒙古族藏族自治州	格尔木市
海北藏族自治州	海晏县	海西蒙古族藏族自治州	德令哈市

（27）宁夏回族自治区

宁夏回族自治区县级政府发展成效维度得分省内均值为 32.08，标准差为 4.35，最小值为 23.61，最大值为 38.57。宁夏回族自治区县级政府发展成效维度得分省内均值低于全国平均水平，省内差异程度高于全国平均水平（见表51），说明宁夏回族自治区县（市）发展成效普遍有待提升。

表 51　宁夏回族自治区和全国县级政府发展成效维度的描述性统计

	实评值个数	均值	标准差	最小值	最大值
宁夏回族自治区	13	32.08	4.35	23.61	38.57
全国	1766	32.19	4.19	19.38	46.69

图31展示的是宁夏回族自治区县级政府发展成效维度得分位于各类别的数量与占比。得分位于 A 类、B 类、C 类、D 类的县级政府数量分别为 1 个（占比 8%）、6 个（占比 46%）、4 个（占比 31%）、2 个（占比 15%）。宁夏回族自治区发展成效维度得分优良的县级政府占比超过 50%。

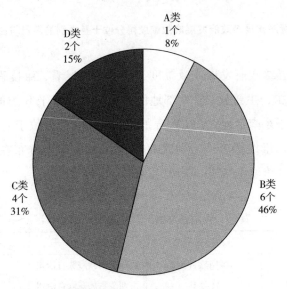

图 31　宁夏回族自治区县级政府发展成效维度得分位于
各类别的数量与占比统计

从宁夏回族自治区县级政府发展成效维度类别分布情况看，维度得分位于 A 类的县（市）较少，位于北部地区。维度得分位于 B 类的县（市）较多，分布较均匀。维度得分位于 C 类的县（市）分布零散。维度得分位于 D 类的县（市）较少，主要分布在南部地区。整体来看，北部黄河流域附近地区发展成效相对较好。宁夏回族自治区发展成效维度 A 类县（市）见表 52。

表 52　宁夏回族自治区发展成效维度 A 类县（市）

地级市	县（市）
银川市	贺兰县

（28）新疆维吾尔自治区

新疆维吾尔自治区县级政府发展成效维度得分省内均值为 31.03，标准差为 3.53，最小值为 24.12，最大值为 39.31。新疆维吾尔自治区县级政府发展成效维度得分省内均值低于全国平均水平，省内差异程度低于全国平均水平（见表 53），说明新疆维吾尔自治区县（市）发展成效普遍有待提升。

表 53　新疆维吾尔自治区和全国县级政府发展成效维度的描述性统计

	实评值个数	均值	标准差	最小值	最大值
新疆维吾尔自治区	72	31.03	3.53	24.12	39.31
全国	1766	32.19	4.19	19.38	46.69

图 32 展示的是新疆维吾尔自治区县级政府发展成效维度得分位于各类别的数量与占比。维度得分位于 A 类、B 类、C 类、D 类的县级政府数量分别为 7 个（占比 10%）、16 个（占比 22%）、33 个（占比 46%）、16 个（占比 22%）。新疆维吾尔自治区发展成效维度得分优良的县级政府占比不到 40%。

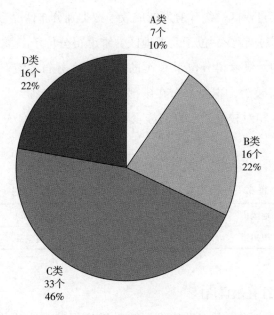

A类
7个
10%

D类
16个
22%

B类
16个
22%

C类
33个
46%

**图 32　新疆维吾尔自治区县级政府发展成效维度得分
位于各类别的数量与占比统计**

从新疆维吾尔自治区县级政府发展成效维度类别分布情况看，维度得分位于 A 类的县（市）较少，主要分布在北部的中间地区。维度得分位于 B 类的县（市）主要分布在北部和东南部地区，有明显聚集。维度得分位于 C 类的县（市）较多，没有明显聚集。维度得分位于 D 类的县（市）主要分布在西南部地区。新疆维吾尔自治区发展成效维度 A 类县（市）见表 54。

表 54　新疆维吾尔自治区发展成效维度 A 类县（市）

地级市	县（市）	地级市	县（市）
乌鲁木齐市	乌鲁木齐县	巴音郭楞蒙古自治州	博湖县
昌吉回族自治州	昌吉市	伊犁哈萨克自治州	霍尔果斯市
昌吉回族自治州	阜康市	阿勒泰地区	富蕴县
巴音郭楞蒙古自治州	库尔勒市		

（三）区域分析

1. 区域间比较分析

（1）区域间类别比较分析

图 33 展示了县级政府发展成效维度类别的区域分布情况。维度得分位于 A 类的县（市）主要分布在华东地区（137，39%）。维度得分位于 B 类的县（市）主要分布在华东地区（136，39%）、西南地区（102，30%）、华北地区（98，34%）、西北地区（80，30%）、华中地区（80，31%）。维度得分位于 C 类的县（市）主要分布在西南地区（140，42%）、华中地区（122，48%）、华北地区（122，43%）、西北地区（117，44%）。维度得分位于 D 类的县（市）主要分布在西南地区（66，20%）。总体而言，发展成效优良的县（市）占比较多的地区有华东地区、西南地区。

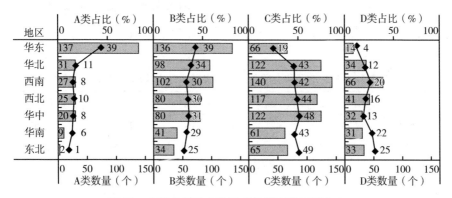

图 33　中国县级政府发展成效类别的区域分布

（2）区域间均值比较分析

从县级政府发展成效维度得分区域内均值情况来看，区域内均值在"西北—东南"向上呈现"中轴强，两翼弱"的格局：华东地区、华北地区、西北地区和华中地区的发展成效相对较好，东北地区、华南地区和西南地区的发展成效相对较差。如表 55 所示华东地区发展成效最好，华北地区次之。

表 55   区域间均值比较分析

地区	区域内均值	地区	区域内均值
华东	35.59	西南	31.18
华北	32.07	华南	30.80
西北	31.55	东北	30.03
华中	31.51		

2. 区域内比较分析

(1) 东北地区

①总体分析

东北地区县级政府发展成效维度得分区域内均值为 30.03，标准差为 3.16，最小值为 19.38，最大值为 39.65。东北地区县级政府发展成效维度得分区域内均值低于全国平均水平，区域内差异程度低于全国平均水平（见表 56）。东北地区县（市）发展成效整体处于全国一般水平。

表 56   东北地区和全国县级政府发展成效维度的描述性统计

	实评值个数	均值	标准差	最小值	最大值
东北地区	134	30.03	3.16	19.38	39.65
全国	1766	32.19	4.19	19.38	46.69

图 34 展示的是东北地区县级政府发展成效维度得分位于各类别的数量与占比。得分位于 A 类、B 类、C 类、D 类的县级政府数量分别为 2 个（占比 1%）、34 个（占比 25%）、65 个（占比 49%）、33 个（占比 25%）。东北地区发展成效拔尖的县级政府较少，发展成效优良的县级政府占比不到 30%。

从东北地区县级政府发展成效维度类别分布情况看，维度得分位于 A 类的县（市）较少，分布在吉林省和黑龙江省的南部地区。维度得分位于 B 类的县（市）集中分布在东北部地区和南部地区，主要出现在辽宁省和

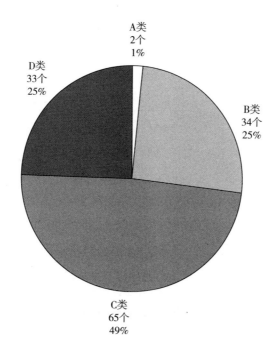

图 34　东北地区县级政府发展成效维度得分位于各类别的数量与占比统计

黑龙江省。维度得分位于 C 类和 D 类的县（市）没有出现明显的聚集。东北地区发展成效维度 A 类县（市）见表 57。

表 57　东北地区发展成效维度 A 类县（市）

省份	地级市	县(市)
吉林省	白山市	抚松县
黑龙江省	牡丹江市	绥芬河市

②省份分析

图 35 展示了东北地区县级政府发展成效维度类别的省份分布情况，维度得分位于 A 类的县（市）最多的省份是吉林省（1，3%）、黑龙江省（1，2%）。维度得分位于 B 类的县（市）最多的省份是黑龙江省（15，27%）。

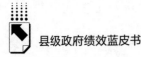

维度得分位于 C 类的县（市）最多的省份是黑龙江省（26，46%）。维度得分位于 D 类的县（市）最多的省份是黑龙江省（14，25%）。

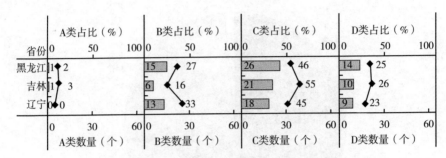

图 35 东北地区县级政府发展成效维度类别的省份分布

（2）华北地区

①总体分析

华北地区县级政府发展成效维度得分区域内均值为 32.07，标准差为 3.76，最小值为 22.89，最大值为 46.24。华北地区县级政府发展成效维度得分区域内均值低于全国平均水平，区域内差异程度低于全国平均水平（见表 58）。华北地区县（市）发展成效整体处于全国一般水平。

表 58 华北地区和全国县级政府发展成效维度的描述性统计

	实评值个数	均值	标准差	最小值	最大值
华北地区	285	32.07	3.76	22.89	46.24
全国	1766	32.19	4.19	19.38	46.69

图 36 展示的是华北地区县级政府发展成效维度得分位于各类别的数量与占比。得分位于 A 类、B 类、C 类、D 类的县级政府数量分别为 31 个（占比 11%）、98 个（占比 34%）、122 个（占比 43%）、34 个（占比 12%）。华北地区发展成效拔尖的县级政府较少，发展成效优良的县级政府占比为 45%。

从华北地区县级政府发展成效维度类别分布情况看，维度得分位于 A

164

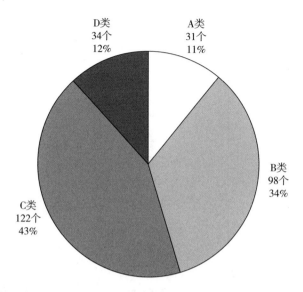

图 36　华北地区县级政府发展成效维度得分位于各类别的数量与占比统计

类的县（市）主要位于华北地区内蒙古自治区的西部以及北部地区，维度得分位于 B 类，C 类以及 D 类的县（市）没有出现明显的聚集。整体来看，西北部地区发展成效较好。华北地区发展成效维度 A 类县（市）见表 59。

表 59　华北地区发展成效维度 A 类县（市）

省份	地级市	县（市）
河北省	石家庄市	正定县
河北省	石家庄市	平山县
河北省	石家庄市	辛集市
河北省	保定市	涿州市
河北省	张家口市	张北县
河北省	承德市	宽城满族自治县
河北省	廊坊市	固安县
河北省	廊坊市	香河县
河北省	廊坊市	大厂回族自治县

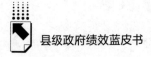

续表

省份	地级市	县(市)
山西省	太原市	阳曲县
山西省	晋城市	阳城县
山西省	临汾市	侯马市
内蒙古自治区	通辽市	霍林郭勒市
内蒙古自治区	鄂尔多斯市	达拉特旗
内蒙古自治区	鄂尔多斯市	准格尔旗
内蒙古自治区	鄂尔多斯市	鄂托克前旗
内蒙古自治区	鄂尔多斯市	鄂托克旗
内蒙古自治区	鄂尔多斯市	杭锦旗
内蒙古自治区	鄂尔多斯市	乌审旗
内蒙古自治区	鄂尔多斯市	伊金霍洛旗
内蒙古自治区	呼伦贝尔市	新巴尔虎右旗
内蒙古自治区	呼伦贝尔市	额尔古纳市
内蒙古自治区	兴安盟	乌兰浩特市
内蒙古自治区	锡林郭勒盟	二连浩特市
内蒙古自治区	锡林郭勒盟	锡林浩特市
内蒙古自治区	锡林郭勒盟	苏尼特左旗
内蒙古自治区	锡林郭勒盟	东乌珠穆沁旗
内蒙古自治区	锡林郭勒盟	西乌珠穆沁旗
内蒙古自治区	阿拉善盟	阿拉善左旗
内蒙古自治区	阿拉善盟	阿拉善右旗
内蒙古自治区	阿拉善盟	额济纳旗

②省份分析

图 37 展示了华北地区县级政府发展成效维度类别的省份分布情况，维度得分位于 A 类的县（市）较多的省份是内蒙古自治区（19，25%）、河北省（9，8%）。维度得分位于 B 类的县（市）较多的省份是山西省（37，41%）、河北省（35，30%）。维度得分位于 C 类的县（市）最多的省份是

河北省（59，50%）。维度得分位于 D 类的县（市）较多的省份是河北省（15，13%）、山西省（13，14%）。

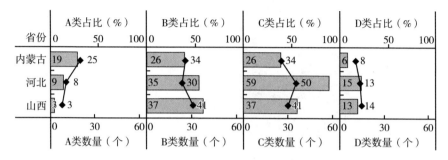

图37 华北地区县级政府发展成效维度类别的省份分布

（3）华东地区

①总体分析

华东地区县级政府发展成效维度得分区域内均值为 35.59，标准差为 4.60，最小值为 23.63，最大值为 46.69。华东地区县级政府发展成效得分区域内均值高于全国平均水平，区域内差异程度高于全国平均水平（见表60）。华东地区县（市）发展成效整体处于全国较高水平。

表60 华东地区和全国县级政府发展成效维度的描述性统计

	实评值个数	均值	标准差	最小值	最大值
华东地区	353	35.59	4.60	23.63	46.69
全国	1766	32.19	4.19	19.38	46.69

图38 展示的是华东地区县级政府发展成效维度得分位于各类别的数量与占比。得分位于 A 类、B 类、C 类、D 类的县级政府数量分别为 137 个（占比39%）、136 个（占比39%）、66 个（占比19%）、14 个（占比4%）。华东地区发展成效拔尖的县级政府较多，发展成效优良的县级政府占比近80%。

从华东地区县级政府发展成效维度类别分布情况看，维度得分位于 A

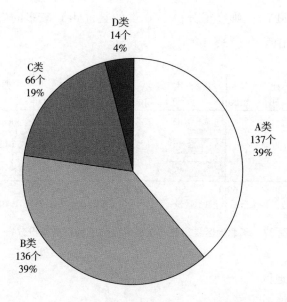

图38 华东地区县级政府发展成效维度得分位于各类别的数量与占比统计

类的县（市）主要分布在东南部地区，江苏、浙江和福建三省的交界处出现明显的聚集；维度得分位于 B 类、C 类以及 D 类的县（市）没有出现明显的聚集。整体来看，江浙地区发展成效较好。华东地区发展成效维度 A 类县（市）见表61。

表61 华东地区发展成效维度 A 类县（市）

省份	地级市	县（市）
江苏省	无锡市	江阴市
江苏省	无锡市	宜兴市
江苏省	徐州市	睢宁县
江苏省	徐州市	新沂市
江苏省	常州市	溧阳市
江苏省	苏州市	常熟市
江苏省	苏州市	张家港市
江苏省	苏州市	昆山市
江苏省	苏州市	太仓市

省份	地级市	县（市）
江苏省	南通市	如东县
江苏省	南通市	启东市
江苏省	南通市	如皋市
江苏省	南通市	海安市
江苏省	淮安市	金湖县
江苏省	盐城市	建湖县
江苏省	盐城市	东台市
江苏省	扬州市	仪征市
江苏省	扬州市	高邮市
江苏省	镇江市	丹阳市
江苏省	镇江市	扬中市
江苏省	镇江市	句容市
江苏省	泰州市	兴化市
江苏省	泰州市	靖江市
江苏省	泰州市	泰兴市
浙江省	杭州市	桐庐县
浙江省	杭州市	淳安县
浙江省	杭州市	建德市
浙江省	宁波市	象山县
浙江省	宁波市	宁海县
浙江省	宁波市	余姚市
浙江省	宁波市	慈溪市
浙江省	温州市	平阳县
浙江省	温州市	文成县
浙江省	温州市	泰顺县
浙江省	温州市	瑞安市
浙江省	温州市	乐清市
浙江省	嘉兴市	嘉善县
浙江省	嘉兴市	海盐县
浙江省	嘉兴市	海宁市
浙江省	嘉兴市	平湖市
浙江省	嘉兴市	桐乡市
浙江省	湖州市	德清县

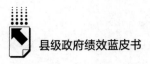

续表

省份	地级市	县(市)
浙江省	湖州市	长兴县
浙江省	湖州市	安吉县
浙江省	绍兴市	新昌县
浙江省	绍兴市	诸暨市
浙江省	绍兴市	嵊州市
浙江省	金华市	武义县
浙江省	金华市	浦江县
浙江省	金华市	磐安县
浙江省	金华市	兰溪市
浙江省	金华市	义乌市
浙江省	金华市	东阳市
浙江省	金华市	永康市
浙江省	衢州市	常山县
浙江省	衢州市	开化县
浙江省	衢州市	龙游县
浙江省	衢州市	江山市
浙江省	舟山市	岱山县
浙江省	舟山市	嵊泗县
浙江省	台州市	三门县
浙江省	台州市	天台县
浙江省	台州市	仙居县
浙江省	台州市	温岭市
浙江省	台州市	临海市
浙江省	台州市	玉环市
浙江省	丽水市	缙云县
浙江省	丽水市	遂昌县
浙江省	丽水市	松阳县
浙江省	丽水市	云和县
浙江省	丽水市	庆元县
浙江省	丽水市	景宁畲族自治县
浙江省	丽水市	龙泉市
安徽省	合肥市	肥西县
安徽省	马鞍山市	当涂县
安徽省	安庆市	太湖县

续表

省份	地级市	县（市）
安徽省	安庆市	岳西县
安徽省	安庆市	桐城市
安徽省	黄山市	休宁县
安徽省	黄山市	黟县
安徽省	滁州市	来安县
安徽省	滁州市	天长市
安徽省	六安市	金寨县
安徽省	六安市	霍山县
安徽省	池州市	石台县
安徽省	池州市	青阳县
安徽省	宣城市	绩溪县
安徽省	宣城市	宁国市
安徽省	宣城市	广德市
福建省	福州市	闽侯县
福建省	福州市	连江县
福建省	福州市	罗源县
福建省	福州市	福清市
福建省	莆田市	仙游县
福建省	三明市	清流县
福建省	三明市	大田县
福建省	三明市	沙县
福建省	三明市	将乐县
福建省	三明市	泰宁县
福建省	三明市	永安市
福建省	泉州市	惠安县
福建省	泉州市	安溪县
福建省	泉州市	永春县
福建省	泉州市	德化县
福建省	泉州市	石狮市
福建省	泉州市	南安市
福建省	漳州市	长泰县
福建省	漳州市	东山县
福建省	漳州市	龙海市
福建省	南平市	邵武市

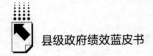
续表

省份	地级市	县（市）
福建省	南平市	武夷山市
福建省	龙岩市	上杭县
福建省	龙岩市	武平县
福建省	宁德市	柘荣县
福建省	宁德市	福鼎市
江西省	景德镇市	浮梁县
江西省	九江市	德安县
江西省	九江市	共青城市
江西省	九江市	庐山市
江西省	吉安市	井冈山市
江西省	抚州市	南城县
山东省	济南市	平阴县
山东省	青岛市	胶州市
山东省	青岛市	莱西市
山东省	淄博市	桓台县
山东省	淄博市	沂源县
山东省	枣庄市	滕州市
山东省	东营市	广饶县
山东省	烟台市	龙口市
山东省	烟台市	招远市
山东省	潍坊市	青州市
山东省	潍坊市	诸城市
山东省	潍坊市	寿光市
山东省	潍坊市	高密市
山东省	济宁市	曲阜市
山东省	济宁市	邹城市
山东省	威海市	荣成市

②省份分析

图 39 展示了华东地区县级政府发展成效维度类别的省份分布情况，维度得分位于 A 类的县（市）最多的省份是浙江省（49，94%）。维度得分位于 B 类的县（市）较多的省份是江西省（37，52%）、安徽省（31，53%）、山东省（31，40%）。维度得分位于 C 类的县（市）较多的省份是山东省

（24，31%）、江西省（22，31%）。维度得分位于 D 类的县（市）较多的省份是山东省（6，8%）、江西省（6，8%）。

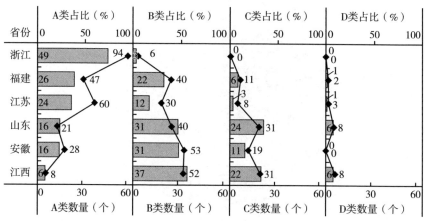

图39 华东地区县级政府发展成效维度类别的省份分布

（4）华南地区

①总体分析

华南地区县级政府发展成效维度得分区域内均值为 30.80，标准差为 3.51，最小值为 23.15，最大值为 41.36。华南地区县级政府发展成效维度得分区域内均值低于全国平均水平，区域内差异程度低于全国平均水平（见表62）。华南地区县（市）发展成效整体处于全国一般水平。

表62 华南地区和全国县级政府发展成效维度的描述性统计

	实评值个数	均值	标准差	最小值	最大值
华南地区	142	30.80	3.51	23.15	41.36
全国	1766	32.19	4.19	19.38	46.69

图40展示的是华南地区县级政府发展成效维度得分位于各类别的数量与占比。得分位于 A 类、B 类、C 类、D 类的县级政府数量分别为 9 个（占比6%）、41 个（占比29%）、61 个（占比43%）、31 个（占比22%）。华南地区发展成效拔尖的县级政府较少，发展成效优良的县级政府占比为35%。

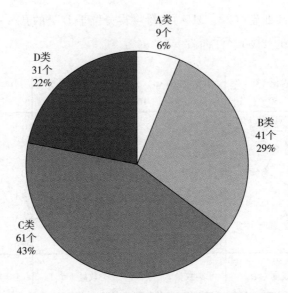

图 40 华南地区县级政府发展成效维度得分位于各类别的数量与占比统计

从华南地区县级政府发展成效维度类别分布情况看，维度得分位于 A 类的县（市）零星分布在广西壮族自治区东北部、西南部地区，聚集在广东省珠三角周围。维度得分位于 B 类的县（市）主要分布在区域的北部和南部地区。维度得分位于 C 类和 D 类的县（市）没有出现明显的聚集现象。华南地区发展成效维度 A 类县（市）见表 63。

表 63 华南地区发展成效维度 A 类县（市）

省份	地级市	县(市)
广东省	江门市	鹤山市
广东省	肇庆市	四会市
广东省	惠州市	博罗县
广东省	惠州市	惠东县
广东省	惠州市	龙门县
广东省	清远市	佛冈县
广西壮族自治区	桂林市	灵川县
广西壮族自治区	桂林市	龙胜各族自治县
广西壮族自治区	防城港市	东兴市

②省份分析

图41展示了华南地区县级政府发展成效维度类别的省份分布情况，维度得分位于A类的县（市）最多的省份是广东省（6，11%）。维度得分位于B类的县（市）最多的省份是广西壮族自治区（22，31%）。维度得分位于C类的县（市）较多的省份是广西壮族自治区（29，41%）、广东省（26，46%）。维度得分位于D类的县（市）较多的省份是广西壮族自治区（16，23%）、广东省（12，21%）。

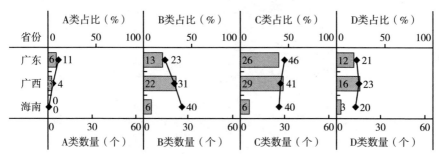

图41 华南地区县级政府发展成效维度类别的省份分布

（5）华中地区

①总体分析

华中地区县级政府发展成效维度得分区域内均值为31.51，标准差为3.35，最小值为21.98，最大值为40.93。华中地区县级政府发展成效维度得分区域内均值低于全国平均水平，区域内差异程度低于全国平均水平（见表64）。华中地区县（市）发展成效整体处于全国一般水平。

表64 华中地区和全国县级政府发展成效维度的描述性统计

	实评值个数	均值	标准差	最小值	最大值
华中地区	254	31.51	3.35	21.98	40.93
全国	1766	32.19	4.19	19.38	46.69

图42展示的是华中地区县级政府发展成效维度得分位于各类别的数量与占比。得分位于A类、B类、C类、D类的县级政府数量分别为20个

（占比 8%）、80 个（占比 31%）、122 个（占比 48%）、32 个（占比 13%）。华中地区发展成效拔尖的县级政府较少，发展成效优良的县级政府占比不到 40%，大多数的县级政府发展成效维度得分处于全国中等偏下水平。

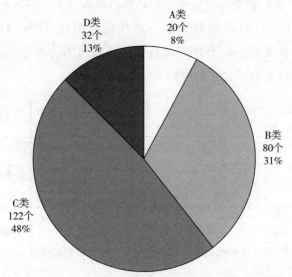

图 42　华中地区县级政府发展成效维度得分位于各类别的数量与占比统计

　　从华中地区县级政府发展成效维度类别分布情况看，维度得分位于 A 类的县（市）出现在华中地区的各省，湖北的西南部地区和湖南省的东北部地区出现少量聚集。维度得分位于 B 类和 C 类的县（市）主要出现在区域内的南部和西北部地区。维度得分位于 D 类的县（市）在华中地区的东北部有明显的集中分布。华中地区发展成效维度 A 类县（市）见表 65。

表 65　华中地区发展成效维度 A 类县（市）

省份	地级市	县（市）
河南省	郑州市	新郑市
河南省	洛阳市	栾川县
河南省	平顶山市	宝丰县
湖北省	宜昌市	远安县
湖北省	宜昌市	宜都市

续表

省份	地级市	县（市）
湖北省	宜昌市	枝江市
湖北省	襄阳市	保康县
湖北省	黄冈市	武穴市
湖北省	咸宁市	赤壁市
湖北省	省直辖	神农架林区
湖南省	长沙市	长沙县
湖南省	长沙市	浏阳市
湖南省	湘潭市	韶山市
湖南省	岳阳市	平江县
湖南省	常德市	津市市
湖南省	益阳市	安化县
湖南省	郴州市	资兴市
湖南省	永州市	双牌县
湖南省	永州市	蓝山县
湖南省	湘西土家族苗族自治州	吉首市

②省份分析

图 43 展示了华中地区县级政府发展成效维度类别的省份分布情况，维度得分位于 A 类的县（市）最多的省份是湖南省（10，12%）。维度得分位于 B 类的县（市）最多的省份是湖南省（41，48%）。维度得分位于 C 类的县（市）最多的省份是河南省（64，61%）。维度得分位于 D 类的县（市）最多的省份是河南省（24，23%）。

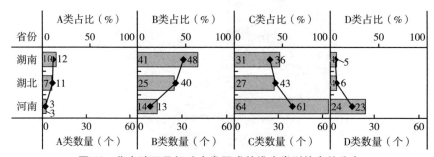

图 43　华中地区县级政府发展成效维度类别的省份分布

（6）西北地区

①总体分析

西北地区县级政府发展成效维度得分区域内均值为31.55，标准差为3.70，最小值为22.96，最大值为44.64。西北地区县级政府发展成效维度得分区域内均值低于全国平均水平，区域内差异程度低于全国平均水平（见表66）。西北地区县（市）发展成效整体处于全国一般水平。

表66　西北地区和全国县级政府发展成效维度的描述性统计

	实评值个数	均值	标准差	最小值	最大值
西北地区	263	31.55	3.70	22.96	44.64
全国	1766	32.19	4.19	19.38	46.69

图44展示的是西北地区县级政府发展成效维度得分位于各类别的数量与占比。得分位于A类、B类、C类、D类的县级政府数量分别为25个（占比10%）、80个（占比30%）、117个（占比44%）、41个（占比16%）。西北地区发展成效拔尖的县级政府较少，发展成效优良的县级政府占比不到50%，大多数的县级政府发展成效维度得分处于全国中等偏下水平。

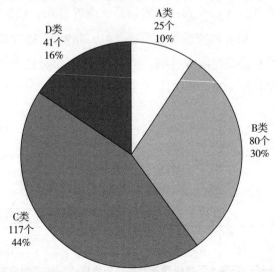

图44　西北地区县级政府发展成效维度得分位于各类别的数量与占比统计

从西北地区县级政府发展成效维度类别分布情况看，维度得分位于 A 类的县（市）在西北地区中部的甘新青交界地带存在聚集。维度得分位于 B 类和 C 类的县（市）没有出现明显的聚集。维度得分位于 D 类的县（市）集中分布于区域的西部和东部。整体而言，该区域的中部地区发展成效较好。西北地区发展成效维度 A 类县（市）见表 67。

表 67　西北地区发展成效维度 A 类县（市）

省份	地级市	县（市）
陕西省	宝鸡市	眉县
陕西省	延安市	黄陵县
陕西省	汉中市	留坝县
陕西省	榆林市	府谷县
陕西省	榆林市	靖边县
甘肃省	张掖市	肃南裕固族自治县
甘肃省	张掖市	临泽县
甘肃省	酒泉市	瓜州县
甘肃省	酒泉市	肃北蒙古族自治县
甘肃省	酒泉市	阿克塞哈萨克族自治县
甘肃省	酒泉市	玉门市
甘肃省	酒泉市	敦煌市
甘肃省	甘南藏族自治州	合作市
青海省	海北藏族自治州	门源回族自治县
青海省	海北藏族自治州	海晏县
青海省	海西蒙古族藏族自治州	格尔木市
青海省	海西蒙古族藏族自治州	德令哈市
宁夏回族自治区	银川市	贺兰县
新疆维吾尔自治区	乌鲁木齐市	乌鲁木齐县
新疆维吾尔自治区	昌吉回族自治州	昌吉市
新疆维吾尔自治区	昌吉回族自治州	阜康市
新疆维吾尔自治区	巴音郭楞蒙古自治州	库尔勒市
新疆维吾尔自治区	巴音郭楞蒙古自治州	博湖县
新疆维吾尔自治区	伊犁哈萨克自治州	霍尔果斯市
新疆维吾尔自治区	阿勒泰地区	富蕴县

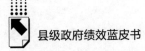

②省份分析

图 45 展示了西北地区县级政府发展成效维度类别的省份分布情况，维度得分位于 A 类的县（市）较多的省份是甘肃省（8，12%）、新疆维吾尔自治区（7，10%）、陕西省（5，6%）。维度得分位于 B 类的县（市）最多的省份是甘肃省（21，30%）、陕西省（21，27%）。维度得分位于 C 类的县（市）最多的省份是陕西省（45，58%）。维度得分位于 D 类的县（市）最多的省份是新疆维吾尔自治区（16，22%）。

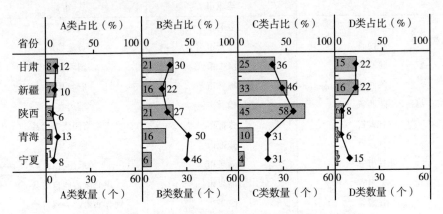

图 45　西北地区县级政府发展成效维度类别的省份分布

（7）西南地区

①总体分析

西南地区县级政府发展成效维度得分区域内均值为 31.18，标准差为 3.68，最小值为 21.58，最大值为 41.48。西南地区县级政府发展成效维度得分区域内均值低于全国平均水平，区域内差异程度低于全国平均水平（见表 68）。西南地区县（市）发展成效整体处于全国一般水平。

表 68　西南地区和全国县级政府发展成效维度的描述性统计

	实评值个数	均值	标准差	最小值	最大值
西南地区	335	31.18	3.68	21.58	41.48
全国	1766	32.19	4.19	19.38	46.69

图 46 展示的是西南地区县级政府发展成效维度得分位于各类别的数量与占比。得分位于 A 类、B 类、C 类、D 类的县级政府数量分别为 27 个（占比 8%）、102 个（占比 30%）、140 个（占比 42%）、66 个（占比 20%）。西南地区发展成效拔尖的县级政府较少，发展成效优良的县级政府占比不到 40%，大多数的县级政府发展成效维度得分处于全国中等偏下水平。

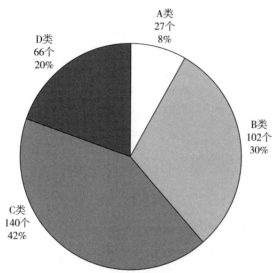

图 46 西南地区县级政府发展成效维度得分位于各类别的数量与占比统计

从西南地区县级政府发展成效维度类别分布情况看，维度得分位于 A 类和 B 类的县（市）主要分布在该区域省会城市的周边，在该区域的中部地区分布较多。维度得分位于 C 类的县（市）没有出现明显的聚集。维度得分位于 D 类的县（市）在该区域的省份交界地带有集中分布。总体而言，西南地区的中部发展成效相对较好。西南地区发展成效维度 A 类县（市）见表 69。

表 69 西南地区发展成效维度 A 类县（市）

省份	地级市	县（市）
四川省	成都市	崇州市
四川省	攀枝花市	米易县
四川省	德阳市	广汉市

省份	地级市	县（市）
四川省	德阳市	绵竹市
四川省	绵阳市	江油市
四川省	乐山市	峨眉山市
四川省	阿坝藏族羌族自治州	马尔康市
四川省	阿坝藏族羌族自治州	汶川县
四川省	阿坝藏族羌族自治州	理县
四川省	阿坝藏族羌族自治州	九寨沟县
四川省	凉山彝族自治州	西昌市
贵州省	黔东南苗族侗族自治州	凯里市
贵州省	黔南布依族苗族自治州	龙里县
云南省	昆明市	宜良县
云南省	昆明市	石林彝族自治县
云南省	昆明市	嵩明县
云南省	昆明市	安宁市
云南省	玉溪市	易门县
云南省	楚雄彝族自治州	楚雄市
云南省	楚雄彝族自治州	永仁县
云南省	楚雄彝族自治州	元谋县
云南省	红河哈尼族彝族自治州	蒙自市
云南省	文山壮族苗族自治州	文山市
云南省	西双版纳傣族自治州	景洪市
云南省	德宏傣族景颇族自治州	瑞丽市
西藏自治区	林芝市	米林县
西藏自治区	林芝市	波密县

②省份分析

图 47 展示了西南地区县级政府发展成效维度类别的省份分布情况，维度得分位于 A 类的县（市）最多的省份是云南省（12，11%）。维度得分位于 B 类的县（市）最多的省份是四川省（55，43%）。维度得分位于 C 类的县（市）最多的省份是云南省（56，50%）。维度得分位于 D 类的县（市）最多的省份是贵州省（22，31%）。

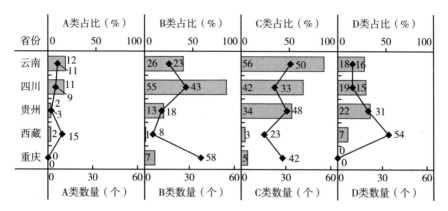

图47 西南地区县级政府发展成效维度类别的省份分布

（四）年度对比分析

1. 发展成效维度得分总体均值年度对比分析

表70是2018~2019年中国县级政府发展成效维度对比情况。2019年全国县级政府发展成效总体均值、最大值和最小值均高于2018年，涨幅分别达22.44%、14.38%、34.68%。整体来看，2019年全国县级政府的发展成效显著提升。

表70 2018~2019年中国县级政府发展成效维度对比

单位：个

年份	均值	最大值	最小值	A类	B类	C类	D类
2018	26.29	40.82	14.39	253	527	661	256
2019	32.19	46.69	19.38	251	571	693	251

2. 发展成效维度得分省内均值年度对比分析

表71是2019年中国县级政府发展成效维度得分省内均值同比变化情况。2019年县级政府发展成效维度得分省内均值增加的省份有28个，占比100%。其中，重庆市涨幅最大，达到41.56%。宁夏回族自治区和内蒙古自治区的涨幅次之，分别为33.98%和33.41%。

183

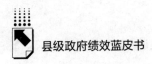

表 71 2018~2019 年中国县级政府发展成效维度得分省内均值比较

单位：%

省份	2019 年	2018 年	均值变化	变化幅度
浙　　江	41.04	34.78	6.26	17.98
江　　苏	38.01	32.10	5.91	18.41
福　　建	36.64	30.37	6.27	20.65
安　　徽	34.72	28.19	6.53	23.18
内　蒙　古	33.68	25.24	8.43	33.41
山　　东	33.34	26.97	6.38	23.64
青　　海	33.05	25.81	7.24	28.06
重　　庆	32.85	23.21	9.64	41.56
湖　　南	32.67	25.26	7.41	29.34
江　　西	32.56	26.54	6.01	22.66
湖　　北	32.42	24.87	7.55	30.35
宁　　夏	32.08	23.94	8.14	33.98
四　　川	31.83	27.09	4.74	17.51
甘　　肃	31.56	23.75	7.81	32.89
河　　北	31.54	25.69	5.85	22.77
山　　西	31.38	24.83	6.55	26.40
云　　南	31.37	26.46	4.91	18.56
陕　　西	31.31	26.10	5.21	19.97
新　　疆	31.03	26.82	4.21	15.70
广　　东	30.89	24.65	6.24	25.31
广　　西	30.74	24.06	6.69	27.79
海　　南	30.68	24.25	6.43	26.51
辽　　宁	30.36	23.23	7.13	30.70
河　　南	30.03	26.19	3.84	14.65
黑　龙　江	30.02	26.14	3.87	14.82
贵　　州	29.83	25.84	4.00	15.48
吉　　林	29.72	23.61	6.11	25.87
西　　藏	29.01	28.74	0.27	0.92

3. 发展成效维度得分区域内均值年度对比分析

表 72 是 2019 年中国县级政府发展成效维度得分区域内均值同比变化情况。2019 年县级政府发展成效维度得分区域内均值增加的区域有 7 个，占比 100%。其中，华北地区的涨幅最大，达到 27.09%。华南地区的涨幅次之，为 26.63%。

表72 2018~2019年中国县级政府发展成效维度得分区域内均值比较

单位：%

地区	2019年	2018年	均值变化	变化幅度
华东	35.59	29.31	6.28	21.42
华北	32.07	25.23	6.84	27.09
西北	31.55	25.50	6.05	23.72
华中	31.51	25.45	6.06	23.83
西南	31.18	26.52	4.66	17.58
华南	30.80	24.32	6.48	26.63
东北	30.03	24.42	5.61	22.99

二 研究发现与对策建议

针对中国县级政府发展成效维度的评价结果，本报告有如下研究发现，并基于研究发现就提升发展成效提出对策建议。

（一）研究发现

1. 全国县级政府发展成效维度得分近似符合正态分布

大多数县级政府的发展成效处于中等水平，发展成效拔尖和发展成效靠后的县级政府相对较少。发展成效维度综合了对经济、文化、社会和生态的考察，不同县级政府在不同的方面有比较优势，总体相对均衡。

2. 县级政府发展成效呈现区域性聚集的现象

发展成效拔尖的县（市）集中分布在东部沿海地区，发展成效靠后的县（市）主要分布在中部地区和东北地区。东部沿海地区一直是经济发展的排头兵，东北地区近年来经济下行压力明显，总体均和各自发展成效情况相符。

3. 浙江省县级政府发展成效整体拔尖

浙江省94%的县级政府发展成效位于A类，县级政府发展成效维度得分省内均值位于A类。浙江省县级政府发展成效普遍优异，展现出省内县域发展良好的协同效应和同侪效应。

4. 省份之间存在发展成效的"中部洼地"现象

东部和西部省份发展成效较好,中部省份相对较差。东部省份因为在经济、文化、社会发展上一贯具有优势,县级政府发展成效突出。西部省份虽然经济发展底子相对薄弱,但县级政府发展成效普遍好于中部省份,甚至不输给部分东部省份。

5. 华东地区县级政府发展成效领先全国

华东地区发展成效位于 A 类的县级政府占比为39%,县级政府发展成效维度得分区域内均值为35.59,均远超排名第二的华北地区。华东地区是县级政府发展成效最优异的地区,与经济最发达地区的地位相符,经济发展是县域发展成效的重要支撑。

6. 县级政府发展成效总体平稳、稳中有进

2019 年全国县级政府的发展成效维度得分总体均值、最大值和最小值均高于 2018 年,全国县级政府的发展成效显著提升。2019 年县级政府发展成效维度得分省内均值增加的省份有 28 个,占比 100%;县级政府发展成效维度得分区域内均值增加的区域有 7 个,占比 100%。

(二)对策建议

1. 树立正确的经济绩效观,推进县域经济高质量发展

县级政府要树立正确的经济绩效观,切实做大做强"经济蛋糕",同时转变发展理念和发展方式,依托自身比较优势带动辖区内经济发展;推动辖区创新驱动发展,兼顾短期政绩与长期发展;摆脱区位劣势与陈旧理念的束缚,进一步改善教育、交通、通信、网络等发展条件,建构坚实的经济基础,以更加开放积极的姿态落实国家战略,实现高质量发展。

2. 积极优化营商环境,提升县域经济吸引力

县级政府应该持续转变政府职能,从制度环境、政策体系、人才引进等方面着手深化"放管服"改革,进一步优化营商环境,助力县域经济转型升级;不断激发各类市场主体的积极性,吸引更多企业入驻;大力培育本地

区具有发展潜力的经济实体，使其成为推动地区经济发展的重要力量，为孵化更多优质企业树立标杆、积累经验。

3. 加强制度建设，引导区域间人口合理流动

县级政府需要积极扩大本地就业，提升公共服务水平，留住本地户籍人口、吸引外来人才落户；通过出台户籍、住房、补贴等吸引人才的相关政策，打造引才聚宝盆；通过出台创业支持政策，吸引本籍劳动人口回流，为人口回流创造宽松的政策环境。

4. 贯彻协调发展理念，促进城乡平衡发展

县级政府要注重对发展平衡性的把握，大力发展乡镇地区、加强基础设施建设，重视缩小城乡居民收入差距，关键要提高农民的收入水平；优化城乡资源配置，加大"三农"扶持力度；控制农资价格上涨，降低农业生产成本；增加对农村的金融投入，激活农村经济；增加就业岗位，广开农民收入来源；完善社会保障体系，通盘考虑城乡居民。

5. 完善监测监控体系，不断提高城市空气质量

县级政府要不断完善空气质量监测体系和考核指标，建立快捷高效的空气质量发布体系和预警机制；进一步强化环保部门的监管权限，使其在环境保护中敢于"亮剑"；重视气象因素对空气质量的影响，加强大气污染的区域和部门协同治理，采取针对性防控措施[1]；切实、稳妥、渐进地淘汰落后产能，将去落后产能工作同地方政府的政绩考核挂钩[2]。

6. 加强景区基础设施建设，不断提高游客满意度

县级政府应该进一步加强公园（景区）的基础设施建设，加大对公园（景区）基础设施建设的投入力度；进一步优化规划布局，增加绿地面积，创造更加舒适的居住环境；加强对公园管理服务人员的培训，提高公共服务水平，关注居民对公园质量以及游客对景区质量的满意度评价；制定并颁发

---

[1] 杜国祥：《基于 AQI 指数的城市空气质量变化趋势及空间差异——以京津冀城市群为代表》，《城市发展研究》2017 年第 8 期。

[2] 石庆玲、郭峰、陈诗一：《雾霾治理中的"政治性蓝天"——来自中国地方"两会"的证据》，《中国工业经济》2016 年第 5 期。

规范性文件，通过建立较为完善的绿化规章体系，确保生态环境建设有法可依，有法必依①。

7. 积极鼓励专利申请，提升县域科技创新水平

县级政府需要进一步重视科技发展，加强财政对科技工作的保障，立足自身独特资源禀赋，有针对性地对科技产业进行支持；与高等院校进行产学研合作、引进科学技术人才，完善并强化科技创新平台，鼓励专利申请；优化科技创新环境和营商环境，加快培育创新型市场主体，推进科技创新与经济发展深度融合。

8. 积极弘扬科学精神，普及科学知识

县级政府要重视科研成果的推广，及时让公众了解科学家的工作、了解前沿科学动态；将科普工作纳入科研人员的绩效考核范畴，鼓励科研人员花更多的时间和精力去做科普工作；发挥各地科学技术协会、学会和科技社团的作用，推进科普职称评定，积极资助各类科学普及活动。

9. 优化教育资源配置，推动义务教育高质量发展

县级政府需要进一步优化教育资源配置，加强组织保障和制度建设；建立义务教育入学联控联保机制、完善"控辍保学"的动态监测机制，全面落实资助政策；优化城乡义务教育学校布局、改善城乡学校办学条件；关注关爱学习困难学生、大力发展教育事业，全方位多角度地提升九年义务教育巩固率；加强教育管理，规范教育行为，健全教育管理全过程；加强师资建设，增强教师教书育人时代使命，提高教师教育教学能力，依法保障教师权益和待遇；优化教师资源配置，实施义务教育质量提升工程，调整优化义务教育财政经费支出结构，改善教育薄弱环节。

10. 加强图书馆建设，促进文化产业发展

县级政府要统筹规划公共图书馆布局，推动建成比较完备的公共图书馆设施网络，对设施空白或不达标的县级公共图书馆进行新建、改建和扩建，

---

① 梁小略：《湛江市创建国家园林城市的探讨——兼谈城市绿地资源的整合利用》，《城市发展研究》2003 年第 2 期。

重点加强对贫困地区公共图书馆的建设；推动落实国家支持文化企业发展的相关税费减免政策，切实降低文化企业经营负担。

11. 加大体育资金投入力度，培育民众体育意识

县级政府要加大体育资金投入力度，加强体育健身设施建设，增强体育服务的活力；发挥第三部门作用，团结社会力量，拓宽体育服务供给渠道，扶持体育社团发展，加强与行业体育协会的合作；提升民众体育意识，通过电视、广播和移动互联网媒体等普及体育健身知识及体育运动的价值。

12. 加强食品安全监管，降低食品安全事故发生率

县级政府要增强忧患意识和责任意识，牢固树立安全发展理念，及时准确发现存在的食药安全隐患；严格监管食药企业的经营条件，深入排查和治理"潜规则"问题，守住食药安全底线；推动监管模式创新，利用互联网优势，对食药企业进行立体式监管，学习先进经验，对高风险点位进行重点监管。

13. 降低医疗卫生事件发生率，优化医疗卫生资源配置

县级政府应推动优质医疗资源扩容，整合医疗资源，引导人才合理流动；加强人才队伍培养，提升医疗卫生服务质量，规范医疗服务价格，提高民众满意率；鼓励创新药物和技术使用，支持开展科技创新和成果转化；加强健康科普和卫生知识的宣传，提高民众的健康知识素养。

14. 加强公共卫生基础设施建设，培养民众健康意识

县级政府应加强公共卫生基础设施建设，全面推进厕所革命，推动城乡环境卫生整治，改善人居环境；落实饮用水消毒措施，加强病媒生物防治，消除病媒生物及其滋生的环境和条件；深入开展爱国卫生运动，培养文明卫生、绿色环保的习惯，倡导自主自律健康生活，促进民众心理健康，加强社会健康管理。

15. 树立底线思维，降低群体性事件发生率

县级政府应建立舆情收集和分析常态化体制机制，及时解决群众普遍关心的热点难点问题，关注党和政府政策出台后的舆论反应，从根本上预防群体性事件的发生；加强政务公开、信息公开，切实保障群众的知情权、参与

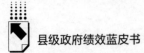

权和监督权，畅通民意表达渠道，提升民众对政府的信任度，提升政府公信力。

16. 坚持打防结合的方针，遏制重大刑事案件发生

县级政府应构建社会安全事件预警机制，做好信息的监测、收集与分析工作；开展矛盾纠纷排查化解，排查整治治安混乱地区和突出治安问题，在化解矛盾纠纷的过程中，注重耐心疏导；加强县综治维稳办建设，充实综治维稳办力量，规范机构设置；加强基层派出所、司法所建设，优化警力资源配置，加大执法力度，减少重大刑事案件数量。

17. 加强安全生产监管和问责，有效降低安全生产事故率

县级政府应以人为本，坚持安全第一，清查安全风险隐患，实现安全发展；提高安全生产违法成本，对未履行安全生产管理职责的主要负责人严格执法，减少安全生产事故发生；强化和落实县级政府监管监督责任和企业主体责任，建立全社会监督的体制机制；加强安全教育，宣传安全发展理念。

B.3
中国县级政府社会治理维度
分析报告

兰州大学中国政府绩效管理研究中心"县级政府绩效指数"课题组*

摘　要：　从"社会管理"到"社会治理"，从"加快构建共建共享的社会治理体制"到"打造共建共治共享的社会治理格局"，加强和创新社会治理一直都是国家治理的重要改革方向。本报告对2019年全国县级政府的社会治理进行了第三方评价，旨在通过评价，进一步推动县域社会治理。本报告分为总体分析、省份分析、区域分析和年度对比分析四个部分。总体分析发现，全国县级政府社会治理总体得分较上年有所下降，呈现区域性聚集的特征。省份分析发现，浙江省县级政府社会治理整体拔尖，社会治理拔尖的县（市）主要集中在"江苏—云南"连线的两侧，社会治理靠后的地区主要集中在自东北地区起，包含内蒙古、新疆、西藏、云南、海南等沿线的边疆新月地区。区域分析发现，华东地区县级政府社会治理领先全国，自东南沿海向西北、东北地区降低。年度对比分析发现，县级政府社会治理水平较上一年度普遍下降，七个地区中仅有华中地区均值较上年有所增长。本报告针对如何提升县（市）社会治理，提出有效推进平台建设、拓宽公众评价渠道等对策建议。

关键词：　县级政府　政府绩效评价　政府社会治理

---

* 执笔人：曹传健、李昕宇。曹传健，兰州大学管理学院博士研究生，研究方向为政府绩效管理；李昕宇，兰州大学管理学院硕士研究生，研究方向为政府绩效管理。

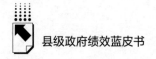

一 中国县级政府社会治理维度评价结果

（一）总体分析

1. 中国县级政府社会治理类别划分标准

中国县级政府社会治理维度得分总体均值为4.21，标准差为2.26，最小值为0.00，最大值为13.86。采用均值加减一个标准差形成的3个节点，将中国县级政府社会治理维度得分划分为A类、B类、C类、D类4个类别。A类代表社会治理为优，即社会治理维度得分≥6.47；B类代表社会治理良好，即4.21≤社会治理维度得分<6.47；C类代表社会治理一般，即1.95≤社会治理维度得分<4.21；D类代表社会治理欠佳，即社会治理维度得分<1.95。图1直观展示了类别的划分标准。

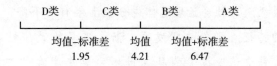

图1 中国县级政府社会治理类别划分标准

2. 中国县级政府社会治理频率分布与类别分布

图2是县级政府社会治理维度得分的频率分布直方图。社会治理维度得分位于A类、B类、C类、D类的县级政府数量分别为296个（占比17%）、452个（占比26%）、760个（占比43%）、258个（占比15%），与县级政府绩效指数分布高度相似。社会治理维度得分位于A类和D类的县级政府数量较少，社会治理维度得分位于B类和C类的县级政府数量较多，呈现"两头小，中间大"的格局，且社会治理维度得分位于A类与D类的县级政府数量基本持平，社会治理维度得分位于B类的县级政府数量少于社会治理维度得分位于C类的县级政府数量。县级政府社会治理维度得分分布近似服从正态分布，说明县级政

府社会治理维度得分更多集中在中等偏下的区间内，全国县级政府的社会治理水平亟待提高。

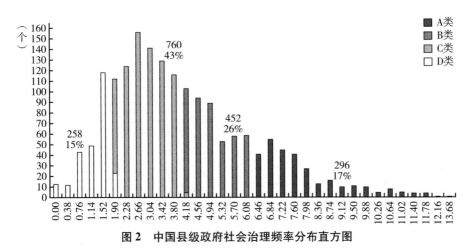

图2　中国县级政府社会治理频率分布直方图

说明：x 轴为县级政府社会治理维度得分，y 轴为县级政府数量。

　　从中国县级政府社会治理类别分布情况看，社会治理维度得分位于 A 类的县（市）集中在华东、西南地区。社会治理维度得分位于 B 类和 C 类的县（市）错落分布，没有明显的区域性聚集。社会治理维度得分位于 D 类的县（市）主要分布在西部地区和东北地区。

　　3. 中国县级政府社会治理 A 类县（市）

　　社会治理维度位于 A 类的县级政府是县级政府社会治理的标杆，表明其在社区参与和社会组织发展等领域取得较为优异的成绩。社会治理 A 类县（市）见表1。

表1　社会治理 A 类县（市）

地区	省份	地级市	县（市）
华北	河北省	石家庄市	灵寿县
华北	河北省	石家庄市	平山县
华北	河北省	石家庄市	赵县
华北	河北省	石家庄市	辛集市
华北	河北省	石家庄市	新乐市

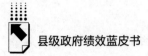

续表

地区	省份	地级市	县（市）
华北	河北省	唐山市	迁安市
华北	河北省	邯郸市	鸡泽县
华北	河北省	邢台市	平乡县
华北	河北省	邢台市	威县
华北	河北省	保定市	涞源县
华北	河北省	保定市	望都县
华北	河北省	保定市	涿州市
华北	河北省	保定市	定州市
华北	河北省	沧州市	任丘市
华北	河北省	廊坊市	文安县
华北	山西省	运城市	临猗县
华北	山西省	运城市	河津市
华北	山西省	临汾市	霍州市
华北	山西省	吕梁市	岚县
华北	内蒙古自治区	赤峰市	巴林右旗
华北	内蒙古自治区	赤峰市	翁牛特旗
华北	内蒙古自治区	鄂尔多斯市	准格尔旗
华北	内蒙古自治区	鄂尔多斯市	伊金霍洛旗
华北	内蒙古自治区	呼伦贝尔市	扎兰屯市
华北	内蒙古自治区	兴安盟	扎赉特旗
华北	内蒙古自治区	阿拉善盟	阿拉善左旗
东北	辽宁省	丹东市	东港市
东北	辽宁省	营口市	大石桥市
东北	辽宁省	朝阳市	凌源市
东北	吉林省	四平市	双辽市
东北	吉林省	延边朝鲜族自治州	延吉市
东北	吉林省	延边朝鲜族自治州	珲春市
东北	吉林省	延边朝鲜族自治州	龙井市
华东	江苏省	无锡市	江阴市
华东	江苏省	徐州市	沛县
华东	江苏省	徐州市	睢宁县
华东	江苏省	徐州市	邳州市
华东	江苏省	常州市	溧阳市
华东	江苏省	苏州市	常熟市
华东	江苏省	苏州市	张家港市

续表

地区	省份	地级市	县（市）
华东	江苏省	苏州市	昆山市
华东	江苏省	苏州市	太仓市
华东	江苏省	淮安市	盱眙县
华东	江苏省	扬州市	宝应县
华东	江苏省	镇江市	句容市
华东	江苏省	泰州市	兴化市
华东	江苏省	泰州市	靖江市
华东	江苏省	泰州市	泰兴市
华东	江苏省	宿迁市	沭阳县
华东	江苏省	宿迁市	泗阳县
华东	江苏省	宿迁市	泗洪县
华东	浙江省	杭州市	桐庐县
华东	浙江省	杭州市	淳安县
华东	浙江省	杭州市	建德市
华东	浙江省	宁波市	象山县
华东	浙江省	宁波市	宁海县
华东	浙江省	宁波市	余姚市
华东	浙江省	宁波市	慈溪市
华东	浙江省	温州市	永嘉县
华东	浙江省	温州市	平阳县
华东	浙江省	温州市	苍南县
华东	浙江省	温州市	文成县
华东	浙江省	温州市	泰顺县
华东	浙江省	温州市	瑞安市
华东	浙江省	温州市	乐清市
华东	浙江省	嘉兴市	嘉善县
华东	浙江省	嘉兴市	海盐县
华东	浙江省	嘉兴市	平湖市
华东	浙江省	嘉兴市	桐乡市
华东	浙江省	湖州市	长兴县
华东	浙江省	湖州市	安吉县
华东	浙江省	绍兴市	新昌县
华东	浙江省	绍兴市	诸暨市
华东	浙江省	绍兴市	嵊州市
华东	浙江省	金华市	武义县

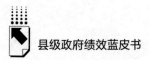

续表

地区	省份	地级市	县（市）
华东	浙江省	金华市	浦江县
华东	浙江省	金华市	磐安县
华东	浙江省	金华市	兰溪市
华东	浙江省	金华市	义乌市
华东	浙江省	金华市	东阳市
华东	浙江省	金华市	永康市
华东	浙江省	衢州市	常山县
华东	浙江省	衢州市	开化县
华东	浙江省	衢州市	龙游县
华东	浙江省	衢州市	江山市
华东	浙江省	舟山市	岱山县
华东	浙江省	台州市	三门县
华东	浙江省	台州市	天台县
华东	浙江省	台州市	仙居县
华东	浙江省	台州市	温岭市
华东	浙江省	台州市	临海市
华东	浙江省	台州市	玉环市
华东	浙江省	丽水市	缙云县
华东	浙江省	丽水市	松阳县
华东	浙江省	丽水市	景宁畲族自治县
华东	浙江省	丽水市	龙泉市
华东	安徽省	合肥市	庐江县
华东	安徽省	合肥市	巢湖市
华东	安徽省	芜湖市	南陵县
华东	安徽省	蚌埠市	五河县
华东	安徽省	马鞍山市	含山县
华东	安徽省	淮北市	濉溪县
华东	安徽省	安庆市	桐城市
华东	安徽省	滁州市	定远县
华东	安徽省	滁州市	天长市
华东	安徽省	阜阳市	临泉县
华东	安徽省	阜阳市	太和县
华东	安徽省	宿州市	砀山县
华东	安徽省	宿州市	灵璧县
华东	安徽省	六安市	霍邱县

续表

地区	省份	地级市	县（市）
华东	安徽省	六安市	舒城县
华东	安徽省	亳州市	蒙城县
华东	安徽省	宣城市	宁国市
华东	福建省	福州市	闽侯县
华东	福建省	福州市	连江县
华东	福建省	福州市	福清市
华东	福建省	三明市	宁化县
华东	福建省	三明市	建宁县
华东	福建省	泉州市	安溪县
华东	福建省	泉州市	晋江市
华东	福建省	泉州市	南安市
华东	江西省	南昌市	南昌县
华东	江西省	九江市	武宁县
华东	江西省	九江市	湖口县
华东	江西省	鹰潭市	贵溪市
华东	江西省	赣州市	于都县
华东	江西省	吉安市	遂川县
华东	江西省	宜春市	万载县
华东	江西省	抚州市	乐安县
华东	江西省	上饶市	铅山县
华东	江西省	上饶市	余干县
华东	江西省	上饶市	婺源县
华东	山东省	青岛市	胶州市
华东	山东省	青岛市	平度市
华东	山东省	青岛市	莱西市
华东	山东省	枣庄市	滕州市
华东	山东省	东营市	广饶县
华东	山东省	烟台市	招远市
华东	山东省	潍坊市	寿光市
华东	山东省	潍坊市	安丘市
华东	山东省	济宁市	嘉祥县
华东	山东省	济宁市	汶上县
华东	山东省	济宁市	梁山县
华东	山东省	济宁市	曲阜市
华东	山东省	泰安市	东平县

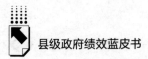

续表

地区	省份	地级市	县(市)
华东	山东省	威海市	荣成市
华东	山东省	德州市	乐陵市
华东	山东省	聊城市	高唐县
华东	山东省	聊城市	临清市
华东	山东省	滨州市	阳信县
华东	山东省	滨州市	无棣县
华中	河南省	郑州市	中牟县
华中	河南省	郑州市	新密市
华中	河南省	平顶山市	叶县
华中	河南省	平顶山市	鲁山县
华中	河南省	平顶山市	汝州市
华中	河南省	新乡市	延津县
华中	河南省	新乡市	封丘县
华中	河南省	新乡市	长垣市
华中	河南省	商丘市	民权县
华中	河南省	信阳市	商城县
华中	河南省	周口市	项城市
华中	湖北省	宜昌市	宜都市
华中	湖北省	襄阳市	枣阳市
华中	湖北省	襄阳市	宜城市
华中	湖北省	荆门市	钟祥市
华中	湖北省	荆州市	公安县
华中	湖北省	咸宁市	赤壁市
华中	湖北省	随州市	随县
华中	湖北省	随州市	广水市
华中	湖南省	长沙市	长沙县
华中	湖南省	长沙市	浏阳市
华中	湖南省	长沙市	宁乡市
华中	湖南省	株洲市	攸县
华中	湖南省	湘潭市	湘潭县
华中	湖南省	衡阳市	祁东县
华中	湖南省	衡阳市	耒阳市
华中	湖南省	邵阳市	隆回县
华中	湖南省	邵阳市	邵东市
华中	湖南省	常德市	澧县

地区	省份	地级市	县（市）
华中	湖南省	益阳市	安化县
华中	湖南省	怀化市	溆浦县
华中	湖南省	娄底市	新化县
华南	广东省	江门市	台山市
华南	广东省	湛江市	徐闻县
华南	广东省	茂名市	高州市
华南	广东省	茂名市	化州市
华南	广东省	茂名市	信宜市
华南	广东省	肇庆市	怀集县
华南	广东省	肇庆市	德庆县
华南	广东省	肇庆市	四会市
华南	广东省	梅州市	丰顺县
华南	广东省	梅州市	五华县
华南	广东省	梅州市	平远县
华南	广东省	梅州市	蕉岭县
华南	广东省	汕尾市	海丰县
华南	广东省	汕尾市	陆丰市
华南	广东省	河源市	紫金县
华南	广东省	河源市	东源县
华南	广东省	阳江市	阳西县
华南	广东省	阳江市	阳春市
华南	广东省	清远市	英德市
华南	广东省	清远市	连州市
华南	广东省	潮州市	饶平县
华南	广东省	揭阳市	揭西县
华南	广东省	揭阳市	普宁市
华南	广东省	云浮市	罗定市
华南	广西壮族自治区	贵港市	桂平市
华南	广西壮族自治区	玉林市	博白县
华南	海南省	儋州市	东方市
西南	四川省	泸州市	泸县
西南	四川省	德阳市	中江县
西南	四川省	遂宁市	大英县
西南	四川省	内江市	威远县
西南	四川省	南充市	南部县

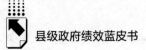

续表

地区	省份	地级市	县（市）
西南	四川省	广安市	武胜县
西南	四川省	广安市	邻水县
西南	四川省	达州市	宣汉县
西南	四川省	达州市	大竹县
西南	四川省	阿坝藏族羌族自治州	汶川县
西南	四川省	阿坝藏族羌族自治州	茂县
西南	四川省	阿坝藏族羌族自治州	松潘县
西南	四川省	阿坝藏族羌族自治州	小金县
西南	四川省	甘孜藏族自治州	理塘县
西南	四川省	凉山彝族自治州	木里藏族自治县
西南	四川省	凉山彝族自治州	盐源县
西南	四川省	凉山彝族自治州	德昌县
西南	四川省	凉山彝族自治州	会东县
西南	四川省	凉山彝族自治州	金阳县
西南	四川省	凉山彝族自治州	喜德县
西南	四川省	凉山彝族自治州	雷波县
西南	贵州省	贵阳市	开阳县
西南	贵州省	贵阳市	息烽县
西南	贵州省	贵阳市	修文县
西南	贵州省	贵阳市	清镇市
西南	贵州省	六盘水市	盘州市
西南	贵州省	遵义市	桐梓县
西南	贵州省	遵义市	绥阳县
西南	贵州省	遵义市	赤水市
西南	贵州省	遵义市	仁怀市
西南	贵州省	安顺市	普定县
西南	贵州省	毕节市	大方县
西南	贵州省	毕节市	黔西县
西南	贵州省	铜仁市	思南县
西南	贵州省	铜仁市	沿河土家族自治县
西南	贵州省	铜仁市	松桃苗族自治县
西南	贵州省	黔西南布依族苗族自治州	兴义市
西南	贵州省	黔西南布依族苗族自治州	兴仁市
西南	贵州省	黔西南布依族苗族自治州	普安县
西南	贵州省	黔东南苗族侗族自治州	凯里市

续表

地区	省份	地级市	县（市）
西南	贵州省	黔东南苗族侗族自治州	施秉县
西南	贵州省	黔东南苗族侗族自治州	台江县
西南	贵州省	黔东南苗族侗族自治州	黎平县
西南	贵州省	黔东南苗族侗族自治州	丹寨县
西南	贵州省	黔南布依族苗族自治州	福泉市
西南	贵州省	黔南布依族苗族自治州	荔波县
西南	贵州省	黔南布依族苗族自治州	瓮安县
西南	贵州省	黔南布依族苗族自治州	惠水县
西南	云南省	昆明市	富民县
西南	云南省	曲靖市	陆良县
西南	云南省	昭通市	鲁甸县
西南	云南省	昭通市	盐津县
西南	云南省	昭通市	镇雄县
西南	云南省	昭通市	水富市
西南	云南省	丽江市	华坪县
西南	云南省	普洱市	宁洱哈尼族彝族自治县
西南	云南省	普洱市	景东彝族自治县
西南	云南省	楚雄彝族自治州	南华县
西南	云南省	楚雄彝族自治州	元谋县
西南	云南省	楚雄彝族自治州	武定县
西南	云南省	楚雄彝族自治州	禄丰县
西南	云南省	红河哈尼族彝族自治州	个旧市
西南	云南省	文山壮族苗族自治州	砚山县
西南	云南省	文山壮族苗族自治州	麻栗坡县
西南	云南省	文山壮族苗族自治州	丘北县
西南	云南省	文山壮族苗族自治州	广南县
西南	云南省	西双版纳傣族自治州	景洪市
西南	云南省	西双版纳傣族自治州	勐海县
西南	云南省	西双版纳傣族自治州	勐腊县
西南	云南省	大理白族自治州	大理市
西南	云南省	大理白族自治州	漾濞彝族自治县
西南	云南省	大理白族自治州	祥云县
西南	云南省	大理白族自治州	弥渡县
西南	云南省	大理白族自治州	南涧彝族自治县
西南	西藏自治区	拉萨市	当雄县

地区	省份	地级市	县（市）
西北	陕西省	渭南市	澄城县
西北	陕西省	商洛市	洛南县
西北	甘肃省	兰州市	皋兰县
西北	甘肃省	天水市	武山县
西北	甘肃省	张掖市	民乐县
西北	甘肃省	平凉市	华亭市
西北	甘肃省	定西市	陇西县
西北	甘肃省	陇南市	成县
西北	新疆维吾尔自治区	昌吉回族自治州	昌吉市
西北	新疆维吾尔自治区	巴音郭楞蒙古自治州	库尔勒市
西北	新疆维吾尔自治区	伊犁哈萨克自治州	伊宁市

（二）省份分析

1. 省份间比较分析

（1）省份间类别比较分析

图 3 展示了县级政府社会治理维度类别的省份分布情况，维度得分位于 A 类的县（市）主要分布在浙江（45，87%）、贵州（27，38%）、云南（26，23%）等省份。维度得分位于 B 类的县（市）主要分布在河北（39，33%）、河南（29，28%）、四川（29，23%）、江西（28，39%）等省份。维度得分位于 C 类的县（市）主要分布在河北（58，49%）、四川（57，45%）、山西（50，56%）等省份。维度得分位于 D 类的县（市）主要分布在云南（24，21%）、河南（20，19%）、四川（20，16%）等省份。

（2）省份间均值比较分析

各省份社会治理维度得分的总体均值为 4.09，标准差为 1.39，最小值为 2.21，最大值为 9.16。采用总体均值加减一个标准差形成的 3 个节点，将中国县级政府社会治理维度得分省内均值划分为一等、二等、三等、四等 4 个类别。一等代表社会治理为优，即政府社会治理维度得分省内均值≥5.48；二等代表社会治理良好，即 4.09≤政府社会治理维度得分省内均值<5.48；三等代

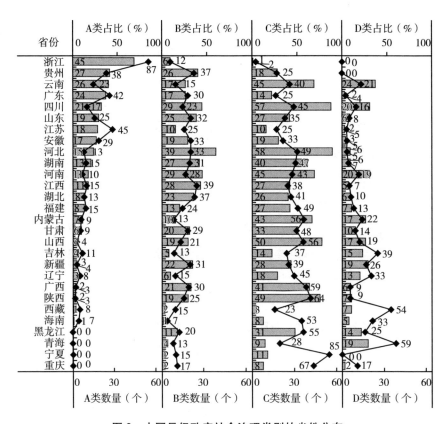

图3 中国县级政府社会治理类别的省份分布

表社会治理一般，即 2.70≤政府社会治理维度得分省内均值<4.09；四等代表社会治理欠佳，即政府社会治理维度得分省内均值<2.70。图4 直观展示了类别的划分标准。

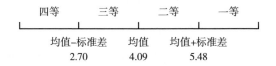

图4 中国县级政府社会治理维度得分省内均值类别划分标准

从各省份县级政府社会治理维度得分省内均值类别分布情况看，浙江、江苏、广东和贵州 4 个省份社会治理维度得分省内均值位于一等，占比

14%；安徽、山东、江西等7个省份社会治理维度得分省内均值位于二等，占比25%；四川、河南、甘肃等15个省份社会治理维度得分省内均值位于三等，占比54%；西藏自治区、青海省社会治理维度得分省内均值位于四等，占比7%。整体来看，中国县级政府社会治理维度得分省内均值，东南沿海和西部省份表现较好，中部、西北部省份表现相对较差。

2. 省份内比较分析

（1）河北省

河北省县级政府社会治理维度得分省内均值为4.31，标准差为1.79，最小值为1.34，最大值为9.99。河北省县级政府社会治理维度得分省内均值高于全国平均水平，省内差异程度低于全国平均水平（见表2），说明河北省县（市）社会治理相对较好。

表2 河北省和全国县级政府社会治理维度的描述性统计

	实评值个数	均值	标准差	最小值	最大值
河北省	118	4.31	1.79	1.34	9.99
全国	1766	4.21	2.26	0.00	13.86

图5展示的是河北省县级政府社会治理维度得分位于各类别的数量与占比。维度得分位于A类、B类、C类、D类的县级政府数量分别为15个（占比13%）、39个（占比33%）、58个（占比49%）、6个（占比5%）。河北省社会治理维度得分优良的县级政府占比不到50%。①

从河北省县级政府社会治理维度得分类别分布情况看，维度得分位于A类的县（市）集中分布在省会。维度得分位于B类、C类的县（市）在省内各个地区均有分布，没有明显聚集。维度得分位于D类的县（市）主要分布在河北省东北地区。河北省社会治理维度A类县（市）见表3。

---

① 占比四舍五入不保留小数，故加总不为100%，下文中的此类情况相同。

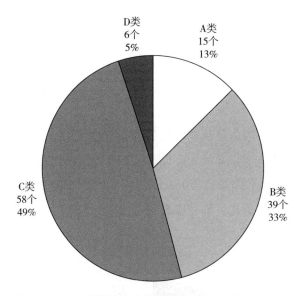

图5　河北省县级政府社会治理维度得分位于各类别的数量与占比统计

表3　河北省社会治理维度 A 类县（市）

地级市	县（市）	地级市	县（市）
石家庄市	灵寿县	邢台市	威县
石家庄市	平山县	保定市	涞源县
石家庄市	赵县	保定市	望都县
石家庄市	辛集市	保定市	涿州市
石家庄市	新乐市	保定市	定州市
唐山市	迁安市	沧州市	任丘市
邯郸市	鸡泽县	廊坊市	文安县
邢台市	平乡县		

（2）山西省

山西省县级政府社会治理维度得分省内均值为 3.34，标准差为 1.55，最小值为 0.56，最大值为 8.42。山西省县级政府社会治理维度得分省内均值远低于全国平均水平，省内差异程度低于全国平均水平（见表4），说明山西省县（市）社会治理水平普遍不高，有待提升。

表 4 山西省和全国县级政府社会治理维度的描述性统计

	实评值个数	均值	标准差	最小值	最大值
山西省	90	3.34	1.55	0.56	8.42
全国	1766	4.21	2.26	0.00	13.86

图 6 展示的是山西省县级政府社会治理维度得分位于各类别的数量与占比。维度得分位于 A 类、B 类、C 类、D 类的县级政府数量分别为 4 个（占比 4%）、19 个（占比 21%）、50 个（占比 56%）、17 个（占比 19%）。山西省社会治理维度得分优良的县级政府占比不到 30%。

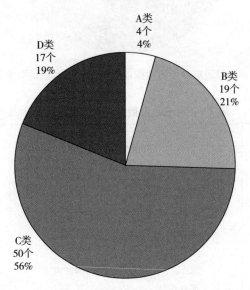

图 6 山西省县级政府社会治理维度得分位于各类别的数量与占比统计

从山西省县级政府社会治理维度得分类别分布情况看，维度得分位于 A 类的县（市）集中分布在西部地区。维度得分位于 B 类的县（市）集中分布在中部、南部地区。维度得分位于 C 类的县（市）在省内各个地区均有分布，没有明显聚集。维度得分位于 D 类的县（市）主要分布在北部地区。山西省社会治理维度 A 类县（市）见表 5。

表 5　山西省社会治理维度 A 类县（市）

地级市	县(市)	地级市	县(市)
运城市	临猗县	临汾市	霍州市
运城市	河津市	吕梁市	岚县

（3）内蒙古自治区

内蒙古自治区县级政府社会治理维度得分省内均值为 3.33，标准差为 1.85，最小值为 0.58，最大值为 8.68。内蒙古自治区县级政府社会治理维度得分省内均值低于全国平均水平，省内差异程度低于全国平均水平（见表 6），说明内蒙古自治区县（市）社会治理水平普遍有待提升。

表 6　内蒙古自治区和全国县级政府社会治理维度的描述性统计

	实评值个数	均值	标准差	最小值	最大值
内蒙古自治区	77	3.33	1.85	0.58	8.68
全国	1766	4.21	2.26	0.00	13.86

图 7 展示的是内蒙古自治区县级政府社会治理维度得分位于各类别的数量与占比。维度得分位于 A 类、B 类、C 类、D 类的县级政府数量分别为 7 个（占比 9%）、10 个（占比 13%）、43 个（占比 56%）、17 个（占比 22%）。内蒙古自治区社会治理维度得分优良的县级政府占比不到 30%。

从内蒙古自治区县级政府社会治理维度类别分布情况看，维度得分位于 A 类、B 类的县（市）集中分布在内蒙古的南部地区。维度得分位于 C 类的县（市）在内蒙古各个地区均有分布，没有明显聚集。维度得分位于 D 类的县（市）主要分布在内蒙古中部、偏北地区。内蒙古自治区社会治理维度 A 类县（市）见表 7。

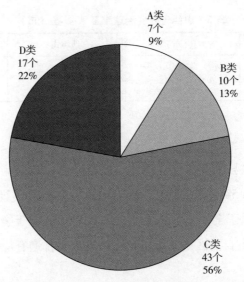

图7　内蒙古自治区县级政府社会治理维度得分位于各类别的数量与占比统计

表7　内蒙古自治区社会治理维度 A 类县（市）

地级市	县（市）	地级市	县（市）
赤峰市	巴林右旗	呼伦贝尔市	扎兰屯市
赤峰市	翁牛特旗	兴安盟	扎赉特旗
鄂尔多斯市	准格尔旗	阿拉善盟	阿拉善左旗
鄂尔多斯市	伊金霍洛旗		

（4）辽宁省

辽宁省县级政府社会治理维度得分省内均值为 2.99，标准差为 1.81，最小值为 0.09，最大值为 8.52。辽宁省县级政府社会治理维度得分省内均值远低于全国平均水平，省内差异程度低于全国平均水平（见表8），说明辽宁省县（市）社会治理水平普遍有待提升。

表8　辽宁省和全国县级政府社会治理维度的描述性统计

	实评值个数	均值	标准差	最小值	最大值
辽宁省	40	2.99	1.81	0.09	8.52
全国	1766	4.21	2.26	0.00	13.86

　　图8展示的是辽宁省县级政府社会治理维度得分位于各类别的数量与占比。维度得分位于 A 类、B 类、C 类、D 类的县级政府数量分别为 3 个（占比 8%）、6 个（占比 15%）、18 个（占比 45%）、13 个（占比 33%）。辽宁省社会治理维度得分优良的县级政府占比不到 30%。

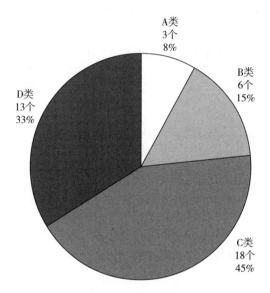

**图 8　辽宁省县级政府社会治理维度得分位于
各类别的数量与占比统计**

　　从辽宁省县级政府社会治理维度类别分布情况看，维度得分位于 A 类、B 类的县（市）集中分布在中部、南部地区。维度得分位于 C 类的县（市）分布在省内中部地区。维度得分位于 D 类的县（市）在省内各个地区均有分布，没有明显聚集。辽宁省社会治理维度 A 类县（市）见表9。

表 9　辽宁省社会治理维度 A 类县（市）

地级市	县（市）
丹东市	东港市
营口市	大石桥市
朝阳市	凌源市

（5）吉林省

吉林省县级政府社会治理维度得分省内均值为 3.03，标准差为 2.14，最小值为 0.57，最大值为 9.69。吉林省县级政府社会治理维度得分省内均值远低于全国平均水平，省内差异程度低于全国平均水平（见表 10），说明吉林省县（市）社会治理水平普遍有待提升。

表 10　吉林省和全国县级政府社会治理维度的描述性统计

	实评值个数	均值	标准差	最小值	最大值
吉林省	38	3.03	2.14	0.57	9.69
全国	1766	4.21	2.26	0.00	13.86

图 9 展示的是吉林省县级政府社会治理维度得分位于各类别的数量与占比。维度得分位于 A 类、B 类、C 类、D 类的县级政府数量分别为 4 个（占比 11%）、5 个（占比 13%）、14 个（占比 37%）、15 个（占比 39%）。吉林省社会治理维度得分优良的县级政府占比不到 30%。

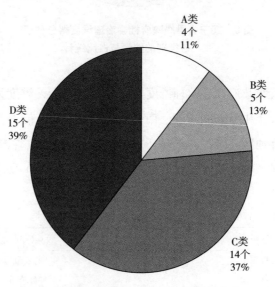

图 9　吉林省县级政府社会治理维度得分位于
各类别的数量与占比统计

从吉林省县级政府社会治理维度类别分布情况看，维度得分位于 A 类的县（市）集中分布在省内东部地区。维度得分位于 B 类、C 类、D 类的县（市）在省内各个地区均有分布，没有明显聚集。吉林省社会治理维度 A 类县（市）见表 11。

表 11　吉林省社会治理维度 A 类县（市）

地级市	县（市）	地级市	县（市）
四平市	双辽市	延边朝鲜族自治州	珲春市
延边朝鲜族自治州	延吉市	延边朝鲜族自治州	龙井市

（6）黑龙江省

黑龙江省县级政府社会治理维度得分省内均值为 2.91，标准差为 1.39，最小值为 0.65，最大值为 6.39。黑龙江省县级政府社会治理维度得分省内均值远低于全国平均水平，省内差异程度低于全国平均水平（见表 12），说明黑龙江省县（市）社会治理水平普遍有待提升。

表 12　黑龙江省和全国县级政府社会治理维度的描述性统计

	实评值个数	均值	标准差	最小值	最大值
黑龙江省	56	2.91	1.39	0.65	6.39
全国	1766	4.21	2.26	0.00	13.86

图 10 展示的是黑龙江省县级政府社会治理维度得分位于各类别的数量与占比。维度得分位于 A 类、B 类、C 类、D 类的县级政府数量分别为 0 个（占比 0%）、11 个（占比 20%）、31 个（占比 55%）、14 个（占比 25%）。黑龙江省社会治理维度得分优良的县级政府占比 20%。

从黑龙江省县级政府社会治理维度类别分布情况看，维度得分位于 B 类的县（市）零星分布在省内中南部地区。维度得分位于 C 类、D 类的县（市）在省内各个地区均有分布，没有明显聚集。黑龙江省社会治理维度没有 A 类县（市）。

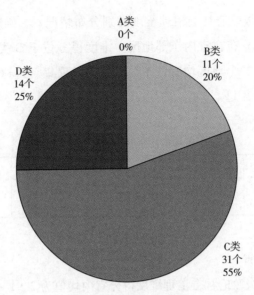

图10　黑龙江省县级政府社会治理维度得分位于各类别的数量与占比统计

（7）江苏省

江苏省县级政府社会治理维度得分省内均值为6.12，标准差为2.76，最小值为0.98，最大值为11.75。江苏省县级政府社会治理维度得分省内均值高于全国平均水平，省内差异程度高于全国平均水平（见表13），说明江苏省县（市）社会治理普遍表现优秀。

表13　江苏省和全国县级政府社会治理维度的描述性统计

	实评值个数	均值	标准差	最小值	最大值
江苏省	40	6.12	2.76	0.98	11.75
全国	1766	4.21	2.26	0.00	13.86

图11展示的是江苏省县级政府社会治理维度得分位于各类别的数量与占比。维度得分位于A类、B类、C类、D类的县级政府数量分别为18个（占比45%）、10个（占比25%）、10个（占比25%）、2个（占比5%）。江苏省社会治理维度得分优良的县级政府占比70%。

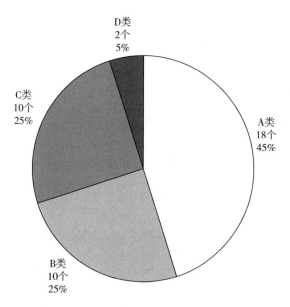

D类
2个
5%

C类
10个
25%

A类
18个
45%

B类
10个
25%

**图 11   江苏省县级政府社会治理维度得分位于各类别的
数量与占比统计**

从江苏省县级政府社会治理维度类别分布情况看，维度得分位于 A 类、B 类、C 类的县（市）均匀分布在省内。维度得分位于 D 类的县（市）主要分布在江苏省东南部地区。江苏省社会治理维度 A 类县（市）见表 14。

表 14   江苏省社会治理维度 A 类县（市）

地级市	县（市）	地级市	县（市）
无锡市	江阴市	淮安市	盱眙县
徐州市	沛县	扬州市	宝应县
徐州市	睢宁县	镇江市	句容市
徐州市	邳州市	泰州市	兴化市
常州市	溧阳市	泰州市	靖江市
苏州市	常熟市	泰州市	泰兴市
苏州市	张家港市	宿迁市	沭阳县
苏州市	昆山市	宿迁市	泗阳县
苏州市	太仓市	宿迁市	泗洪县

（8）浙江省

浙江省县级政府社会治理维度得分省内均值为 9.16，标准差为 2.23，最小值为 3.55，最大值为 13.86。浙江省县级政府社会治理维度得分省内均值达到全国的两倍以上，省内差异程度与全国平均水平接近（见表 15），说明浙江省县（市）社会治理普遍表现优秀，而且社会治理拔尖的县（市）数量在全国处于领先地位。

表 15　浙江省和全国县级政府社会治理维度的描述性统计

	实评值个数	均值	标准差	最小值	最大值
浙江省	52	9.16	2.23	3.55	13.86
全国	1766	4.21	2.26	0.00	13.86

图 12 展示的是浙江省县级政府社会治理维度得分位于各类别的数量与占比。维度得分位于 A 类、B 类、C 类、D 类的县级政府数量分别为 45 个（占比 87%）、6 个（占比 12%）、1 个（占比 2%）、0 个（占比 0%）。浙江省社会治理维度得分优良的县级政府占比接近 100%。

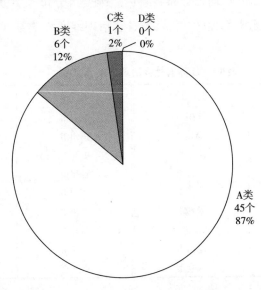

图 12　浙江省县级政府社会治理维度得分位于各类别的数量与占比统计

从浙江省县级政府社会治理维度类别分布情况看，绝大部分的县（市）维度得分位于 A 类。维度得分位于 B 类的县（市）集中分布在省内北部和南部地区。维度得分位于 C 类的县（市）集中分布在省内南部地区。浙江省社会治理维度 A 类县（市）见表 16。

表 16　浙江省社会治理维度 A 类县（市）

地级市	县(市)	地级市	县(市)
杭州市	桐庐县	金华市	武义县
杭州市	淳安县	金华市	浦江县
杭州市	建德市	金华市	磐安县
宁波市	象山县	金华市	兰溪市
宁波市	宁海县	金华市	义乌市
宁波市	余姚市	金华市	东阳市
宁波市	慈溪市	金华市	永康市
温州市	永嘉县	衢州市	常山县
温州市	平阳县	衢州市	开化县
温州市	苍南县	衢州市	龙游县
温州市	文成县	衢州市	江山市
温州市	泰顺县	舟山市	岱山县
温州市	瑞安市	台州市	三门县
温州市	乐清市	台州市	天台县
嘉兴市	嘉善县	台州市	仙居县
嘉兴市	海盐县	台州市	温岭市
嘉兴市	平湖市	台州市	临海市
嘉兴市	桐乡市	台州市	玉环市
湖州市	长兴县	丽水市	缙云县
湖州市	安吉县	丽水市	松阳县
绍兴市	新昌县	丽水市	景宁畲族自治县
绍兴市	诸暨市	丽水市	龙泉市
绍兴市	嵊州市		

（9）安徽省

安徽省县级政府社会治理维度得分省内均值为 5.07，标准差为 1.90，最小值为 1.28，最大值为 8.37。安徽省县级政府社会治理维度得分省内均值高于全国平均水平，省内差异程度低于全国平均水平（见表17），说明安徽省县（市）社会治理绩效较高。

表17 安徽省和全国县级政府社会治理维度的描述性统计

	实评值个数	均值	标准差	最小值	最大值
安徽省	58	5.07	1.90	1.28	8.37
全国	1766	4.21	2.26	0.00	13.86

图13展示的是安徽省县级政府社会治理维度得分位于各类别的数量与占比。维度得分位于A类、B类、C类、D类的县级政府数量分别为17个（占比29%）、19个（占比33%）、19个（占比33%）、3个（占比5%）。安徽省社会治理维度得分优良的县级政府占比超过50%。

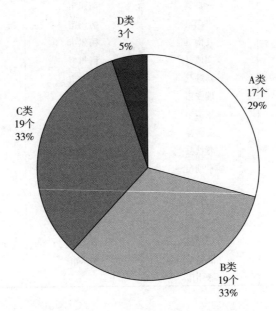

图13 安徽省县级政府社会治理维度得分位于各类别的数量与占比统计

从安徽省县级政府社会治理维度类别分布情况看，维度得分位于A类、B类的县（市）分布均匀，没有明显聚集。维度得分位于C类的县（市）

集中分布在中部和皖南地区。维度得分位于 D 类的县（市）主要分布在中部地区。安徽省社会治理维度 A 类县（市）见表 18。

表 18　安徽省社会治理维度 A 类县（市）

地级市	县（市）	地级市	县（市）
合肥市	庐江县	阜阳市	临泉县
合肥市	巢湖市	阜阳市	太和县
芜湖市	南陵县	宿州市	砀山县
蚌埠市	五河县	宿州市	灵璧县
马鞍山市	含山县	六安市	霍邱县
淮北市	濉溪县	六安市	舒城县
安庆市	桐城市	亳州市	蒙城县
滁州市	定远县	宣城市	宁国市
滁州市	天长市		

（10）福建省

福建省县级政府社会治理维度得分省内均值为 4.14，标准差为 2.16，最小值为 0.91，最大值为 9.78。福建省县级政府社会治理维度得分省内均值低于全国平均水平，省内差异程度低于全国平均水平（见表 19），说明福建省县（市）社会治理水平普遍有待提升。

表 19　福建省和全国县级政府社会治理维度的描述性统计

	实评值个数	均值	标准差	最小值	最大值
福建省	55	4.14	2.16	0.91	9.78
全国	1766	4.21	2.26	0.00	13.86

图 14 展示的是福建省县级政府社会治理维度得分位于各类别的数量与占比。维度得分位于 A 类、B 类、C 类、D 类的县级政府数量分别为 8 个（占比 15%）、13 个（占比 24%）、27 个（占比 49%）、7 个（占比 13%）。福建省社会治理维度得分优良的县级政府占比低于 50%。

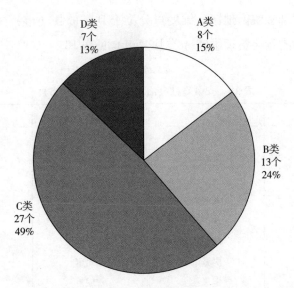

图14 福建省县级政府社会治理维度得分位于各类别的数量与占比统计

从福建省县级政府社会治理维度类别分布情况看，维度得分位于 A 类的县（市）集中分布在省内中部地区。维度得分位于 B 类、C 类的县（市）在省内各个地区均有分布，没有明显聚集。维度得分位于 D 类的县（市）主要分布在省内西南部地区。福建省社会治理维度 A 类县（市）见表20。

表20 福建省社会治理维度 A 类县（市）

地级市	县（市）	地级市	县（市）
福州市	闽侯县	三明市	建宁县
福州市	连江县	泉州市	安溪县
福州市	福清市	泉州市	晋江市
三明市	宁化县	泉州市	南安市

（11）江西省

江西省县级政府社会治理维度得分省内均值为 4.53，标准差为 1.77，最小值为 0.82，最大值为 9.07。江西省县级政府社会治理维度得分省内均值高于全国平均水平，省内差异程度低于全国平均水平（见表21），说明江西省县（市）社会治理绩效较高。

表 21　江西省和全国县级政府社会治理维度的描述性统计

	实评值个数	均值	标准差	最小值	最大值
江西省	71	4.53	1.77	0.82	9.07
全国	1766	4.21	2.26	0.00	13.86

图15展示的是江西省县级政府社会治理维度得分位于各类别的数量与占比。维度得分位于A类、B类、C类、D类的县级政府数量分别为11个（占比15%）、28个（占比39%）、27个（占比38%）、5个（占比7%）。江西省社会治理维度得分优良的县级政府占比超过50%。

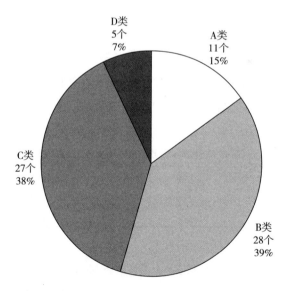

图15　江西省县级政府社会治理维度得分位于各类别的数量与占比统计

从江西省县级政府社会治理维度类别分布情况看，维度得分位于A类的县（市）零星分布在省内各地，没有明显聚集。维度得分位于B类、C类的县（市）在省内各个地区均有分布，没有明显聚集。维度得分位于D

类的县（市）主要分布在北部和南部地区。江西省社会治理维度 A 类县
（市）见表22。

表22　江西省社会治理维度 A 类县（市）

地级市	县(市)	地级市	县(市)
南昌市	南昌县	宜春市	万载县
九江市	武宁县	抚州市	乐安县
九江市	湖口县	上饶市	铅山县
鹰潭市	贵溪市	上饶市	余干县
赣州市	于都县	上饶市	婺源县
吉安市	遂川县		

（12）山东省

山东省县级政府社会治理维度得分省内均值为 4.88，标准差为 2.18，
最小值为 0.98，最大值为 10.10。山东省县级政府社会治理维度得分省内均
值高于全国平均水平，省内差异程度低于全国平均水平（见表23），说明山
东省县（市）社会治理绩效较高。

表23　山东省和全国县级政府社会治理维度的描述性统计

	实评值个数	均值	标准差	最小值	最大值
山东省	77	4.88	2.18	0.98	10.10
全国	1766	4.21	2.26	0.00	13.86

图 16 展示的是山东省县级政府社会治理维度得分位于各类别的数量与
占比。维度得分位于 A 类、B 类、C 类、D 类的县级政府数量分别为 19 个
（占比 25%）、25 个（占比 32%）、27 个（占比 35%）、6 个（占比 8%）。
山东省社会治理维度得分优良的县级政府占比超过 50%。

从山东省县级政府社会治理维度类别分布情况看，维度得分位于 A 类
的县（市）零星分布在省内。维度得分位于 B 类的县（市）集中分布在省

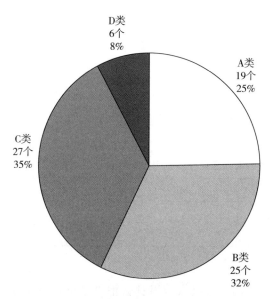

**图16 山东省县级政府社会治理维度得分位于
各类别的数量与占比统计**

内中部、西南部地区。维度得分位于 C 类的县（市）在省内各个地区均有分布，没有明显聚集。维度得分位于 D 类的县（市）主要分布在省内西北部地区。山东省社会治理维度 A 类县（市）见表24。

表24 山东省社会治理维度 A 类县（市）

地级市	县（市）	地级市	县(市)
青岛市	胶州市	济宁市	梁山县
青岛市	平度市	济宁市	曲阜市
青岛市	莱西市	泰安市	东平县
枣庄市	滕州市	威海市	荣成市
东营市	广饶县	德州市	乐陵市
烟台市	招远市	聊城市	高唐县
潍坊市	寿光市	聊城市	临清市
潍坊市	安丘市	滨州市	阳信县
济宁市	嘉祥县	滨州市	无棣县
济宁市	汶上县		

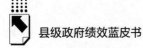

（13）河南省

河南省县级政府社会治理维度得分省内均值为 3.83，标准差为 1.99，最小值为 0.00，最大值为 8.99。河南省县级政府社会治理维度得分省内均值低于全国平均水平，省内差异程度低于全国平均水平（见表 25），说明河南省县（市）社会治理水平普遍有待提升。

表 25　河南省和全国县级政府社会治理维度的描述性统计

	实评值个数	均值	标准差	最小值	最大值
河南省	105	3.83	1.99	0.00	8.99
全国	1766	4.21	2.26	0.00	13.86

图 17 展示的是河南省县级政府社会治理维度得分位于各类别的数量与占比。维度得分位于 A 类、B 类、C 类、D 类的县级政府数量分别为 11 个（占比 10%）、29 个（占比 28%）、45 个（占比 43%）、20 个（占比 19%）。河南省社会治理维度得分优良的县级政府占比低于 40%。

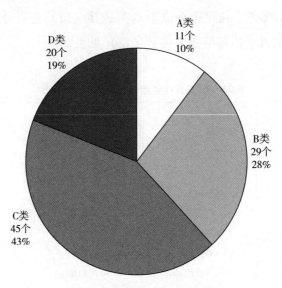

图 17　河南省县级政府社会治理维度得分位于
各类别的数量与占比统计

从河南省县级政府社会治理维度类别分布情况看，维度得分位于 A 类的县（市）主要分布在中东部地区。维度得分位于 B 类、C 类、D 类的县（市）在省内各个地区均有分布，没有明显聚集。河南省社会治理维度 A 类县（市）见表26。

表26　河南省社会治理维度 A 类县（市）

地级市	县（市）	地级市	县（市）
郑州市	中牟县	新乡市	封丘县
郑州市	新密市	新乡市	长垣市
平顶山市	叶县	商丘市	民权县
平顶山市	鲁山县	信阳市	商城县
平顶山市	汝州市	周口市	项城市
新乡市	延津县		

（14）湖北省

湖北省县级政府社会治理维度得分省内均值为 4.11，标准差为 1.86，最小值为 0.43，最大值为 9.09。湖北省县级政府社会治理维度得分省内均值略低于全国平均水平，省内差异程度低于全国平均水平（见表27），说明湖北省县（市）社会治理水平普遍有待提升。

表27　湖北省和全国县级政府社会治理维度的描述性统计

	实评值个数	均值	标准差	最小值	最大值
湖北省	63	4.11	1.86	0.43	9.09
全国	1766	4.21	2.26	0.00	13.86

图18展示的是湖北省县级政府社会治理维度得分位于各类别的数量与占比。维度得分位于 A 类、B 类、C 类、D 类的县级政府数量分别为 8 个（占比 13%）、23 个（占比 37%）、26 个（占比 41%）、6 个（占比 10%）。湖北省社会治理维度得分优良的县级政府占比 50%。

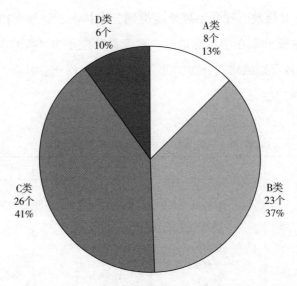

图18　湖北省县级政府社会治理维度得分位于各类别的数量与占比统计

从湖北省县级政府社会治理维度类别分布情况看，维度得分位于 A 类的县（市）集中分布在省内中部地区。维度得分位于 B 类的县（市）集中分布在中东部地区。维度得分位于 C 类、D 类的县（市）在省内各个地区均有分布，没有明显聚集。湖北省社会治理维度 A 类县（市）见表28。

表28　湖北省社会治理维度 A 类县（市）

地级市	县(市)	地级市	县(市)
宜昌市	宜都市	荆州市	公安县
襄阳市	枣阳市	咸宁市	赤壁市
襄阳市	宜城市	随州市	随县
荆门市	钟祥市	随州市	广水市

（15）湖南省

湖南省县级政府社会治理维度得分省内均值为 4.33，标准差为 1.95，最小值为 0.96，最大值为 10.34。湖南省县级政府社会治理维度得分省内均值略高于全国平均水平，省内差异程度低于全国平均水平（见表29），说明湖南省县（市）社会治理普遍表现较好。

表 29　湖南省和全国县级政府社会治理维度的描述性统计

	实评值个数	均值	标准差	最小值	最大值
湖南省	86	4.33	1.95	0.96	10.34
全国	1766	4.21	2.26	0.00	13.86

图19展示的是湖南省县级政府社会治理维度得分位于各类别的数量与占比。维度得分位于A类、B类、C类、D类的县级政府数量分别为13个（占比15%）、27个（占比31%）、40个（占比47%）、6个（占比7%）。湖南省社会治理维度得分优良的县级政府占比低于50%。

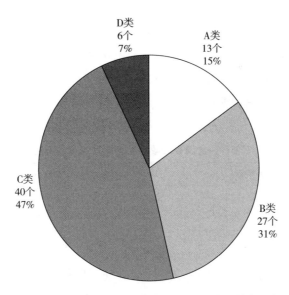

图 19　湖南省县级政府社会治理维度得分位于各类别的数量与占比统计

从湖南省县级政府社会治理维度类别分布情况看，维度得分位于A类的县（市）集中分布在中东部地区。维度得分位于B类、C类的县（市）在省内各个地区均有分布，没有明显聚集。维度得分位于D类的县（市）主要分布在省内西部地区。湖南省社会治理维度 A 类县（市）见表30。

表30　湖南省社会治理维度 A 类县（市）

地级市	县(市)	地级市	县(市)
长沙市	长沙县	邵阳市	隆回县
长沙市	浏阳市	邵阳市	邵东市
长沙市	宁乡市	常德市	澧县
株洲市	攸县	益阳市	安化县
湘潭市	湘潭县	怀化市	溆浦县
衡阳市	祁东县	娄底市	新化县
衡阳市	耒阳市		

（16）广东省

广东省县级政府社会治理维度得分省内均值为5.95，标准差为2.37，最小值为1.78，最大值为12.10。广东省县级政府社会治理维度得分省内均值高于全国平均水平，省内差异程度高于全国平均水平（见表31），说明广东省县（市）社会治理普遍表现优秀。

表31　广东省和全国县级政府社会治理维度的描述性统计

	实评值个数	均值	标准差	最小值	最大值
广东省	57	5.95	2.37	1.78	12.10
全国	1766	4.21	2.26	0.00	13.86

图20展示的是广东省县级政府社会治理维度得分位于各类别的数量与占比。维度得分位于 A 类、B 类、C 类、D 类的县级政府数量分别为24个（占比42%）、17个（占比30%）、14个（占比25%）、2个（占比4%）。广东省社会治理维度得分优良的县级政府占比超过70%。

从广东省县级政府社会治理维度类别分布情况看，维度得分位于 A 类的县（市）零星分布在省内。维度得分位于 B 类、C 类的县（市）在省内各个地区均有分布，没有明显聚集。维度得分位于 D 类的县（市）主要分布在省内北部地区。广东省社会治理维度 A 类县（市）见表32。

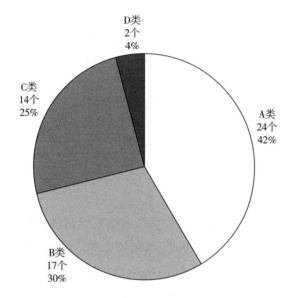

图 20　广东省县级政府社会治理维度得分位于各类别的数量与占比统计

表 32　广东省社会治理维度 A 类县（市）

地级市	县（市）	地级市	县（市）
江门市	台山市	汕尾市	海丰县
湛江市	徐闻县	汕尾市	陆丰市
茂名市	高州市	河源市	紫金县
茂名市	化州市	河源市	东源县
茂名市	信宜市	阳江市	阳西县
肇庆市	怀集县	阳江市	阳春市
肇庆市	德庆县	清远市	英德市
肇庆市	四会市	清远市	连州市
梅州市	丰顺县	潮州市	饶平县
梅州市	五华县	揭阳市	揭西县
梅州市	平远县	揭阳市	普宁市
梅州市	蕉岭县	云浮市	罗定市

（17）广西壮族自治区

广西壮族自治区县级政府社会治理维度得分省内均值为3.76，标准差为1.46，最小值为0.81，最大值为8.21。广西壮族自治区县级政府社会治理维度得分省内均值低于全国平均水平，省内差异程度低于全国平均水平（见表33），说明广西壮族自治区县（市）社会治理水平普遍有待提升。

表33 广西壮族自治区和全国县级政府社会治理维度的描述性统计

	实评值个数	均值	标准差	最小值	最大值
广西壮族自治区	70	3.76	1.46	0.81	8.21
全国	1766	4.21	2.26	0.00	13.86

图21展示的是广西壮族自治区县级政府社会治理维度得分位于各类别的数量与占比。维度得分位于A类、B类、C类、D类的县级政府数量分别为2个（占比3%）、21个（占比30%）、41个（占比59%）、6个（占比9%）。广西壮族自治区社会治理维度得分优良的县级政府占比低于40%。

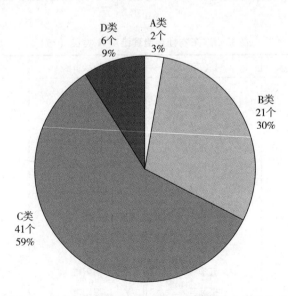

图21 广西壮族自治区县级政府社会治理维度得分位于
各类别的数量与占比统计

从广西壮族自治区县级政府社会治理维度类别分布情况看，维度得分位于A类的县（市）集中分布在东南部地区。维度得分位于B类、C类的县（市）在各个地区均有分布，没有明显聚集。维度得分位于D类的县（市）主要分布在东北部地区。广西壮族自治区社会治理维度A类县（市）见表34。

表34 广西壮族自治区社会治理维度A类县（市）

地级市	县（市）
贵港市	桂平市
玉林市	博白县

（18）海南省

海南省县级政府社会治理维度得分省内均值为3.10，标准差为1.95，最小值为0.69，最大值为8.98。海南省县级政府社会治理维度得分省内均值低于全国平均水平，省内差异程度低于全国平均水平（见表35），说明海南省县（市）社会治理水平普遍有待提升。

表35 海南省和全国县级政府社会治理维度的描述性统计

	实评值个数	均值	标准差	最小值	最大值
海南省	15	3.10	1.95	0.69	8.98
全国	1766	4.21	2.26	0.00	13.86

图22展示的是海南省县级政府社会治理维度得分位于各类别的数量与占比。维度得分位于A类、B类、C类、D类的县级政府数量分别为1个（占比7%）、1个（占比7%）、8个（占比53%）、5个（占比33%）。海南省社会治理维度得分优良的县级政府占比低于20%。

从海南省县级政府社会治理维度类别分布情况看，维度得分位于A类的县（市）位于西部地区。维度得分位于B类的县（市）位于南部地区。维度得分位于C类的县（市）集中分布在东部地区。维度得分位于D类的县（市）集中分布在中部地区。海南省社会治理维度A类县（市）见表36。

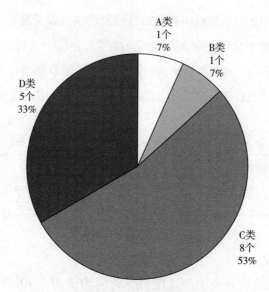

图22　海南省县级政府社会治理维度得分位于
各类别的数量与占比统计

表36　海南省社会治理维度 A 类县（市）

地级市	县（市）
省直辖	东方市

（19）重庆市

重庆市县级政府社会治理维度得分省内均值为 3.44，标准差为 1.26，最小值为 1.31，最大值为 5.86。重庆市县级政府社会治理维度得分省内均值低于全国平均水平，省内差异程度低于全国平均水平（见表37），说明重庆市县（市）社会治理水平普遍有待提升。

表37　重庆市和全国县级政府社会治理维度的描述性统计

	实评值个数	均值	标准差	最小值	最大值
重庆市	12	3.44	1.26	1.31	5.86
全国	1766	4.21	2.26	0.00	13.86

图 23 展示的是重庆市县级政府社会治理维度得分位于各类别的数量与占比。维度得分位于 A 类、B 类、C 类、D 类的县级政府数量分别为 0 个（占比 0%）、2 个（占比 17%）、8 个（占比 67%）、2 个（占比 17%）。重庆市社会治理维度得分优良的县级政府占比低于 20%。

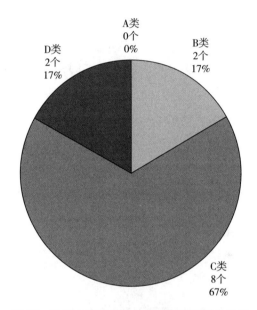

图 23　重庆市县级政府社会治理维度得分位于各类别的数量与占比统计

从重庆市县级政府社会治理维度类别分布情况看，维度得分位于 B 类的县（市）数量较少，没有明显聚集。维度得分位于 C 类的县（市）在各个地区均有分布，没有明显聚集。维度得分位于 D 类的县（市）数量较少，没有明显聚集。重庆市社会治理维度没有 A 类县（市）。

（20）四川省

四川省县级政府社会治理维度得分省内均值为 4.02，标准差为 2.05，最小值为 0.09，最大值为 9.28。四川省县级政府社会治理维度得分省内均值略低于全国平均水平，省内差异程度低于全国平均水平（见表 38），说明四川省县（市）社会治理水平普遍有待提升。

表38　四川省和全国县级政府社会治理维度的描述性统计

	实评值个数	均值	标准差	最小值	最大值
四川省	127	4.02	2.05	0.09	9.28
全国	1766	4.21	2.26	0.00	13.86

　　图24展示的是四川省县级政府社会治理维度得分位于各类别的数量与占比。维度得分位于A类、B类、C类、D类的县级政府数量分别为21个（占比17%）、29个（占比23%）、57个（占比45%）、20个（占比16%）。四川省社会治理维度得分优良的县级政府占比40%。

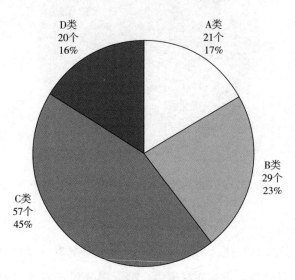

图24　四川省县级政府社会治理维度得分位于
各类别的数量与占比统计

　　从四川省县级政府社会治理维度类别分布情况看，维度得分位于A类的县（市）分布在省内的东部和西部地区。维度得分位于B类的县（市）集中分布在西部和南部地区。维度得分位于C类的县（市）分布在省内西部地区。维度得分位于D类的县（市）没有明显聚集。四川省社会治理维度A类县（市）见表39。

表39　四川省社会治理维度 A 类县（市）

地级市	县(市)	地级市	县(市)
泸州市	泸县	阿坝藏族羌族自治州	松潘县
德阳市	中江县	阿坝藏族羌族自治州	小金县
遂宁市	大英县	甘孜藏族自治州	理塘县
内江市	威远县	凉山彝族自治州	木里藏族自治县
南充市	南部县	凉山彝族自治州	盐源县
广安市	武胜县	凉山彝族自治州	德昌县
广安市	邻水县	凉山彝族自治州	会东县
达州市	宣汉县	凉山彝族自治州	金阳县
达州市	大竹县	凉山彝族自治州	喜德县
阿坝藏族羌族自治州	汶川县	凉山彝族自治州	雷波县
阿坝藏族羌族自治州	茂县		

（21）贵州省

贵州省县级政府社会治理维度得分省内均值为 5.74，标准差为 1.80，最小值为 2.39，最大值为 11.64。贵州省县级政府社会治理维度得分省内均值高于全国平均水平，省内差异程度低于全国平均水平（见表40），说明贵州省县（市）社会治理普遍表现优秀。

表40　贵州省和全国县级政府社会治理维度的描述性统计

	实评值个数	均值	标准差	最小值	最大值
贵州省	71	5.74	1.80	2.39	11.64
全国	1766	4.21	2.26	0.00	13.86

图 25 展示的是贵州省县级政府社会治理维度得分位于各类别的数量与占比。维度得分位于 A 类、B 类、C 类、D 类的县级政府数量分别为 27 个（占比 38%）、26 个（占比 37%）、18 个（占比 25%）、0 个（占比 0%）。贵州省社会治理维度得分优良的县级政府占比超过 70%。

从贵州省县级政府社会治理维度类别分布情况看，维度得分位于 A 类的县（市）零星分布在省内各地。维度得分位于 B 类、C 类的县（市）在

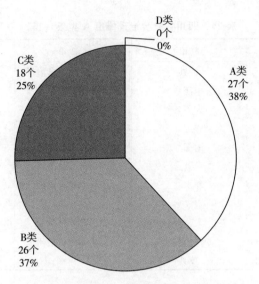

图25 贵州省县级政府社会治理维度得分位于各类别的数量与占比统计

省内各个地区均有分布，没有明显聚集。没有维度得分位于 D 类的县（市）。贵州省社会治理维度 A 类县（市）见表41。

表41 贵州省社会治理维度 A 类县（市）

地级市	县(市)	地级市	县(市)
贵阳市	开阳县	铜仁市	松桃苗族自治县
贵阳市	息烽县	黔西南布依族苗族自治州	兴义市
贵阳市	修文县	黔西南布依族苗族自治州	兴仁市
贵阳市	清镇市	黔西南布依族苗族自治州	普安县
六盘水市	盘州市	黔东南苗族侗族自治州	凯里市
遵义市	桐梓县	黔东南苗族侗族自治州	施秉县
遵义市	绥阳县	黔东南苗族侗族自治州	台江县
遵义市	赤水市	黔东南苗族侗族自治州	黎平县
遵义市	仁怀市	黔东南苗族侗族自治州	丹寨县
安顺市	普定县	黔南布依族苗族自治州	福泉市
毕节市	大方县	黔南布依族苗族自治州	荔波县
毕节市	黔西县	黔南布依族苗族自治州	瓮安县
铜仁市	思南县	黔南布依族苗族自治州	惠水县
铜仁市	沿河土家族自治县		

（22）云南省

云南省县级政府社会治理维度得分省内均值为 3.61，标准差为 2.55，最小值为 0.05，最大值为 11.54。云南省县级政府社会治理维度得分省内均值低于全国平均水平，省内差异程度高于全国平均水平（见表 42），说明云南省县（市）社会治理水平普遍有待提升。

表 42　云南省和全国县级政府社会治理维度的描述性统计

	实评值个数	均值	标准差	最小值	最大值
云南省	112	3.61	2.55	0.05	11.54
全国	1766	4.21	2.26	0.00	13.86

图 26 展示的是云南省县级政府社会治理维度得分位于各类别的数量与占比。维度得分位于 A 类、B 类、C 类、D 类的县级政府数量分别为 26 个（占比 23%）、17 个（占比 15%）、45 个（占比 40%）、24 个（占比 21%）。云南省社会治理维度得分优良的县级政府占比低于 50%。

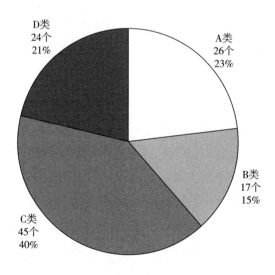

图 26　云南省县级政府社会治理维度得分位于
各类别的数量与占比统计

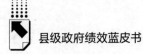

从云南省县级政府社会治理维度类别分布情况看，维度得分位于各类别的县级政府在省内各个地区均有分布，没有明显聚集。云南省社会治理维度A类县（市）见表43。

表43 云南省社会治理维度A类县（市）

地级市	县（市）	地级市	县（市）
昆明市	富民县	红河哈尼族彝族自治州	个旧市
曲靖市	陆良县	文山壮族苗族自治州	砚山县
昭通市	鲁甸县	文山壮族苗族自治州	麻栗坡县
昭通市	盐津县	文山壮族苗族自治州	丘北县
昭通市	镇雄县	文山壮族苗族自治州	广南县
昭通市	水富市	西双版纳傣族自治州	景洪市
丽江市	华坪县	西双版纳傣族自治州	勐海县
普洱市	宁洱哈尼族彝族自治县	西双版纳傣族自治州	勐腊县
普洱市	景东彝族自治县	大理白族自治州	大理市
楚雄彝族自治州	南华县	大理白族自治州	漾濞彝族自治县
楚雄彝族自治州	元谋县	大理白族自治州	祥云县
楚雄彝族自治州	武定县	大理白族自治州	弥渡县
楚雄彝族自治州	禄丰县	大理白族自治州	南涧彝族自治县

（23）西藏自治区

西藏自治区县级政府社会治理维度得分省内均值为2.64，标准差为2.63，最小值为0.05，最大值为8.18。西藏自治区县级政府社会治理维度得分省内均值低于全国平均水平，省内差异程度高于全国平均水平（见表44），说明西藏自治区县（市）社会治理水平普遍有待提升。

表44 西藏自治区和全国县级政府社会治理维度的描述性统计

	实评值个数	均值	标准差	最小值	最大值
西藏自治区	13	2.64	2.63	0.05	8.18
全国	1766	4.21	2.26	0.00	13.86

图 27 展示的是西藏自治区县级政府社会治理维度得分位于各类别的数量与占比。维度得分位于 A 类、B 类、C 类、D 类的县级政府数量分别为 1个（占比 8%）、2 个（占比 15%）、3 个（占比 23%）、7 个（占比 54%）。西藏自治区社会治理维度得分优良的县级政府占比低于 30%。

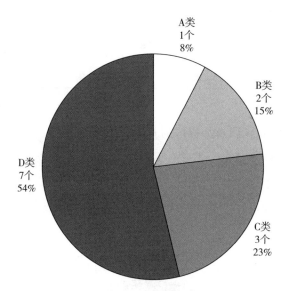

图 27　西藏自治区县级政府社会治理维度得分位于各类别的数量与占比统计

从西藏自治区县级政府社会治理维度类别分布情况看，维度得分位于各类别的县（市）数量较少，没有明显的聚集。西藏自治区社会治理维度 A类县（市）见表45。

表 45　西藏自治区社会治理维度 A 类县（市）

地级市	县(市)
拉萨市	当雄县

（24）陕西省

陕西省县级政府社会治理维度得分省内均值为 3.69，标准差为 1.29，最小值为 1.39，最大值为 7.91。陕西省县级政府社会治理维度得分省内均值低于全国平均水平，省内差异程度低于全国平均水平（见表 46），说明陕西省县（市）社会治理水平普遍有待提升。

表 46　陕西省和全国县级政府社会治理维度的描述性统计

	实评值个数	均值	标准差	最小值	最大值
陕西省	77	3.69	1.29	1.39	7.91
全国	1766	4.21	2.26	0.00	13.86

图 28 展示的是陕西省县级政府社会治理维度得分位于各类别的数量与占比。维度得分位于 A 类、B 类、C 类、D 类的县级政府数量分别为 2 个（占比 3%）、19 个（占比 25%）、49 个（占比 64%）、7 个（占比 9%）。陕西省社会治理维度得分优良的县级政府占比低于 30%。

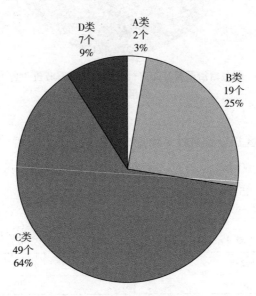

**图 28　陕西省县级政府社会治理维度得分位于
各类别的数量与占比统计**

从陕西省县级政府社会治理维度类别分布情况看，维度得分位于 A 类的县（市）零星分布在东部地区。维度得分位于 B 类、C 类的县（市）在省内各个地区均有分布，没有明显聚集。维度得分位于 D 类的县（市）主要分布在中部、南部地区。陕西省社会治理维度 A 类县（市）见表47。

表 47　陕西省社会治理维度 A 类县（市）

地级市	县（市）
渭南市	澄城县
商洛市	洛南县

（25）甘肃省

甘肃省县级政府社会治理维度得分省内均值为 3.79，标准差为 1.69，最小值为 1.17，最大值为 9.34。甘肃省县级政府社会治理维度得分省内均值低于全国平均水平，省内差异程度低于全国平均水平（见表48），说明甘肃省县（市）社会治理水平普遍有待提升。

表 48　甘肃省和全国县级政府社会治理维度的描述性统计

	实评值个数	均值	标准差	最小值	最大值
甘肃省	69	3.79	1.69	1.17	9.34
全国	1766	4.21	2.26	0.00	13.86

图 29 展示的是甘肃省县级政府社会治理维度得分位于各类别的数量与占比。维度得分位于 A 类、B 类、C 类、D 类的县级政府数量分别为 6 个（占比 9%）、20 个（占比 29%）、33 个（占比 48%）、10 个（占比 14%）。甘肃省社会治理维度得分优良的县级政府占比低于40%。

从甘肃省县级政府社会治理维度类别分布情况看，维度得分位于 A 类的县（市）集中分布在陇中、陇东南地区。维度得分位于 B 类、C 类的县（市）在省内各个地区均有分布，没有明显聚集。维度得分位于 D 类的县（市）主要分布在河西走廊和省内南部地区。甘肃省社会治理维度 A 类县（市）见表49。

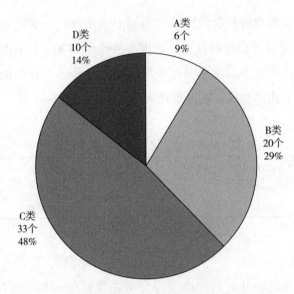

图 29 甘肃省县级政府社会治理维度得分位于各类别的数量与占比统计

表 49 甘肃省社会治理维度 A 类县（市）

地级市	县(市)	地级市	县(市)
兰州市	皋兰县	平凉市	华亭市
天水市	武山县	定西市	陇西县
张掖市	民乐县	陇南市	成县

（26）青海省

青海省县级政府社会治理维度得分省内均值为 2.21，标准差为 1.18，最小值为 0.92，最大值为 5.70。青海省县级政府社会治理维度得分省内均值低于全国平均水平，省内差异程度低于全国平均水平（见表 50），说明青海省县（市）社会治理水平普遍有待提升。

表 50 青海省和全国县级政府社会治理维度的描述性统计

	实评值个数	均值	标准差	最小值	最大值
青海省	32	2.21	1.18	0.92	5.70
全国	1766	4.21	2.26	0.00	13.86

　　图 30 展示的是青海省县级政府社会治理维度得分位于各类别的数量与占比。维度得分位于 A 类、B 类、C 类、D 类的县级政府数量分别为 0 个（占比 0%）、4 个（占比 13%）、9 个（占比 28%）、19 个（占比 59%）。青海省社会治理维度得分优良的县级政府占比低于 20%。

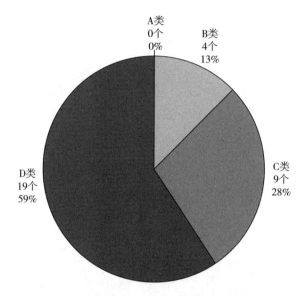

图 30　青海省县级政府社会治理维度得分位于
各类别的数量与占比统计

　　从青海省县级政府社会治理维度类别分布情况看，维度得分位于 B 类、C 类、D 类的县（市）在省内各个地区均有分布，没有明显聚集。青海省社会治理维度没有 A 类县（市）。

　　（27）宁夏回族自治区

　　宁夏回族自治区县级政府社会治理维度得分省内均值为 2.93，标准差为 0.77，最小值为 2.19，最大值为 4.62。宁夏回族自治区县级政府社会治理维度得分省内均值低于全国平均水平，省内差异程度低于全国平均水平（见表 51），说明宁夏回族自治区县（市）社会治理水平普遍有待提升。

表 51　宁夏回族自治区和全国县级政府社会治理维度的描述性统计

	实评值个数	均值	标准差	最小值	最大值
宁夏回族自治区	13	2.93	0.77	2.19	4.62
全国	1766	4.21	2.26	0.00	13.86

　　图 31 展示的是宁夏回族自治区县级政府社会治理维度得分位于各类别的数量与占比。维度得分位于 A 类、B 类、C 类、D 类的县级政府数量分别为 0 个（占比 0%）、2 个（占比 15%）、11 个（占比 85%）、0 个（占比 0%）。宁夏回族自治区社会治理维度得分优良的县级政府占比低于 20%。

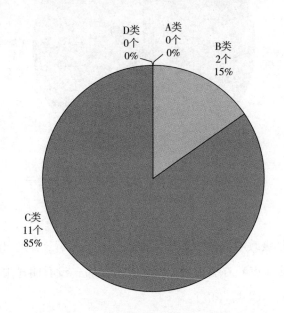

图 31　宁夏回族自治区县级政府社会治理维度得分位于
各类别的数量与占比统计

　　从宁夏回族自治区县级政府社会治理维度类别分布情况看，没有维度得分位于 A 类、D 类的县（市）。维度得分位于 B 类的县（市）数量较少，没有明显聚集。维度得分位于 C 类的县（市）在各个地区均有分布，没有明显聚集。

（28）新疆维吾尔自治区

新疆维吾尔自治区县级政府社会治理维度得分省内均值为3.43，标准差为1.77，最小值为0.00，最大值为8.03。新疆维吾尔自治区县级政府社会治理维度得分省内均值低于全国平均水平，省内差异程度低于全国平均水平（见表52），说明新疆维吾尔自治区县（市）社会治理水平普遍有待提升。

表52 新疆维吾尔自治区和全国县级政府社会治理维度的描述性统计

	实评值个数	均值	标准差	最小值	最大值
新疆维吾尔自治区	72	3.43	1.77	0.00	8.03
全国	1766	4.21	2.26	0.00	13.86

图32展示的是新疆维吾尔自治区县级政府社会治理维度得分位于各类别的数量与占比。维度得分位于A类、B类、C类、D类的县级政府数量分别为3个（占比4%）、22个（占比31%）、28个（占比39%）、19个（占比26%）。新疆维吾尔自治区社会治理维度得分优良的县级政府占比低于40%。

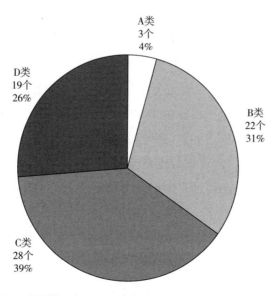

图32 新疆维吾尔自治区县级政府社会治理维度得分位于
各类别的数量与占比统计

从新疆维吾尔自治区县级政府社会治理维度类别分布情况看，维度得分位于 A 类的县（市）数量较少，没有明显聚集。维度得分位于 B 类的县（市）集中分布在西部地区。维度得分位于 C 类、D 类的县（市）在各个地区均有分布，没有明显聚集。新疆维吾尔自治区社会治理维度 A 类县（市）见表53。

表 53　新疆维吾尔自治区社会治理维度 A 类县（市）

地级市	县（市）
昌吉回族自治州	昌吉市
巴音郭楞蒙古自治州	库尔勒市
伊犁哈萨克自治州	伊宁市

（三）区域分析

1.区域间比较分析

（1）区域间类别比较分析

图 33 展示了县级政府社会治理维度类别的区域分布情况。维度得分位于 A 类的县（市）主要分布在华东地区（118，33%）。维度得分位于 B 类的县（市）主要分布在华东地区（101，29%）、华中地区（79，31%）、西南地区（76，23%）。维度得分位于 C 类的县（市）主要分布在华北地区（151，53%）、西南地区（131，39%）、西北地区（130，49%）。维度得分位于 D 类的县（市）主要分布在西北地区（55，21%）、西南地区（53，16%）。总体而言，社会治理优良的县（市）占比较多的地区有华东地区、西南地区。

（2）区域间均值比较分析

如表 54 所示华东地区社会治理相对较好，华南、西南、华中地区次之，其他地区社会治理相对较弱。

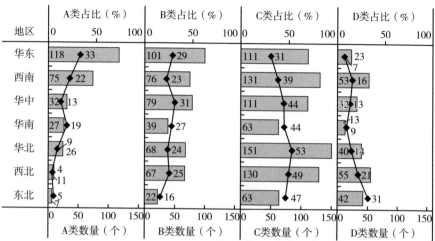

图 33　中国县级政府社会治理维度类别的区域分布

表 54　中国县级政府社会治理维度得分区域内均值

地区	县（市）	地区	县（市）
华东	5.50	华北	3.73
华南	4.57	西北	3.43
西南	4.34	东北	2.97
华中	4.07		

2. 区域内比较分析

（1）东北地区

①总体分析

东北地区县级政府社会治理维度得分区域内均值为 2.97，标准差为 1.74，最小值为 0.09，最大值为 9.69。东北地区县级政府社会治理维度得分区域内均值低于全国平均水平，区域内差异程度低于全国平均水平（见表 55）。东北地区县（市）社会治理水平整体有待提升。

表 55　东北地区和全国县级政府社会治理维度的描述性统计

	实评值个数	均值	标准差	最小值	最大值
东北地区	134	2.97	1.74	0.09	9.69
全国	1766	4.21	2.26	0.00	13.86

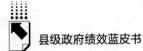

图 34 展示的是东北地区县级政府社会治理维度得分位于各类别的数量与占比。维度得分位于 A 类、B 类、C 类、D 类的县级政府数量分别为 7 个（占比 5%）、22 个（占比 16%）、63 个（占比 47%）、42 个（占比 31%）。东北地区社会治理拔尖的县级政府较少，社会治理优良的县级政府占比约为 20%，约 80% 的县级政府社会治理维度得分处于全国中等偏下水平。

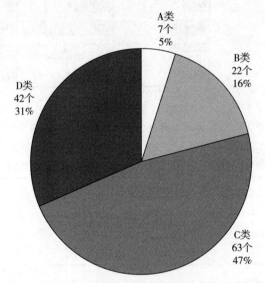

图 34 东北地区县级政府社会治理维度得分位于各类别的数量与占比统计

从东北地区县级政府社会治理维度类别分布情况看，维度得分位于 A 类的县（市）分布在东北地区的东南部，集中在辽宁省和吉林省。维度得分位于 B 类和 C 类的县（市）主要分布在东北地区的北部，主要在黑龙江省。维度得分位于 D 类的县（市）没有明显聚集。东北地区社会治理维度 A 类县（市）见表 56。

表 56 东北地区社会治理维度 A 类县（市）

省份	地级市	县（市）
辽宁省	丹东市	东港市
辽宁省	营口市	大石桥市
辽宁省	朝阳市	凌源市

省份	地级市	县(市)
吉林省	四平市	双辽市
吉林省	延边朝鲜族自治州	延吉市
吉林省	延边朝鲜族自治州	珲春市
吉林省	延边朝鲜族自治州	龙井市

②省份分析

图35展示了东北地区县级政府社会治理维度类别的省份分布情况，维度得分位于A类的县（市）较多的省份是吉林省（4，11%）、辽宁省（3，8%）。维度得分位于B类的县（市）最多的省份是黑龙江省（11，20%）。维度得分位于C类的县（市）最多的省份是黑龙江省（31，55%）。维度得分位于D类的县（市）最多的省份是吉林省（15，39%）。

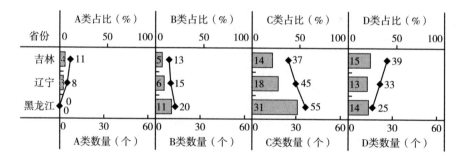

图35 东北地区县级政府社会治理维度类别的省份分布

（2）华北地区

①总体分析

华北地区县级政府社会治理维度得分区域内均值为3.73，标准差为1.80，最小值为0.56，最大值为9.99。华北地区县级政府社会治理维度得分区域内均值低于全国平均水平，区域内差异程度低于全国平均水平（见表57）。华北地区县（市）社会治理水平整体有待提升。

表 57　华北地区和全国县级政府社会治理维度的描述性统计

	实评值个数	均值	标准差	最小值	最大值
华北地区	285	3.73	1.80	0.56	9.99
全国	1766	4.21	2.26	0.00	13.86

图 36 展示的是华北地区县级政府社会治理维度得分位于各类别的数量与占比。维度得分位于 A 类、B 类、C 类、D 类的县级政府数量分别为 26 个（占比 9%）、68 个（占比 24%）、151 个（占比 53%）、40 个（占比 14%）。华北地区社会治理拔尖的县级政府较少，社会治理优良的县级政府占比约为 30%，约 70% 的县级政府社会治理维度得分处于全国中等偏下水平。

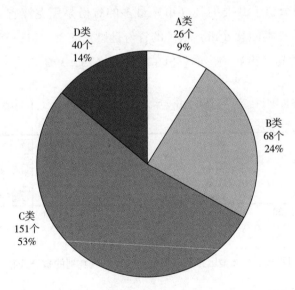

图 36　华北地区县级政府社会治理维度得分位于各类别的数量与占比统计

从华北地区县级政府社会治理维度类别分布情况看，维度得分位于 A 类的县（市）分布在华北地区北部尤其是华北平原的北部。维度得分位于 B 类和 C 类的县（市）没有明显聚集。维度得分位于 D 类的县（市）分布在河北省、山西省、内蒙古自治区的交界处。华北地区社会治理维度 A 类县（市）见表 58。

表 58　华北地区社会治理维度 A 类县（市）

省份	地级市	县（市）
河北省	石家庄市	灵寿县
河北省	石家庄市	平山县
河北省	石家庄市	赵县
河北省	石家庄市	辛集市
河北省	石家庄市	新乐市
河北省	唐山市	迁安市
河北省	邯郸市	鸡泽县
河北省	邢台市	平乡县
河北省	邢台市	威县
河北省	保定市	涞源县
河北省	保定市	望都县
河北省	保定市	涿州市
河北省	保定市	定州市
河北省	沧州市	任丘市
河北省	廊坊市	文安县
山西省	运城市	临猗县
山西省	运城市	河津市
山西省	临汾市	霍州市
山西省	吕梁市	岚县
内蒙古自治区	赤峰市	巴林右旗
内蒙古自治区	赤峰市	翁牛特旗
内蒙古自治区	鄂尔多斯市	准格尔旗
内蒙古自治区	鄂尔多斯市	伊金霍洛旗
内蒙古自治区	呼伦贝尔市	扎兰屯市
内蒙古自治区	兴安盟	扎赉特旗
内蒙古自治区	阿拉善盟	阿拉善左旗

②省份分析

图 37 展示了华北地区县级政府社会治理维度类别的省份分布情况，维度得分位于 A 类的县（市）较多的省份是河北省（15，13%）、内蒙古自治区（7，9%）。维度得分位于 B 类的县（市）最多的省份是河北省（39，33%）。维度得分位于 C 类的县（市）没有明显的聚集。维度得分

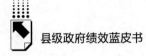

位于 D 类的县（市）最多的省份是山西省（17，19%）、内蒙古自治区
（17，22%）。

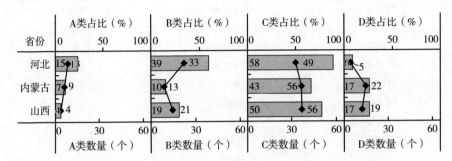

图 37 华北地区县级政府社会治理维度类别的省份分布

（3）华东地区

①总体分析

华东地区县级政府社会治理维度得分区域内均值为 5.50，标准差为
2.67，最小值为 0.82，最大值为 13.86。华东地区县级政府社会治理维度得
分区域内均值高于全国平均水平，区域内差异程度相对较大（见表 59），同
时存在政府社会治理维度绩效全国拔尖和垫底的县级政府。

表 59 华东地区和全国县级政府社会治理维度的描述性统计

	实评值个数	均值	标准差	最小值	最大值
华东地区	353	5.50	2.67	0.82	13.86
全国	1766	4.21	2.26	0.00	13.86

图 38 展示的是华东地区县级政府社会治理维度得分位于各类别的数量
与占比。维度得分位于 A 类、B 类、C 类、D 类的县级政府数量分别为 118
个（占比 33%）、101 个（占比 29%）、111 个（占比 31%）、23 个（占比
7%）。华东地区社会治理拔尖的县级政府较多，社会治理优良的县级政府占
比超过 60%。

从华东地区县级政府社会治理维度类别分布情况看，维度得分位于 A

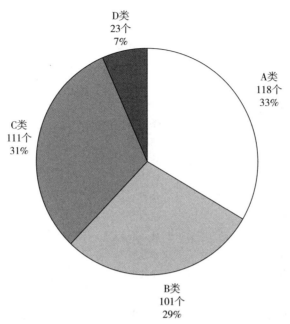

图 38　华东地区县级政府社会治理维度得分位于各类别的数量与占比统计

类、B 类的县（市）以浙江为中心，并在浙江与其余省份的交汇处出现明显聚集，而维度得分位于 C 类和 D 类的县（市）没有明显聚集。华东地区社会治理维度 A 类县（市）见表 60。

表 60　华东地区社会治理维度 A 类县（市）

省份	地级市	县（市）
江苏省	无锡市	江阴市
江苏省	徐州市	沛县
江苏省	徐州市	睢宁县
江苏省	徐州市	邳州市
江苏省	常州市	溧阳市
江苏省	苏州市	常熟市
江苏省	苏州市	张家港市
江苏省	苏州市	昆山市
江苏省	苏州市	太仓市
江苏省	淮安市	盱眙县
江苏省	扬州市	宝应县

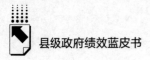

省份	地级市	县（市）
江苏省	镇江市	句容市
江苏省	泰州市	兴化市
江苏省	泰州市	靖江市
江苏省	泰州市	泰兴市
江苏省	宿迁市	沭阳县
江苏省	宿迁市	泗阳县
江苏省	宿迁市	泗洪县
浙江省	杭州市	桐庐县
浙江省	杭州市	淳安县
浙江省	杭州市	建德市
浙江省	宁波市	象山县
浙江省	宁波市	宁海县
浙江省	宁波市	余姚市
浙江省	宁波市	慈溪市
浙江省	温州市	永嘉县
浙江省	温州市	平阳县
浙江省	温州市	苍南县
浙江省	温州市	文成县
浙江省	温州市	泰顺县
浙江省	温州市	瑞安市
浙江省	温州市	乐清市
浙江省	嘉兴市	嘉善县
浙江省	嘉兴市	海盐县
浙江省	嘉兴市	平湖市
浙江省	嘉兴市	桐乡市
浙江省	湖州市	长兴县
浙江省	湖州市	安吉县
浙江省	绍兴市	新昌县
浙江省	绍兴市	诸暨市
浙江省	绍兴市	嵊州市
浙江省	金华市	武义县
浙江省	金华市	浦江县
浙江省	金华市	磐安县
浙江省	金华市	兰溪市

续表

省份	地级市	县(市)
浙江省	金华市	义乌市
浙江省	金华市	东阳市
浙江省	金华市	永康市
浙江省	衢州市	常山县
浙江省	衢州市	开化县
浙江省	衢州市	龙游县
浙江省	衢州市	江山市
浙江省	舟山市	岱山县
浙江省	台州市	三门县
浙江省	台州市	天台县
浙江省	台州市	仙居县
浙江省	台州市	温岭市
浙江省	台州市	临海市
浙江省	台州市	玉环市
浙江省	丽水市	缙云县
浙江省	丽水市	松阳县
浙江省	丽水市	景宁畲族自治县
浙江省	丽水市	龙泉市
安徽省	合肥市	庐江县
安徽省	合肥市	巢湖市
安徽省	芜湖市	南陵县
安徽省	蚌埠市	五河县
安徽省	马鞍山市	含山县
安徽省	淮北市	濉溪县
安徽省	安庆市	桐城市
安徽省	滁州市	定远县
安徽省	滁州市	天长市
安徽省	阜阳市	临泉县
安徽省	阜阳市	太和县
安徽省	宿州市	砀山县
安徽省	宿州市	灵璧县
安徽省	六安市	霍邱县
安徽省	六安市	舒城县
安徽省	亳州市	蒙城县

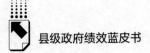

续表

省份	地级市	县（市）
安徽省	宣城市	宁国市
福建省	福州市	闽侯县
福建省	福州市	连江县
福建省	福州市	福清市
福建省	三明市	宁化县
福建省	三明市	建宁县
福建省	泉州市	安溪县
福建省	泉州市	晋江市
福建省	泉州市	南安市
江西省	南昌市	南昌县
江西省	九江市	武宁县
江西省	九江市	湖口县
江西省	鹰潭市	贵溪市
江西省	赣州市	于都县
江西省	吉安市	遂川县
江西省	宜春市	万载县
江西省	抚州市	乐安县
江西省	上饶市	铅山县
江西省	上饶市	余干县
江西省	上饶市	婺源县
山东省	青岛市	胶州市
山东省	青岛市	平度市
山东省	青岛市	莱西市
山东省	枣庄市	滕州市
山东省	东营市	广饶县
山东省	烟台市	招远市
山东省	潍坊市	寿光市
山东省	潍坊市	安丘市
山东省	济宁市	嘉祥县
山东省	济宁市	汶上县
山东省	济宁市	梁山县
山东省	济宁市	曲阜市
山东省	泰安市	东平县
山东省	威海市	荣成市

续表

省份	地级市	县(市)
山东省	德州市	乐陵市
山东省	聊城市	高唐县
山东省	聊城市	临清市
山东省	滨州市	阳信县
山东省	滨州市	无棣县

②省份分析

图39展示了华东地区县级政府社会治理维度类别的省份分布情况,维度得分位于A类的县(市)最多的省份是浙江省(45,87%)。维度得分位于B类的县(市)较多的省份是江西省(28,39%)、山东省(25,32%)。维度得分位于C类、D类的县(市)没有明显的聚集。

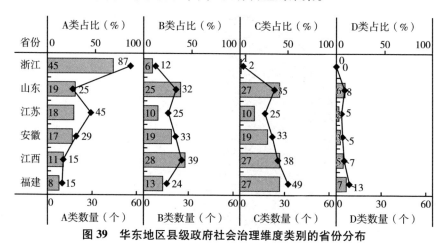

图39 华东地区县级政府社会治理维度类别的省份分布

(4)华南地区

①总体分析

华南地区县级政府社会治理维度得分区域内均值为4.57,标准差为2.23,最小值为0.69,最大值为12.10。华南地区县级政府社会治理维度得分区域内均值高于全国平均水平,区域内差异程度低于全国平均水平(见表61)。华南地区县(市)社会治理在全国处于中等偏上水平。

表 61　华南地区和全国县级政府社会治理维度的描述性统计

	实评值个数	均值	标准差	最小值	最大值
华南地区	142	4.57	2.23	0.69	12.10
全国	1766	4.21	2.26	0.00	13.86

图 40 展示的是华南地区县级政府社会治理维度得分位于各类别的数量与占比。维度得分位于 A 类、B 类、C 类、D 类的县级政府数量分别为 27 个（占比 19%）、39 个（占比 27%）、63 个（占比 44%）、13 个（占比 9%）。华南地区社会治理较好的县级政府较多，社会治理优良的县级政府占比接近 50%。

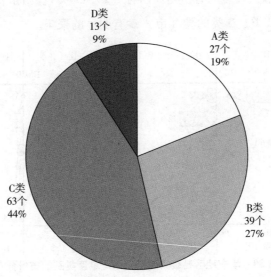

图 40　华南地区县级政府社会治理维度得分位于各类别的数量与占比统计

从华南地区县级政府社会治理维度类别分布情况看，维度得分位于 A 类的县（市）主要集中在广东省，维度得分位于 B 类的县（市）在广东沿海地区、广西中部以及两广交界处出现明显聚集，而维度得分位于 C 类和 D 类的县（市）没有明显聚集。华南地区社会治理维度 A 类县（市）见表 62。

表 62　华南地区社会治理维度 A 类县（市）

省份	地级市	县（市）
广东省	江门市	台山市
广东省	湛江市	徐闻县
广东省	茂名市	高州市
广东省	茂名市	化州市
广东省	茂名市	信宜市
广东省	肇庆市	怀集县
广东省	肇庆市	德庆县
广东省	肇庆市	四会市
广东省	梅州市	丰顺县
广东省	梅州市	五华县
广东省	梅州市	平远县
广东省	梅州市	蕉岭县
广东省	汕尾市	海丰县
广东省	汕尾市	陆丰市
广东省	河源市	紫金县
广东省	河源市	东源县
广东省	阳江市	阳西县
广东省	阳江市	阳春市
广东省	清远市	英德市
广东省	清远市	连州市
广东省	潮州市	饶平县
广东省	揭阳市	揭西县
广东省	揭阳市	普宁市
广东省	云浮市	罗定市
广西壮族自治区	贵港市	桂平市
广西壮族自治区	玉林市	博白县
海南省	省直辖	东方市

②省份分析

图 41 展示了华南地区县级政府社会治理维度类别的省份分布情况，维度得分位于 A 类的县（市）最多的省份是广东省（24，42%）。维度得分位于 B 类的县（市）主要分布在广西壮族自治区（21，30%）、广东省（17，

257

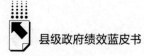

30%)。维度得分位于 C 类的县（市）最多的省份是广西壮族自治区（41,
59%）。维度得分位于 D 类的县（市）没有明显的聚集。

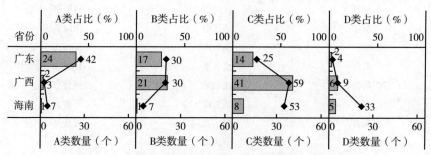

图 41　华南地区县级政府社会治理维度类别的省份分布

(5) 华中地区

①总体分析

华中地区县级政府社会治理维度得分区域内均值为 4.07，标准差为
1.95，最小值为 0.00，最大值为 10.34。华中地区县级政府社会治理维度得
分区域内均值低于全国平均水平，区域内差异程度低于全国平均水平（见
表 63）。华中地区县（市）社会治理在全国处于中等偏上水平。

表 63　华中地区和全国县级政府社会治理维度的描述性统计

	实评值个数	均值	标准差	最小值	最大值
华中地区	254	4.07	1.95	0.00	10.34
全国	1766	4.21	2.26	0.00	13.86

图 42 展示的是华中地区县级政府社会治理维度得分位于各类别的数量
与占比。得分位于 A 类、B 类、C 类、D 类的县级政府数量分别为 32 个
（占比 13%）、79 个（占比 31%）、111 个（占比 44%）、32 个（占比
13%）。华中地区社会治理拔尖的县级政府较少，社会治理优良的县级政府
占比为 44%，大多数县级政府处于全国中等水平。

从华中地区县级政府社会治理维度类别分布情况看，维度得分位于 A 类
的县（市）主要集中在由河南、湖北、湖南形成的中部中轴线地区。而维度

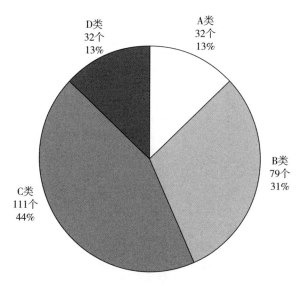

图 42 华中地区县级政府社会治理维度得分位于各类别的数量与占比统计

得分位于 B 类和 C 类的县（市）没有明显聚集，维度得分位于 D 类的县（市）则主要集中在河南、河南与湖北的东北部交界处、湖南与湖北的西北部交界处及湖南省北部地区。华中地区社会治理维度 A 类县（市）见表 64。

表 64 华中地区社会治理维度 A 类县（市）

省份	地级市	县(市)
河南省	郑州市	中牟县
河南省	郑州市	新密市
河南省	平顶山市	叶县
河南省	平顶山市	鲁山县
河南省	平顶山市	汝州市
河南省	新乡市	延津县
河南省	新乡市	封丘县
河南省	新乡市	长垣市
河南省	商丘市	民权县
河南省	信阳市	商城县
河南省	周口市	项城市
湖北省	宜昌市	宜都市

省份	地级市	县(市)
湖北省	襄阳市	枣阳市
湖北省	襄阳市	宜城市
湖北省	荆门市	钟祥市
湖北省	荆州市	公安县
湖北省	咸宁市	赤壁市
湖北省	随州市	随县
湖北省	随州市	广水市
湖南省	长沙市	长沙县
湖南省	长沙市	浏阳市
湖南省	长沙市	宁乡市
湖南省	株洲市	攸县
湖南省	湘潭市	湘潭县
湖南省	衡阳市	祁东县
湖南省	衡阳市	耒阳市
湖南省	邵阳市	隆回县
湖南省	邵阳市	邵东市
湖南省	常德市	澧县
湖南省	益阳市	安化县
湖南省	怀化市	溆浦县
湖南省	娄底市	新化县

②省份分析

图 43 展示了华中地区县级政府社会治理维度类别的省份分布情况，维度得分位于 A 类、B 类的县（市）没有明显聚集。维度得分位于 C 类的县（市）主要分布在河南省（45，43%）、湖南省（40，47%）。维度得分位于 D 类的县（市）最多的省份是河南省（20，19%）。

（6）西北地区

①总体分析

西北地区县级政府社会治理维度得分区域内均值为 3.43，标准差为 1.60，最小值为 0.00，最大值为 9.34。西北地区县级政府社会治理维度得分区域内均值低于全国平均水平，区域内差异程度低于全国平均水平（见表 65）。西北地区县（市）社会治理水平整体有待提升。

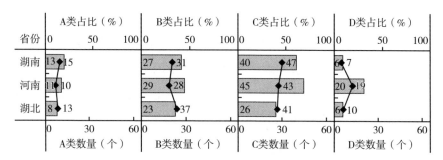

图43 华中地区县级政府社会治理维度类别的省份分布

表65 西北地区和全国县级政府社会治理维度的描述性统计

	实评值个数	均值	标准差	最小值	最大值
西北地区	263	3.43	1.60	0.00	9.34
全国	1766	4.21	2.26	0.00	13.86

图44展示的是西北地区县级政府社会治理维度得分位于各类别的数量与占比。得分位于A类、B类、C类、D类的县级政府数量分别为11个（占

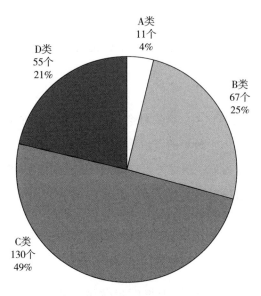

图44 西北地区县级政府社会治理维度得分位于
各类别的数量与占比统计

比 4%）、67 个（占比 25%）、130 个（占比 49%）、55 个（占比 21%）。西北地区社会治理拔尖的县级政府较少，社会治理优良的县级政府占比约为30%，70%的县级政府社会治理维度得分处于全国中等偏下水平。

从西北地区县级政府社会治理维度类别分布情况看，维度得分位于各类别的县（市）没有明显聚集。西北地区社会治理维度 A 类县（市）见表 66。

表 66 西北地区社会治理维度 A 类县（市）

省份	地级市	县(市)
陕西省	渭南市	澄城县
陕西省	商洛市	洛南县
甘肃省	兰州市	皋兰县
甘肃省	天水市	武山县
甘肃省	张掖市	民乐县
甘肃省	平凉市	华亭市
甘肃省	定西市	陇西县
甘肃省	陇南市	成县
新疆维吾尔自治区	昌吉回族自治州	昌吉市
新疆维吾尔自治区	巴音郭楞蒙古自治州	库尔勒市
新疆维吾尔自治区	伊犁哈萨克自治州	伊宁市

②省份分析

图 45 展示了西北地区县级政府社会治理维度类别的省份分布情况，维度得分位于 A 类的县（市）最多的省份是甘肃省（6，9%）。维度得分位于 B 类的县（市）最多的省份是新疆维吾尔自治区（22，31%）。维度得分位于 C 类的县（市）最多的省份是陕西省（49，64%）。维度得分位于 D 类的县（市）最多的省份是青海省（19，59%）和新疆维吾尔自治区（19，26%）。

（7）西南地区

①总体分析

西南地区县级政府社会治理维度得分区域内均值为 4.34，标准差为2.31，最小值为 0.05，最大值为 11.64。西南地区县级政府社会治理维度得

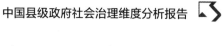

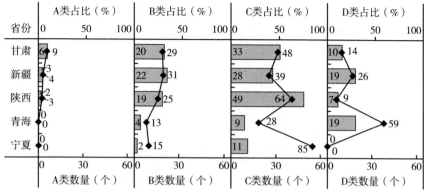

图45 西北地区县级政府社会治理维度类别的省份分布

分区域内均值高于全国平均水平，区域内差异程度高于全国平均水平（见表67）。西南地区县（市）社会治理在全国处于中等偏上水平。

表67 西南地区和全国县级政府社会治理维度的描述性统计

	实评值个数	均值	标准差	最小值	最大值
西南地区	335	4.34	2.31	0.05	11.64
全国	1766	4.21	2.26	0.00	13.86

图46展示的是西南地区县级政府社会治理维度得分位于各类别的数量与占比。维度得分位于A类、B类、C类、D类的县级政府数量分别为75个（占比22%）、76个（占比23%）、131个（占比39%）、53个（占比16%）。西南地区社会治理拔尖的县级政府较少，社会治理优良的县级政府占比为45%，55%的县级政府社会治理处于全国中下水平。

从西南地区县级政府社会治理维度类别分布情况看，维度得分位于A类、B类的县（市）主要分布在云贵川交界地区，而维度得分位于C类、D类的县（市）没有明显聚集。西南地区社会治理维度A类县（市）见表68。

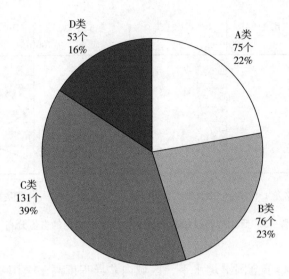

图 46　西南地区县级政府社会治理维度得分位于各类别的数量与占比统计

表 68　西南地区社会治理维度 A 类县（市）

省份	地级市	县（市）
四川省	泸州市	泸县
四川省	德阳市	中江县
四川省	遂宁市	大英县
四川省	内江市	威远县
四川省	南充市	南部县
四川省	广安市	武胜县
四川省	广安市	邻水县
四川省	达州市	宣汉县
四川省	达州市	大竹县
四川省	阿坝藏族羌族自治州	汶川县
四川省	阿坝藏族羌族自治州	茂县
四川省	阿坝藏族羌族自治州	松潘县
四川省	阿坝藏族羌族自治州	小金县
四川省	甘孜藏族自治州	理塘县
四川省	凉山彝族自治州	木里藏族自治县
四川省	凉山彝族自治州	盐源县
四川省	凉山彝族自治州	德昌县
四川省	凉山彝族自治州	会东县

续表

省份	地级市	县(市)
四川省	凉山彝族自治州	金阳县
四川省	凉山彝族自治州	喜德县
四川省	凉山彝族自治州	雷波县
贵州省	贵阳市	开阳县
贵州省	贵阳市	息烽县
贵州省	贵阳市	修文县
贵州省	贵阳市	清镇市
贵州省	六盘水市	盘州市
贵州省	遵义市	桐梓县
贵州省	遵义市	绥阳县
贵州省	遵义市	赤水市
贵州省	遵义市	仁怀市
贵州省	安顺市	普定县
贵州省	毕节市	大方县
贵州省	毕节市	黔西县
贵州省	铜仁市	思南县
贵州省	铜仁市	沿河土家族自治县
贵州省	铜仁市	松桃苗族自治县
贵州省	黔西南布依族苗族自治州	兴义市
贵州省	黔西南布依族苗族自治州	兴仁市
贵州省	黔西南布依族苗族自治州	普安县
贵州省	黔东南苗族侗族自治州	凯里市
贵州省	黔东南苗族侗族自治州	施秉县
贵州省	黔东南苗族侗族自治州	台江县
贵州省	黔东南苗族侗族自治州	黎平县
贵州省	黔东南苗族侗族自治州	丹寨县
贵州省	黔南布依族苗族自治州	福泉市
贵州省	黔南布依族苗族自治州	荔波县
贵州省	黔南布依族苗族自治州	瓮安县
贵州省	黔南布依族苗族自治州	惠水县
云南省	昆明市	富民县
云南省	曲靖市	陆良县
云南省	昭通市	鲁甸县
云南省	昭通市	盐津县

续表

省份	地级市	县(市)
云南省	昭通市	镇雄县
云南省	昭通市	水富市
云南省	丽江市	华坪县
云南省	普洱市	宁洱哈尼族彝族自治县
云南省	普洱市	景东彝族自治县
云南省	楚雄彝族自治州	南华县
云南省	楚雄彝族自治州	元谋县
云南省	楚雄彝族自治州	武定县
云南省	楚雄彝族自治州	禄丰县
云南省	红河哈尼族彝族自治州	个旧市
云南省	文山壮族苗族自治州	砚山县
云南省	文山壮族苗族自治州	麻栗坡县
云南省	文山壮族苗族自治州	丘北县
云南省	文山壮族苗族自治州	广南县
云南省	西双版纳傣族自治州	景洪市
云南省	西双版纳傣族自治州	勐海县
云南省	西双版纳傣族自治州	勐腊县
云南省	大理白族自治州	大理市
云南省	大理白族自治州	漾濞彝族自治县
云南省	大理白族自治州	祥云县
云南省	大理白族自治州	弥渡县
云南省	大理白族自治州	南涧彝族自治县
西藏自治区	拉萨市	当雄县

②省份分析

图 47 展示了西南地区县级政府社会治理维度类别的省份分布情况，维度得分位于 A 类的县（市）主要分布在贵州省（27，38%）、云南省（26，23%）、四川省（21，17%）。维度得分位于 B 类的县（市）主要分布在四川省（29，23%）和贵州省（26，37%）。维度得分位于 C 类的县（市）主要分布在四川省（57，45%）和云南省（45，40%）。维度得分位于 D 类的县（市）主要分布在云南省（24，21%）和四川省（20，16%）。

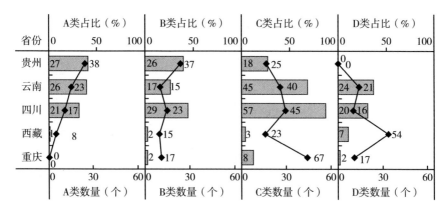

图 47 西南地区县级政府社会治理维度类别的省份分布

（四）年度对比分析

1.社会治理维度得分总体均值年度对比分析

表 69 是 2018~2019 年中国县级政府社会治理维度对比情况。2019 年全国县级政府社会治理维度总体均值、最大值均低于 2018 年，下降幅度分别为 10.43%、5.65%。整体来看，2019 年全国县级政府的社会治理维度得分显著降低。

表 69 2018~2019 年中国县级政府社会治理维度对比

单位：个

年份	均值	最大值	最小值	A 类	B 类	C 类	D 类
2018	4.70	14.69	0.00	268	445	765	219
2019	4.21	13.86	0.00	296	452	760	258

2.社会治理维度得分省内均值年度对比分析

表 70 是 2019 年中国县级政府社会治理维度得分省内均值同比变化情况。2019 年县级政府社会治理维度得分省内均值增加的省份有 8 个，占比 28.57%。其中，湖北省涨幅最大，达到 39.32%。贵州省和甘肃省的涨幅次之，分别为 31.95%和 18.44%。

表70　2018~2019 年中国县级政府社会治理维度得分省内均值比较

单位：%

省份	2019 年	2018 年	均值变化	变化幅度
浙　江	9.16	10.00	−0.84	−8.40
江　苏	6.12	7.30	−1.18	−16.16
广　东	5.95	5.07	0.88	17.36
贵　州	5.74	4.35	1.39	31.95
安　徽	5.07	6.02	−0.95	−15.78
山　东	4.88	4.88	0	0.00
江　西	4.53	6.01	−1.48	−24.63
湖　南	4.33	3.71	0.62	16.71
河　北	4.31	3.70	0.61	16.49
福　建	4.14	5.13	−0.99	−19.30
湖　北	4.11	2.95	1.16	39.32
四　川	4.02	4.89	−0.87	−17.79
河　南	3.83	3.48	0.35	10.06
甘　肃	3.79	3.20	0.59	18.44
广　西	3.76	4.97	−1.21	−24.35
陕　西	3.69	5.82	−2.13	−36.60
云　南	3.61	4.40	−0.79	−17.95
重　庆	3.44	6.49	−3.05	−47.00
新　疆	3.43	4.39	−0.96	−21.87
山　西	3.34	3.20	0.14	4.37
内蒙古	3.33	5.15	−1.82	−35.34
海　南	3.10	5.83	−2.73	−46.83
吉　林	3.03	4.49	−1.46	−32.52
辽　宁	2.99	3.34	−0.35	−10.48
宁　夏	2.93	4.27	−1.34	−31.38
黑龙江	2.91	4.85	−1.94	−40.00
西　藏	2.64	—	—	—
青　海	2.21	—	—	—

3. 社会治理维度得分区域内均值年度对比分析

表71 是 2019 年中国县级政府社会治理维度得分区域内均值同比变化情况。2019 年县级政府社会治理维度得分区域内均值增加的区域仅有华中地区，涨幅为 19.01%。

表71　2018~2019年中国县级政府社会治理维度得分区域内均值比较

单位：%

地区	2019年	2018年	均值变化	变化幅度
华东	5.50	6.35	-0.85	-13.39
华南	4.57	5.09	-0.52	-10.22
西南	4.34	4.58	-0.24	-5.24
华中	4.07	3.42	0.65	19.01
华北	3.73	3.98	-0.25	-6.28
西北	3.43	4.48	-1.05	-23.44
东北	2.97	4.26	-1.29	-30.20

二　研究发现与对策建议

针对中国县级政府社会治理维度的评价结果，本报告有如下研究发现，并基于研究发现就提升社会治理能力提出对策建议。

（一）研究发现

1. 全国县级政府社会治理维度得分近似符合正态分布

大多数县级政府的社会治理处于中等水平，社会治理拔尖和社会治理靠后的县级政府相对较少；县级政府社会治理情况比较相似。另外，社会治理优良的县级政府相对较少，全国县级政府社会治理提升空间较大。

2. 县级政府社会治理呈现区域性聚集的现象

社会治理拔尖的县（市）主要集中在"江苏—云南"连线的两侧，社会治理靠后的地区主要集中在自东北地区起，包含内蒙古、新疆、西藏、云南、海南等沿线的边疆新月地区，边境地区的社会治理问题具有一定的特殊性，复杂程度较高，因此治理难度相对较大。此外，社会治理受到经济、文化、社会等方面的影响，发达地区存在一定优势。

3. 县级政府社会治理水平较上一年度出现普遍下降趋势

全国约70%的省份社会治理维度得分省内均值较上一年度有所下降，

尤其是东北地区下降幅度较大，超过 30%。

4. 华中地区县级政府社会治理水平较上一年度显著提升

华中地区三省社会治理维度得分省内均值较上年变化幅度均超过 10%，与整体趋势相反，华中地区成为七个地区中唯一一个正向增长的地区。

5. 浙江省县级政府社会治理持续保持领先地位

浙江省的县级政府社会治理维度得分省内均值持续保持领先地位，在县级政府社会治理前 10 名中，浙江省占据 5 席，远超全国其余省份，且浙江省泰顺县社会治理领跑全国；浙江省接近 90% 的县级政府社会治理维度得分处于 A 类，接近 100% 的县级政府社会治理维度得分处于 B 类及以上。浙江省县级政府社会治理水平与长期以来"万人评议政府"实践、以新时代"枫桥经验"为代表的浙江社会治理创新、数字赋能社区治理改革等树立起来的现代化社会治理体系形象相一致。

（二）对策建议

1. 积极鼓励公众参与，有效推进平台建设

县级政府利用人民网、抖音、微博、微信等新媒体平台，搭建类型更多样、运行更有效、覆盖更广泛的公众参与平台，让各类社会群体有更多的渠道参与社会治理；充分评估各类参与平台的有效性，进一步优化参与平台服务体验；积极探索利用各类平台，及时发布权威政务信息，加强与公众的互动交流。

2. 拓宽公众评价渠道，引导公众有效参与社会治理

县政府应该积极拓宽公众评价渠道，保障公众有更多途径参与政府各类公共事务的评价；注重评价结果的利用，将其作为科学决策和改善治理的重要依据；进一步培育公众的评价意识，引导公众通过评价公共事务有序参与社会治理。

3. 厘清政社边界，积极引导社会组织发展

县级政府要厘清政社边界，积极引导社会组织发展，加强顶层设计，使其依法承接政府职能转移；完善社会组织发展的扶持政策、加强社会组织培训、依法降低社会组织准入门槛，使社会组织既成立得起来，也发展得下去。

B.4
中国县级政府政府能力维度分析报告

兰州大学中国政府绩效管理研究中心"县级政府绩效指数"课题组[*]

摘　要： 县级政府治理能力是国家治理能力的基础，在我国全面建成小康社会、加快推进社会主义现代化强国建设的新发展阶段，提升县级政府治理能力对建设高效能政府和提升政府公共服务水平具有重要意义。本报告对 2019 年全国县级政府的政府能力进行了第三方评价，旨在通过评价持续推动县级政府治理能力提升。本报告分为总体分析、省份分析、区域分析和年度对比分析四个部分。总体分析发现，全国县级政府的政府能力维度得分近似符合正态分布，呈现区域性聚集的特征，其中安徽省宿松县、安徽省宁国市、广西壮族自治区藤县位列前三。省份分析发现，安徽省县级政府的政府能力整体拔尖，在全国具有先进性和典型性。区域分析发现，华东地区政府能力最强，区域之间存在 V 形鸿沟，出现了"南强北弱"的区域分布格局。年度对比分析发现，2019 年全国县级政府政府能力维度得分总体均值、最大值和最小值均低于 2018 年，呈现一定的退步趋势。最后，本报告针对如何提升县（市）政府能力提出加强政府系统党的建设、深化数字赋能服务改革等对策建议。

关键词： 县级政府　政府绩效评价　政府能力

---

[*] 执笔人：彭虹九、李首维、彭付英。彭虹九，兰州大学管理学院硕士研究生，研究方向为政府绩效管理；李首维，兰州大学管理学院硕士研究生，研究方向为政府绩效管理；彭付英，兰州大学管理学院硕士研究生，研究方向为政府绩效管理。

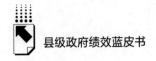

一 中国县级政府政府能力维度分析报告

（一）总体分析

1. 中国县级政府政府能力维度类别划分标准

中国县级政府政府能力维度得分总体均值为 16.98，标准差为 2.48，最小值为 9.16，最大值为 24.53。采用均值加减一个标准差形成的 3 个节点，将中国县级政府政府能力维度得分划分为 A 类、B 类、C 类、D 类 4 个类别。A 类代表政府能力最优，即政府能力维度得分≥19.46；B 类代表政府能力良好，即 16.98≤政府能力维度得分<19.46；C 类代表政府能力一般，即 14.50≤政府能力维度得分<16.98；D 类代表政府能力欠佳，即政府能力维度得分<14.50。图 1 直观展示了类别的划分标准。

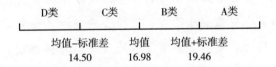

图 1 中国县级政府政府能力类别划分标准

2. 中国县级政府政府能力频率分布与类别分布

图 2 是县级政府政府能力维度得分的频率分布直方图。政府能力维度得分位于 A 类、B 类、C 类、D 类的县级政府数量分别为 285 个（占比 16%）、628 个（占比 36%）、573 个（占比 32%）、280 个（占比 16%），与县级政府绩效指数分布高度相似。政府能力维度得分位于 A 类和 D 类的县级政府数量较少，政府能力维度得分位于 B 类和 C 类的县级政府数量较多，呈现"两头小，中间大"的格局，且得分位于 A 类与 D 类的县级政府数量基本持平，政府能力维度得分位于 B 类的县级政府数量多于政府能力维度得分位于 C 类的县级政府。政府能力维度得分分布近似服从正态分布，说明县级政府政府能力维度指标体系、计算过程及评价结果科学、合理，能够突出先进和甄别落后。

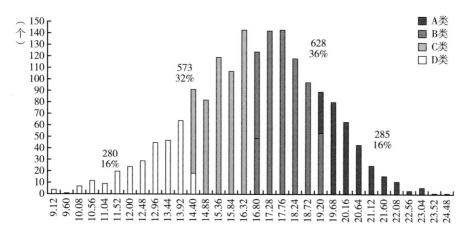

图2 中国县级政府政府能力频率分布直方图

说明：x轴为县级政府发展成效维度得分，y轴为县级政府数量。

从中国县级政府政府能力类别分布情况看，政府能力维度得分位于A类的县（市）集中在华东、西南地区。政府能力维度得分位于B类和C类的县（市）错落分布，没有明显的区域性聚集。政府能力维度得分位于D类的县（市）主要分布在西北地区和华中地区。

3. 中国县级政府政府能力A类县（市）

政府能力维度得分位于A类的县级政府是县级政府政府能力的标杆，表明其在财政能力、法治能力、回应能力、廉政能力、数字能力等方面取得较为优异的成绩。政府能力A类县（市）见表1。

表1 政府能力A类县（市）

地区	省份	地级市	县（市）
华北	河北省	石家庄市	赞皇县
华北	河北省	石家庄市	无极县
华北	河北省	石家庄市	辛集市
华北	河北省	石家庄市	新乐市
华北	河北省	唐山市	迁西县
华北	河北省	唐山市	滦州市
华北	河北省	邯郸市	鸡泽县

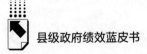

续表

地区	省份	地级市	县（市）
华北	河北省	邢台市	内丘县
华北	河北省	保定市	阜平县
华北	河北省	张家口市	怀安县
华北	河北省	承德市	平泉市
华北	河北省	沧州市	孟村回族自治县
华北	山西省	大同市	阳高县
华北	山西省	晋城市	高平市
华北	山西省	朔州市	怀仁市
华北	山西省	晋中市	左权县
华北	山西省	运城市	新绛县
华北	山西省	临汾市	古县
华北	内蒙古自治区	赤峰市	巴林右旗
华北	内蒙古自治区	赤峰市	林西县
华北	内蒙古自治区	通辽市	开鲁县
华北	内蒙古自治区	鄂尔多斯市	鄂托克旗
华北	内蒙古自治区	鄂尔多斯市	乌审旗
华北	内蒙古自治区	呼伦贝尔市	鄂伦春自治旗
华北	内蒙古自治区	呼伦贝尔市	鄂温克族自治旗
华北	内蒙古自治区	呼伦贝尔市	陈巴尔虎旗
华北	内蒙古自治区	呼伦贝尔市	新巴尔虎左旗
华北	内蒙古自治区	呼伦贝尔市	新巴尔虎右旗
华北	内蒙古自治区	呼伦贝尔市	额尔古纳市
华北	内蒙古自治区	巴彦淖尔市	乌拉特后旗
华北	内蒙古自治区	巴彦淖尔市	杭锦后旗
华北	内蒙古自治区	兴安盟	阿尔山市
华北	内蒙古自治区	锡林郭勒盟	苏尼特右旗
华北	内蒙古自治区	锡林郭勒盟	镶黄旗
华北	内蒙古自治区	锡林郭勒盟	多伦县
东北	辽宁省	大连市	长海县
东北	辽宁省	锦州市	北镇市
东北	辽宁省	盘锦市	盘山县
东北	辽宁省	朝阳市	北票市
东北	黑龙江省	齐齐哈尔市	克东县
东北	黑龙江省	牡丹江市	绥芬河市

续表

地区	省份	地级市	县(市)
东北	黑龙江省	黑河市	嫩江市
华东	江苏省	常州市	溧阳市
华东	江苏省	苏州市	常熟市
华东	江苏省	苏州市	张家港市
华东	江苏省	苏州市	太仓市
华东	江苏省	淮安市	金湖县
华东	江苏省	盐城市	射阳县
华东	江苏省	盐城市	建湖县
华东	江苏省	扬州市	仪征市
华东	江苏省	扬州市	高邮市
华东	江苏省	镇江市	扬中市
华东	江苏省	镇江市	句容市
华东	江苏省	宿迁市	泗洪县
华东	浙江省	嘉兴市	嘉善县
华东	浙江省	嘉兴市	平湖市
华东	浙江省	嘉兴市	桐乡市
华东	浙江省	衢州市	开化县
华东	浙江省	丽水市	青田县
华东	浙江省	丽水市	遂昌县
华东	浙江省	丽水市	庆元县
华东	安徽省	合肥市	长丰县
华东	安徽省	合肥市	巢湖市
华东	安徽省	蚌埠市	固镇县
华东	安徽省	淮南市	寿县
华东	安徽省	马鞍山市	当涂县
华东	安徽省	马鞍山市	含山县
华东	安徽省	马鞍山市	和县
华东	安徽省	铜陵市	枞阳县
华东	安徽省	安庆市	太湖县
华东	安徽省	安庆市	宿松县
华东	安徽省	安庆市	岳西县
华东	安徽省	安庆市	桐城市
华东	安徽省	安庆市	潜山市
华东	安徽省	黄山市	黟县

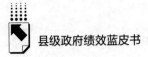

地区	省份	地级市	县（市）
华东	安徽省	黄山市	祁门县
华东	安徽省	滁州市	全椒县
华东	安徽省	滁州市	定远县
华东	安徽省	滁州市	天长市
华东	安徽省	阜阳市	太和县
华东	安徽省	阜阳市	阜南县
华东	安徽省	阜阳市	界首市
华东	安徽省	六安市	霍邱县
华东	安徽省	六安市	舒城县
华东	安徽省	六安市	金寨县
华东	安徽省	亳州市	蒙城县
华东	安徽省	池州市	石台县
华东	安徽省	宣城市	宁国市
华东	福建省	福州市	闽侯县
华东	福建省	福州市	罗源县
华东	福建省	福州市	闽清县
华东	福建省	福州市	永泰县
华东	福建省	福州市	福清市
华东	福建省	莆田市	仙游县
华东	福建省	三明市	清流县
华东	福建省	三明市	宁化县
华东	福建省	三明市	将乐县
华东	福建省	泉州市	安溪县
华东	福建省	漳州市	南靖县
华东	福建省	南平市	顺昌县
华东	福建省	南平市	政和县
华东	福建省	南平市	邵武市
华东	福建省	宁德市	寿宁县
华东	福建省	宁德市	福安市
华东	江西省	南昌市	安义县
华东	江西省	萍乡市	上栗县
华东	江西省	九江市	德安县
华东	江西省	九江市	湖口县
华东	江西省	赣州市	安远县

续表

地区	省份	地级市	县（市）
华东	江西省	赣州市	寻乌县
华东	江西省	赣州市	石城县
华东	江西省	吉安市	新干县
华东	江西省	吉安市	永丰县
华东	江西省	吉安市	万安县
华东	江西省	吉安市	安福县
华东	江西省	宜春市	万载县
华东	江西省	宜春市	上高县
华东	江西省	宜春市	靖安县
华东	江西省	宜春市	丰城市
华东	江西省	宜春市	樟树市
华东	江西省	宜春市	高安市
华东	江西省	抚州市	金溪县
华东	江西省	抚州市	资溪县
华东	江西省	上饶市	弋阳县
华东	江西省	上饶市	万年县
华东	山东省	东营市	利津县
华东	山东省	潍坊市	诸城市
华东	山东省	潍坊市	安丘市
华东	山东省	潍坊市	昌邑市
华东	山东省	济宁市	鱼台县
华东	山东省	临沂市	费县
华东	山东省	临沂市	蒙阴县
华东	山东省	德州市	平原县
华东	山东省	德州市	夏津县
华东	山东省	德州市	禹城市
华中	河南省	洛阳市	栾川县
华中	河南省	洛阳市	汝阳县
华中	河南省	洛阳市	洛宁县
华中	河南省	平顶山市	舞钢市
华中	河南省	新乡市	长垣市
华中	河南省	濮阳市	台前县
华中	河南省	许昌市	鄢陵县
华中	河南省	漯河市	临颍县

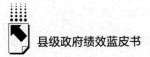

续表

地区	省份	地级市	县（市）
华中	河南省	南阳市	内乡县
华中	河南省	商丘市	民权县
华中	河南省	商丘市	睢县
华中	河南省	信阳市	淮滨县
华中	河南省	省直辖	济源市
华中	湖北省	宜昌市	远安县
华中	湖北省	宜昌市	长阳土家族自治县
华中	湖北省	宜昌市	五峰土家族自治县
华中	湖北省	宜昌市	宜都市
华中	湖北省	宜昌市	当阳市
华中	湖北省	宜昌市	枝江市
华中	湖北省	襄阳市	保康县
华中	湖北省	襄阳市	老河口市
华中	湖北省	襄阳市	枣阳市
华中	湖北省	孝感市	大悟县
华中	湖北省	孝感市	应城市
华中	湖北省	孝感市	安陆市
华中	湖北省	荆州市	江陵县
华中	湖北省	荆州市	洪湖市
华中	湖北省	咸宁市	嘉鱼县
华中	湖北省	随州市	随县
华中	湖北省	随州市	广水市
华中	湖北省	省直辖	潜江市
华中	湖北省	省直辖	天门市
华中	湖北省	省直辖	神农架林区
华中	湖南省	株洲市	茶陵县
华中	湖南省	株洲市	炎陵县
华中	湖南省	衡阳市	衡东县
华中	湖南省	常德市	桃源县
华中	湖南省	郴州市	嘉禾县
华中	湖南省	郴州市	汝城县
华中	湖南省	郴州市	桂东县
华中	湖南省	永州市	道县
华中	湖南省	怀化市	麻阳苗族自治县

地区	省份	地级市	县(市)
华中	湖南省	怀化市	新晃侗族自治县
华中	湖南省	怀化市	靖州苗族侗族自治县
华中	湖南省	湘西土家族苗族自治州	永顺县
华南	广东省	韶关市	新丰县
华南	广东省	江门市	台山市
华南	广东省	江门市	恩平市
华南	广东省	肇庆市	封开县
华南	广东省	惠州市	惠东县
华南	广东省	梅州市	蕉岭县
华南	广东省	清远市	连南瑶族自治县
华南	广西壮族自治区	梧州市	苍梧县
华南	广西壮族自治区	梧州市	藤县
华南	广西壮族自治区	梧州市	岑溪市
华南	广西壮族自治区	钦州市	浦北县
华南	广西壮族自治区	玉林市	兴业县
华南	广西壮族自治区	玉林市	北流市
华南	广西壮族自治区	贺州市	富川瑶族自治县
华南	广西壮族自治区	河池市	巴马瑶族自治县
华南	广西壮族自治区	河池市	都安瑶族自治县
华南	广西壮族自治区	崇左市	天等县
西南	重庆市	市直辖	石柱土家族自治县
西南	四川省	成都市	大邑县
西南	四川省	自贡市	荣县
西南	四川省	攀枝花市	盐边县
西南	四川省	泸州市	泸县
西南	四川省	泸州市	合江县
西南	四川省	泸州市	叙永县
西南	四川省	德阳市	广汉市
西南	四川省	德阳市	什邡市
西南	四川省	绵阳市	盐亭县
西南	四川省	绵阳市	北川羌族自治县
西南	四川省	绵阳市	江油市
西南	四川省	遂宁市	射洪市
西南	四川省	内江市	威远县

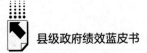

续表

地区	省份	地级市	县（市）
西南	四川省	内江市	隆昌市
西南	四川省	乐山市	犍为县
西南	四川省	乐山市	井研县
西南	四川省	乐山市	峨眉山市
西南	四川省	南充市	西充县
西南	四川省	眉山市	青神县
西南	四川省	宜宾市	江安县
西南	四川省	宜宾市	长宁县
西南	四川省	宜宾市	珙县
西南	四川省	宜宾市	屏山县
西南	四川省	广安市	岳池县
西南	四川省	达州市	宣汉县
西南	四川省	达州市	开江县
西南	四川省	达州市	大竹县
西南	四川省	达州市	渠县
西南	四川省	达州市	万源市
西南	四川省	雅安市	汉源县
西南	四川省	雅安市	石棉县
西南	四川省	雅安市	天全县
西南	四川省	雅安市	芦山县
西南	四川省	资阳市	安岳县
西南	四川省	阿坝藏族羌族自治州	马尔康市
西南	四川省	阿坝藏族羌族自治州	汶川县
西南	四川省	阿坝藏族羌族自治州	理县
西南	四川省	阿坝藏族羌族自治州	黑水县
西南	四川省	阿坝藏族羌族自治州	阿坝县
西南	四川省	阿坝藏族羌族自治州	若尔盖县
西南	四川省	甘孜藏族自治州	石渠县
西南	四川省	甘孜藏族自治州	巴塘县
西南	四川省	甘孜藏族自治州	乡城县
西南	四川省	凉山彝族自治州	金阳县
西南	四川省	凉山彝族自治州	美姑县
西南	贵州省	贵阳市	息烽县
西南	贵州省	贵阳市	修文县

地区	省份	地级市	县（市）
西南	贵州省	遵义市	绥阳县
西南	贵州省	遵义市	道真仡佬族苗族自治县
西南	贵州省	遵义市	赤水市
西南	贵州省	毕节市	纳雍县
西南	贵州省	毕节市	赫章县
西南	贵州省	铜仁市	江口县
西南	贵州省	黔东南苗族侗族自治州	施秉县
西南	贵州省	黔东南苗族侗族自治州	镇远县
西南	贵州省	黔东南苗族侗族自治州	岑巩县
西南	贵州省	黔东南苗族侗族自治州	剑河县
西南	贵州省	黔东南苗族侗族自治州	丹寨县
西南	贵州省	黔南布依族苗族自治州	福泉市
西南	云南省	昆明市	禄劝彝族苗族自治县
西南	云南省	昆明市	寻甸回族彝族自治县
西南	云南省	昆明市	安宁市
西南	云南省	曲靖市	师宗县
西南	云南省	玉溪市	澄江市
西南	云南省	昭通市	绥江县
西南	云南省	普洱市	宁洱哈尼族彝族自治县
西南	云南省	楚雄彝族自治州	南华县
西南	云南省	楚雄彝族自治州	大姚县
西南	云南省	红河哈尼族彝族自治州	金平苗族瑶族傣族自治县
西南	云南省	文山壮族苗族自治州	西畴县
西南	云南省	文山壮族苗族自治州	富宁县
西南	云南省	大理白族自治州	巍山彝族回族自治县
西南	云南省	大理白族自治州	云龙县
西南	云南省	大理白族自治州	鹤庆县
西南	西藏自治区	昌都市	洛隆县
西北	陕西省	铜川市	宜君县
西北	陕西省	宝鸡市	凤翔县
西北	陕西省	宝鸡市	凤县
西北	陕西省	渭南市	合阳县
西北	陕西省	汉中市	宁强县
西北	陕西省	汉中市	佛坪县

续表

地区	省份	地级市	县（市）
西北	陕西省	安康市	紫阳县
西北	陕西省	安康市	平利县
西北	甘肃省	平凉市	崇信县
西北	甘肃省	庆阳市	庆城县
西北	甘肃省	庆阳市	镇原县
西北	新疆维吾尔自治区	巴音郭楞蒙古自治州	和静县

（二）省份分析

1. 省份间比较分析

（1）省份间类别比较分析

图 3 展示了县级政府政府能力维度类别的省份分布情况，维度得分位于 A 类的县（市）主要分布在四川（45, 35%）、安徽（27, 47%）、江西（21, 30%）等省份。维度得分位于 B 类的县（市）主要分布在四川（54, 43%）、云南（53, 47%）、河北（46, 39%）、内蒙古（38, 49%）等省份。维度得分位于 C 类的县（市）主要分布在河北（46, 39%）、河南（43, 41%）、山西（40, 44%）等省份。维度得分位于 D 类的县（市）主要分布在湖南（31, 36%）、新疆（28, 39%）、甘肃（26, 38%）、陕西（18, 23%）等省份。

（2）省份间均值比较分析

各省份政府能力维度得分的总体均值为 16.82，标准差为 1.14，最小值为 14.90，最大值为 19.15。采用总体均值加减一个标准差形成的 3 个节点，将中国县级政府政府能力维度得分省内均值划分为一等、二等、三等、四等 4 个类别。一等代表政府能力为优，即政府能力维度得分省内均值≥17.96；二等代表政府能力良好，即 16.82≤政府能力维度得分省内均值<17.96；三等代表政府能力一般，即 15.68≤政府能力维度得分省内均值<16.82；四等代表政府能力欠佳，即政府能力维度得分省内均值<15.68。图 4 直观展示了类别的划分标准。

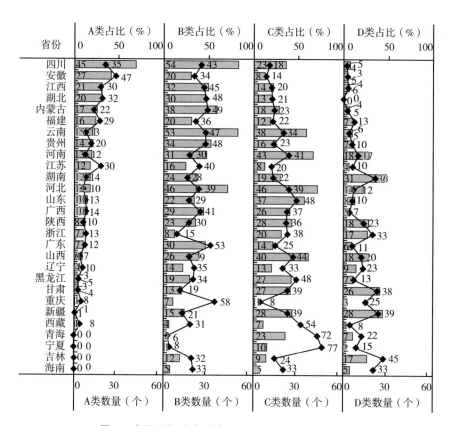

图3 中国县级政府政府能力维度类别的省份分布

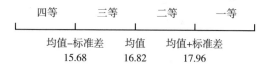

| 四等 | 三等 | 二等 | 一等 |

| 均值-标准差 | 均值 | 均值+标准差 |
| 15.68 | 16.82 | 17.96 |

图4 中国县级政府政府能力维度得分省内均值类别划分标准

从各省份县级政府政府能力维度得分省内均值类别分布情况看，安徽、四川、湖北、江西、江苏、内蒙古6个省份政府能力维度得分省内均值位于一等，占比21%；贵州、福建、广东、广西等8个省份政府能力维度得分省内均值位于二等，占比29%；重庆、河南、黑龙江、陕西等9个省份政府能力维度得分省内均值位于三等，占比32%；青海、甘肃、海南、吉林、新疆5个省份政府能力维度得分省内均值位于四等，占比18%。整体来看，全国各省份的县级政府政府能力维度得分省内均值呈现"南强北弱，东强西弱"的空间布局：中东部、南部和西南部省份表现较好，西北部和东北地区省份表现相对较差。

2. 省份内比较分析

（1）河北省

河北省县级政府政府能力维度得分省内均值为 16.88，标准差为 1.93，最小值为 11.43，最大值为 22.28。河北省县级政府政府能力维度得分省内均值低于全国平均水平，省内差异程度低于全国平均水平（见表 2），说明河北省县（市）政府能力普遍有待提升。

表 2　河北省和全国县级政府政府能力维度的描述性统计

	实评值个数	均值	标准差	最小值	最大值
河北省	118	16.88	1.93	11.43	22.28
全国	1766	16.98	2.48	9.16	24.53

图 5 展示的是河北省县级政府政府能力维度得分位于各类别的数量与占比。得分位于 A 类、B 类、C 类、D 类的县级政府数量分别为 12 个（占比

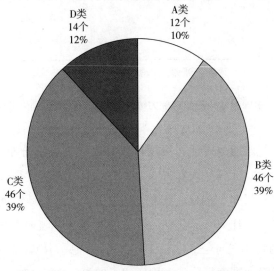

图 5　河北省县级政府政府能力维度得分位于各类别的数量与占比统计

10%）、46 个（占比 39%）、46 个（占比 39%）、14 个（占比 12%）。河北省政府能力维度得分处于优良水平的县级政府占比不到 50%。

从河北省县级政府政府能力维度类别分布情况来看：维度得分位于 A 类和 B 类的县（市）主要分布在中南部和东北部地区；维度得分位于 C 类和 D 类的县（市）分布相对均匀，没有出现明显的聚集。河北省政府能力维度 A 类县（市）见表 3。

表 3　河北省政府能力维度 A 类县（市）

地级市	县（市）	地级市	县（市）
石家庄市	赞皇县	邯郸市	鸡泽县
石家庄市	无极县	邢台市	内丘县
石家庄市	辛集市	保定市	阜平县
石家庄市	新乐市	张家口市	怀安县
唐山市	迁西县	承德市	平泉市
唐山市	滦州市	沧州市	孟村回族自治县

（2）山西省

山西省县级政府政府能力维度得分省内均值为 16.24，标准差为 2.22，最小值为 11.54，最大值为 20.97。山西省县级政府政府能力维度得分省内均值低于全国平均水平，省内差异程度低于全国平均水平（见表 4），说明山西省县（市）政府能力仍有待提升。

表 4　山西省和全国县级政府政府能力维度的描述性统计

	实评值个数	均值	标准差	最小值	最大值
山西省	90	16.24	2.22	11.54	20.97
全国	1766	16.98	2.48	9.16	24.53

图 6 展示的是山西省县级政府政府能力维度得分位于各类别的数量与占比。得分位于 A 类、B 类、C 类、D 类的县级政府数量分别为 6 个（占比 7%）、26 个（占比 29%）、40 个（占比 44%）、18 个（占比 20%）。不到

40%的县级政府政府能力维度得分处于优良水平，得分位于 C 类和 D 类的县级政府占比64%。

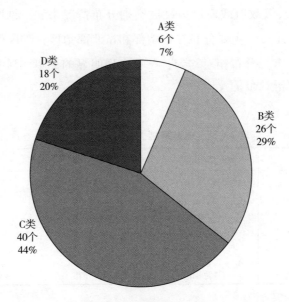

图6　山西省县级政府政府能力维度得分位于各类别的数量与占比统计

从山西省县级政府政府能力维度类别分布情况来看：维度得分位于 B 类的26个县（市）相对集中分布在中部地区；维度得分位于 A 类、C 类和 D 类的县（市）分布相对均匀，没有出现明显的聚集。山西省政府能力维度 A 类县（市）见表5。

表5　山西省政府能力维度 A 类县（市）

地级市	县(市)	地级市	县(市)
大同市	阳高县	晋中市	左权县
晋城市	高平市	运城市	新绛县
朔州市	怀仁市	临汾市	古县

（3）内蒙古自治区

内蒙古自治区县级政府政府能力维度得分省内均值为 18.00，标准差为

2.04，最小值为 11.79，最大值为 23.22。内蒙古自治区县级政府政府能力维度得分省内均值高于全国平均水平，省内差异程度低于全国平均水平（见表6），说明内蒙古自治区县（市）政府能力领先于全国平均水平。

表6　内蒙古自治区和全国县级政府政府能力维度的描述性统计

	实评值个数	均值	标准差	最小值	最大值
内蒙古自治区	77	18.00	2.04	11.79	23.22
全国	1766	16.98	2.48	9.16	24.53

图7展示的是内蒙古自治区县级政府政府能力维度得分位于各类别的数量与占比。得分位于A类、B类、C类、D类的县级政府数量分别为17个（占比22%）、38个（占比49%）、18个（占比23%）、4个（占比5%）。内蒙古自治区政府能力维度得分处于优良水平的县级政府占比达71%，得分为C类和D类的县级政府仅占28%。①

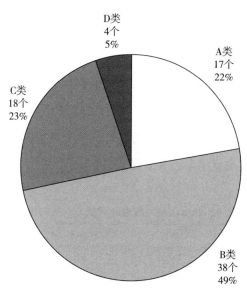

图7　内蒙古自治区县级政府政府能力维度得分位于各类别的数量与占比统计

---

① 占比四舍五入不保留小数，故加总不足100%，下文中的此类情况相同。

从内蒙古自治区县级政府政府能力维度类别分布情况来看：维度得分位于A类的县（市）主要分布在东北部地区；维度得分位于B类、C类和D类的县（市）分布相对均匀，没有出现明显的聚集。内蒙古自治区政府能力维度A类县（市）见表7。

表7　内蒙古自治区政府能力维度A类县（市）

地级市	县(市)	地级市	县(市)
赤峰市	巴林右旗	呼伦贝尔市	新巴尔虎右旗
赤峰市	林西县	呼伦贝尔市	额尔古纳市
通辽市	开鲁县	巴彦淖尔市	乌拉特后旗
鄂尔多斯市	鄂托克旗	巴彦淖尔市	杭锦后旗
鄂尔多斯市	乌审旗	兴安盟	阿尔山市
呼伦贝尔市	鄂伦春自治旗	锡林郭勒盟	苏尼特右旗
呼伦贝尔市	鄂温克族自治旗	锡林郭勒盟	镶黄旗
呼伦贝尔市	陈巴尔虎旗	锡林郭勒盟	多伦县
呼伦贝尔市	新巴尔虎左旗		

（4）辽宁省

辽宁省县级政府政府能力维度得分省内均值为16.34，标准差为2.49，最小值为10.57，最大值为21.17。辽宁省县级政府政府能力维度得分省内均值低于全国平均水平，省内差异程度略高于全国平均水平（见表8），说明辽宁省县（市）政府能力仍有待提升。

表8　辽宁省和全国县级政府政府能力维度的描述性统计

	实评值个数	均值	标准差	最小值	最大值
辽宁省	40	16.34	2.49	10.57	21.17
全国	1766	16.98	2.48	9.16	24.53

图8展示的是辽宁省县级政府政府能力维度得分位于各类别的数量与占比。得分位于A类、B类、C类、D类的县级政府数量分别为4个（占比

10%)、14 个（占比 35%）、13 个（占比 33%）、9 个（占比 23%）。辽宁省政府能力维度得分处于优良水平的县级政府占比不到 50%。

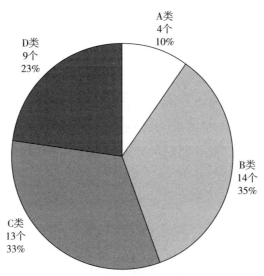

图 8　辽宁省县级政府政府能力维度得分位于各类别的数量与占比统计

从辽宁省县级政府政府能力维度类别分布情况来看：维度得分位于 A 类的县（市）主要分布在中部地区；维度得分位于 B 类、C 类和 D 类的县（市）分布相对均匀，没有出现明显聚集。辽宁省政府能力维度 A 类县（市）见表9。

表 9　辽宁省政府能力维度 A 类县（市）

地级市	县(市)	地级市	县(市)
大连市	长海县	盘锦市	盘山县
锦州市	北镇市	朝阳市	北票市

（5）吉林省

吉林省县级政府政府能力维度得分省内均值为 15.01，标准差为 2.37，最小值为 10.60，最大值为 19.18。吉林省县级政府政府能力维度得分省内均值低于全国平均水平，省内差异程度低于全国平均水平（见表10），说明吉林省县（市）政府能力普遍有待提升。

表 10　吉林省和全国县级政府政府能力维度的描述性统计

	实评值个数	均值	标准差	最小值	最大值
吉林省	38	15.01	2.37	10.60	19.18
全国	1766	16.98	2.48	9.16	24.53

图 9 展示的是吉林省县级政府政府能力维度得分位于各类别的数量与占比。得分位于 A 类、B 类、C 类、D 类的县级政府数量分别为 0 个（占比 0%）、12 个（占比 32%）、9 个（占比 24%）、17 个（占比 45%）。吉林省政府能力维度得分处于优良水平的县级政府占比为 32%，得分为 C 类和 D 类的县级政府占比达 69%。

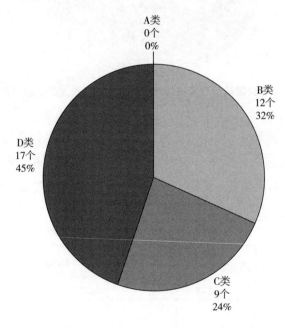

图 9　吉林省县级政府政府能力维度得分位于各类别的数量与占比统计

从吉林省县级政府政府能力维度类别分布情况来看：维度得分位于 B 类和 C 类的县（市）主要分布在东南部地区，维度得分位于 D 类的县（市）主要分布在西北部地区。吉林省政府能力维度没有 A 类县（市）。

（6）黑龙江省

黑龙江省县级政府政府能力维度得分省内均值为 16.53，标准差为 1.87，最小值为 10.22，最大值为 19.88。黑龙江省县级政府政府能力维度得分省内均值低于全国平均水平，省内差异程度低于全国平均水平（见表11），说明黑龙江省县（市）政府能力略微落后于全国平均水平。

表 11　黑龙江省和全国县级政府政府能力维度的描述性统计

	实评值个数	均值	标准差	最小值	最大值
黑龙江省	56	16.53	1.87	10.22	19.88
全国	1766	16.98	2.48	9.16	24.53

图 10 展示的是黑龙江省县级政府政府能力维度得分位于各类别的数量与占比。得分位于 A 类、B 类、C 类、D 类的县级政府数量分别为 3 个（占比 5%）、19 个（占比 34%）、27 个（占比 48%）、7 个（占比 13%）。黑龙江省政府能力维度得分处于优良水平的县级政府占比不到 40%，得分为 C 类和 D 类的县级政府占 61%。

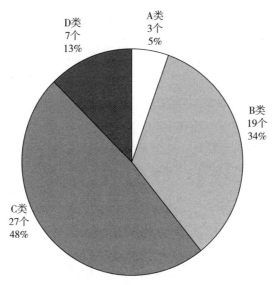

图 10　黑龙江省县级政府政府能力维度得分位于各类别的数量与占比统计

从黑龙江省县级政府政府能力维度类别分布情况来看：四类维度得分的县（市）在省内各个地区均有分布，没有明显聚集。黑龙江省政府能力维度A类县（市）见表12。

表12　黑龙江省政府能力维度A类县（市）

地级市	县（市）
齐齐哈尔市	克东县
牡丹江市	绥芬河市
黑河市	嫩江市

（7）江苏省

江苏省县级政府政府能力维度得分省内均值为18.07，标准差为2.75，最小值为10.99，最大值为22.85。江苏省县级政府政府能力维度得分省内均值高于全国平均水平，省内差异程度高于全国平均水平（见表13），说明江苏省县（市）政府能力领先于全国平均水平，但省内各县级政府的政府能力水平差异比较明显。

表13　江苏省和全国县级政府政府能力维度的描述性统计

	实评值个数	均值	标准差	最小值	最大值
江苏省	40	18.07	2.75	10.99	22.85
全国	1766	16.98	2.48	9.16	24.53

图11展示的是江苏省县级政府政府能力维度得分位于各类别的数量与占比。得分位于A类、B类、C类、D类的县级政府数量分别为12个（占比30%）、16个（占比40%）、8个（占比20%）、4个（占比10%）。江苏省政府能力维度得分处于优良水平的县级政府占比达70%，得分为C类和D类的县级政府仅占30%。

从江苏省县级政府政府能力维度类别分布情况来看：维度得分位于A类和B类的县（市）主要分布在中部地区；维度得分位于C类和D类的县

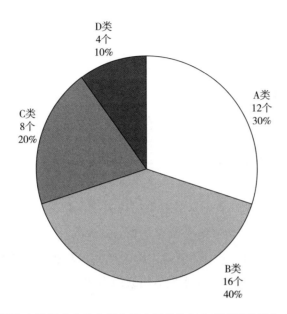

图 11 江苏省县级政府政府能力维度得分位于各类别的数量与占比统计

（市）主要分布在北部和南部地区。江苏省政府能力维度 A 类县（市）见表 14。

表 14 江苏省政府能力维度 A 类县（市）

地级市	县（市）	地级市	县（市）
常州市	溧阳市	盐城市	建湖县
苏州市	常熟市	扬州市	仪征市
苏州市	张家港市	扬州市	高邮市
苏州市	太仓市	镇江市	扬中市
淮安市	金湖县	镇江市	句容市
盐城市	射阳县	宿迁市	泗洪县

（8）浙江省

浙江省县级政府政府能力维度得分省内均值为 15.80，标准差为 2.98，最小值为 9.45，最大值为 22.41。浙江省县级政府政府能力维度得分省内均值低于全国平均水平，省内差异程度高于全国平均水平（见表 15），说明浙江省县（市）政府能力有待提升。

表 15　浙江省和全国县级政府政府能力维度的描述性统计

	实评值个数	均值	标准差	最小值	最大值
浙江省	52	15.80	2.98	9.45	22.41
全国	1766	16.98	2.48	9.16	24.53

图 12 展示的是浙江省县级政府政府能力维度得分位于各类别的数量与占比。得分位于 A 类、B 类、C 类、D 类的县级政府数量分别为 7 个（占比 13%）、8 个（占比 15%）、20 个（占比 38%）、17 个（占比 33%）。浙江省政府能力维度得分处于优良水平的县级政府占比不到 30%。

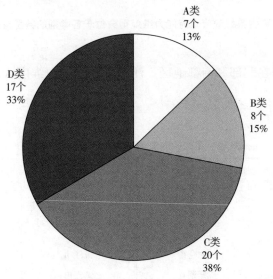

图 12　浙江省县级政府政府能力维度得分位于各类别的数量与占比统计

从浙江省县级政府政府能力维度类别分布情况来看：维度得分位于 A 类和 B 类的县（市）在西南部和东北部地区交错分布；维度得分位于 C 类和 D 类的县（市）集中分布在中部地区。浙江省政府能力维度 A 类县（市）见表 16。

表 16　浙江省政府能力维度 A 类县（市）

地级市	县(市)	地级市	县(市)
嘉兴市	嘉善县	丽水市	青田县
嘉兴市	平湖市	丽水市	遂昌县
嘉兴市	桐乡市	丽水市	庆元县
衢州市	开化县		

（9）安徽省

安徽省县级政府政府能力维度得分省内均值为 19.15，标准差为 2.47，最小值为 13.47，最大值为 24.53。安徽省县级政府政府能力维度得分省内均值高于全国平均水平，省内差异程度低于全国平均水平（见表 17），说明安徽省县（市）政府能力领先于全国平均水平。

表 17　安徽省和全国县级政府政府能力维度的描述性统计

	实评值个数	均值	标准差	最小值	最大值
安徽省	58	19.15	2.47	13.47	24.53
全国	1766	16.98	2.48	9.16	24.53

图 13 展示的是安徽省县级政府政府能力维度得分位于各类别的数量与占比。得分位于 A 类、B 类、C 类、D 类的县级政府数量分别为 27 个（占比 47%）、20 个（占比 34%）、8 个（占比 14%）、3 个（占比 5%）。安徽省政府能力维度得分处于优良水平的县级政府占比 81%，得分为 C 类和 D 类的县级政府仅占 19%。

从安徽省县级政府政府能力维度类别分布情况来看：只有为数不多的县（市）维度得分位于 C 类和 D 类，且集中于东北部一角，大多数县（市）维度得分位于 A 类和 B 类，在省内各个地区均有分布，没有明显聚集。安徽省政府能力维度 A 类县（市）见表 18。

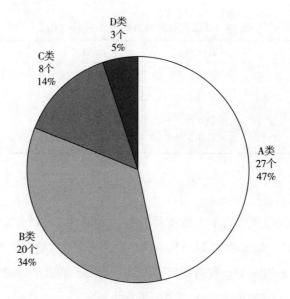

图 13　安徽省县级政府政府能力维度得分位于各类别的数量与占比统计

表 18　安徽省政府能力维度 A 类县（市）

地级市	县（市）	地级市	县（市）
合肥市	长丰县	黄山市	祁门县
合肥市	巢湖市	滁州市	全椒县
蚌埠市	固镇县	滁州市	定远县
淮南市	寿县	滁州市	天长市
马鞍山市	当涂县	阜阳市	太和县
马鞍山市	含山县	阜阳市	阜南县
马鞍山市	和县	阜阳市	界首市
铜陵市	枞阳县	六安市	霍邱县
安庆市	太湖县	六安市	舒城县
安庆市	宿松县	六安市	金寨县
安庆市	岳西县	亳州市	蒙城县
安庆市	桐城市	池州市	石台县
安庆市	潜山市	宣城市	宁国市
黄山市	黟县		

（10）福建省

福建省县级政府政府能力维度得分省内均值为 17.55，标准差为 2.45，最小值为 10.72，最大值为 21.45。福建省县级政府政府能力维度得分省内均值高于全国平均水平，省内差异程度低于全国平均水平（见表 19），说明福建省县（市）政府能力领先于全国平均水平。

表 19　福建省和全国县级政府政府能力维度的描述性统计

	实评值个数	均值	标准差	最小值	最大值
福建省	55	17.55	2.45	10.72	21.45
全国	1766	16.98	2.48	9.16	24.53

图 14 展示的是福建省县级政府政府能力维度得分位于各类别的数量与占比。得分位于 A 类、B 类、C 类、D 类的县级政府数量分别为 16 个（占比 29%）、20 个（占比 36%）、12 个（占比 22%）、7 个（占比 13%）。福建省超过 60% 的县级政府政府能力维度得分处于优良水平。

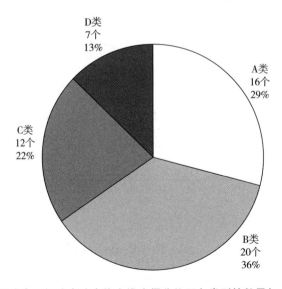

图 14　福建省县级政府政府能力维度得分位于各类别的数量与占比统计

从福建省县级政府政府能力维度类别分布情况来看：维度得分位于 A 类的县（市）主要分布在福建东南部和西北部地区；维度得分位于 B 类、C 类和 D 类的县（市）在省内各个地区交错分布，没有明显聚集。福建省政府能力维度 A 类县（市）见表 20。

表 20　福建省政府能力维度 A 类县（市）

地级市	县（市）	地级市	县（市）
福州市	闽侯县	三明市	将乐县
福州市	罗源县	泉州市	安溪县
福州市	闽清县	漳州市	南靖县
福州市	永泰县	南平市	顺昌县
福州市	福清市	南平市	政和县
莆田市	仙游县	南平市	邵武市
三明市	清流县	宁德市	寿宁县
三明市	宁化县	宁德市	福安市

（11）江西省

江西省县级政府政府能力维度得分省内均值为 18.24，标准差为 2.20，最小值为 11.58，最大值为 22.60。江西省县级政府政府能力维度得分省内均值高于全国平均水平，省内差异程度低于全国平均水平（见表 21），说明江西省县（市）政府能力领先于全国平均水平。

表 21　江西省和全国县级政府政府能力维度的描述性统计

	实评值个数	均值	标准差	最小值	最大值
江西省	71	18.24	2.20	11.58	22.60
全国	1766	16.98	2.48	9.16	24.53

图 15 展示的是江西省县级政府政府能力维度得分位于各类别的数量与占比。得分位于 A 类、B 类、C 类、D 类的县级政府数量分别为 21 个（占比 30%）、32 个（占比 45%）、14 个（占比 20%）、4 个（占比 6%）。江西省 75% 的县级政府政府能力得分处于优良水平，得分位于 C 类和 D 类的县级政府占比为 26%。

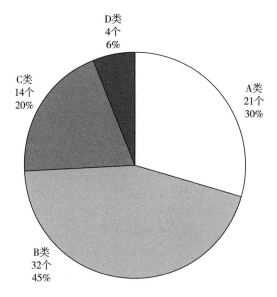

图 15　江西省县级政府政府能力维度得分位于各类别的数量与占比统计

从江西省县级政府政府能力维度类别分布情况来看：维度得分位于 A 类的县（市）主要分布在中部和南部地区；维度得分位于 B 类的县（市）主要分布在江西省的西部和北部地区；维度得分位于 C 类和 D 类的县（市）主要分布在中东部地区。江西省政府能力维度 A 类县（市）见表 22。

表 22　江西省政府能力维度 A 类县（市）

地级市	县（市）	地级市	县（市）
南昌市	安义县	宜春市	万载县
萍乡市	上栗县	宜春市	上高县
九江市	德安县	宜春市	靖安县
九江市	湖口县	宜春市	丰城市
赣州市	安远县	宜春市	樟树市
赣州市	寻乌县	宜春市	高安市
赣州市	石城县	抚州市	金溪县
吉安市	新干县	抚州市	资溪县
吉安市	永丰县	上饶市	弋阳县
吉安市	万安县	上饶市	万年县
吉安市	安福县		

（12）山东省

山东省县级政府政府能力维度得分省内均值为 16.93，标准差为 2.03，最小值为 12.33，最大值为 21.53。山东省县级政府政府能力维度得分省内均值略低于全国平均水平，省内差异程度低于全国平均水平（见表 23），说明山东省县（市）政府能力处于全国平均水平。

表 23　山东省和全国县级政府政府能力维度的描述性统计

	实评值个数	均值	标准差	最小值	最大值
山东省	77	16.93	2.03	12.33	21.53
全国	1766	16.98	2.48	9.16	24.53

图 16 展示的是山东省县级政府政府能力维度得分位于各类别的数量与占比。得分位于 A 类、B 类、C 类、D 类的县级政府数量分别为 10 个（占比 13%）、22 个（占比 29%）、37 个（占比 48%）、8 个（占比 10%）。山东省政府能力维度得分处于优良水平的县级政府占比不到 50%。

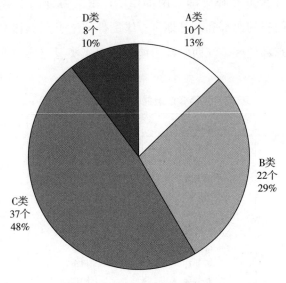

图 16　山东省县级政府政府能力维度得分位于各类别的数量与占比统计

从山东省县级政府政府能力维度类别分布情况来看：维度得分位于 A 类、B 类、C 类和 D 类的县（市）分布相对均匀，没有出现明显的聚集。整体而言，山东省县级政府政府能力维度类别分布相对分散。山东省政府能力维度 A 类县（市）见表 24。

表 24 山东省政府能力维度 A 类县（市）

地级市	县（市）	地级市	县（市）
东营市	利津县	临沂市	费县
潍坊市	诸城市	临沂市	蒙阴县
潍坊市	安丘市	德州市	平原县
潍坊市	昌邑市	德州市	夏津县
济宁市	鱼台县	德州市	禹城市

（13）河南省

河南省县级政府政府能力维度得分省内均值为 16.53，标准差为 2.11，最小值为 11.98，最大值为 20.36。河南省县级政府政府能力维度得分省内均值低于全国平均水平，省内差异程度低于全国平均水平（见表 25），说明河南省县（市）政府能力普遍有待提升。

表 25 河南省和全国县级政府政府能力维度的描述性统计

	实评值个数	均值	标准差	最小值	最大值
河南省	105	16.53	2.11	11.98	20.36
全国	1766	16.98	2.48	9.16	24.53

图 17 展示的是河南省县级政府政府能力维度得分位于各类别的数量与占比。得分位于 A 类、B 类、C 类、D 类的县级政府数量分别为 13 个（占比 12%）、31 个（占比 30%）、43 个（占比 41%）、18 个（占比 17%）。河南省政府能力维度得分处于优良水平的县级政府占比不到 50%。

从河南省县级政府政府能力维度类别分布情况来看：维度得分位于 A 类、C 类和 D 类的县（市）分布相对均匀，没有出现明显的聚集；维度得

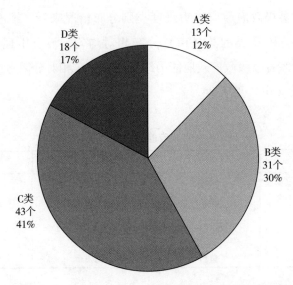

A类
13个
12%

D类
18个
17%

B类
31个
30%

C类
43个
41%

图17 河南省县级政府政府能力维度得分位于各类别的数量与占比统计

分位于 B 类的县（市）主要分布在西部和南部地区。河南省政府能力维度
A 类县（市）见表26。

表26 河南省政府能力维度 A 类县（市）

地级市	县（市）	地级市	县（市）
洛阳市	栾川县	漯河市	临颍县
洛阳市	汝阳县	南阳市	内乡县
洛阳市	洛宁县	商丘市	民权县
平顶山市	舞钢市	商丘市	睢县
新乡市	长垣市	信阳市	淮滨县
濮阳市	台前县	省直辖	济源市
许昌市	鄢陵县		

（14）湖北省

湖北省县级政府政府能力维度得分省内均值为 18.47，标准差为 1.70，
最小值为 14.63，最大值为 21.74。湖北省县级政府政府能力维度得分省内

均值高于全国平均水平，省内差异程度低于全国平均水平（见表27），说明湖北省县（市）政府能力领先于全国平均水平。

表27　湖北省和全国县级政府政府能力维度的描述性统计

	实评值个数	均值	标准差	最小值	最大值
湖北省	63	18.47	1.70	14.63	21.74
全国	1766	16.98	2.48	9.16	24.53

图18展示的是湖北省县级政府政府能力维度得分位于各类别的数量与占比。得分位于A类、B类、C类、D类的县级政府数量分别为20个（占比32%）、30个（占比48%）、13个（占比21%）、0个（占比0%）。湖北省80%的县级政府政府能力维度得分处于优良水平。

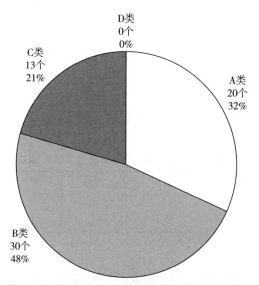

图18　湖北省县级政府政府能力维度得分位于各类别的数量与占比统计

从湖北省县级政府政府能力维度类别分布情况来看，维度得分位于D类的县级政府清零，A类、B类和C类的县（市）分布相对均匀，没有出现明显的聚集。总体而言，湖北省县级政府政府能力"北强南弱"的格局被打破。湖北省政府能力维度A类县（市）见表28。

表28　湖北省政府能力维度 A 类县（市）

地级市	县(市)	地级市	县(市)
宜昌市	远安县	孝感市	应城市
宜昌市	长阳土家族自治县	孝感市	安陆市
宜昌市	五峰土家族自治县	荆州市	江陵县
宜昌市	宜都市	荆州市	洪湖市
宜昌市	当阳市	咸宁市	嘉鱼县
宜昌市	枝江市	随州市	随县
襄阳市	保康县	随州市	广水市
襄阳市	老河口市	省直辖	潜江市
襄阳市	枣阳市	省直辖	天门市
孝感市	大悟县	省直辖	神农架区

（15）湖南省

湖南省县级政府政府能力维度得分省内均值为 15.89，标准差为 3.00，最小值为 9.16，最大值为 21.43。湖南省县级政府政府能力维度得分省内均值低于全国平均水平，省内差异程度高于全国平均水平（见表29），说明湖南省县（市）政府能力普遍有待提升。

表29　湖南省和全国县级政府政府能力维度的描述性统计

	实评值个数	均值	标准差	最小值	最大值
湖南省	86	15.89	3.00	9.16	21.43
全国	1766	16.98	2.48	9.16	24.53

图19 展示的是湖南省县级政府政府能力维度得分位于各类别的数量与占比。得分位于 A 类、B 类、C 类、D 类的县级政府数量分别为 12 个（占比 14%）、24 个（占比 28%）、19 个（占比 22%）、31 个（占比 36%）。湖南省政府能力维度得分处于优良水平的县级政府占比不到 50%。

从湖南省县级政府政府能力维度类别分布情况来看，政府能力呈现"中间弱，两边强"的格局：维度得分位于 A 类和 B 类的县（市）大多为

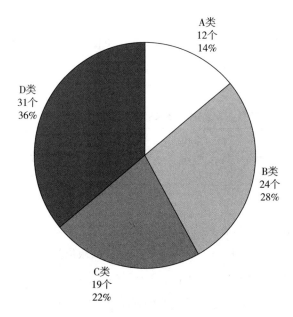

图19　湖南省县级政府政府能力维度得分位于各类别的数量与占比统计

与广东、贵州、湖北接壤的县（市）；维度得分位于 C 类的县（市）相对集中于南北两侧；维度得分位于 D 类的县（市）集中分布在中部和北部地区。湖南省政府能力维度 A 类县（市）见表30。

表30　湖南省政府能力维度 A 类县（市）

地级市	县(市)	地级市	县(市)
株洲市	茶陵县	郴州市	桂东县
株洲市	炎陵县	永州市	道县
衡阳市	衡东县	怀化市	麻阳苗族自治县
常德市	桃源县	怀化市	新晃侗族自治县
郴州市	嘉禾县	怀化市	靖州苗族侗族自治县
郴州市	汝城县	湘西土家族苗族自治州	永顺县

（16）广东省

广东省县级政府政府能力维度得分省内均值为 17.45，标准差为 1.97，最小值为 12. 78，最大值为 22. 21。广东省县级政府政府能力维度得分省内均值高于全国平均水平，省内差异程度低于全国平均水平（见表31），说明广东省县（市）政府能力领先于全国平均水平。

表 31　广东省和全国县级政府政府能力维度的描述性统计

	实评值个数	均值	标准差	最小值	最大值
广东省	57	17. 45	1. 97	12. 78	22. 21
全国	1766	16. 98	2. 48	9. 16	24. 53

图 20 展示的是广东省县级政府政府能力维度得分位于各类别的数量与占比。得分位于 A 类、B 类、C 类、D 类的县级政府数量分别为 7 个（占比 12%）、30 个（占比 53%）、14 个（占比 25%）、6 个（占比 11%）。广东省政府能力维度得分处于优良水平的县级政府占比达 65%。

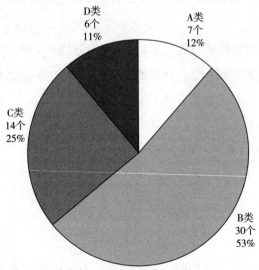

图 20　广东省县级政府政府能力维度得分位于各类别的数量与占比统计

从广东省县级政府政府能力维度类别分布情况看：维度得分位于 A 类、B 类、C 类和 D 类的县（市）分布相对均匀，没有出现明显的聚集。广东省政府能力维度 A 类县（市）见表32。

表 32　广东省政府能力维度 A 类县（市）

地级市	县（市）	地级市	县（市）
韶关市	新丰县	惠州市	惠东县
江门市	台山市	梅州市	蕉岭县
江门市	恩平市	清远市	连南瑶族自治县
肇庆市	封开县		

（17）广西壮族自治区

广西壮族自治区县级政府政府能力维度得分省内均值为 17.39，标准差为 2.01，最小值为 13.14，最大值为 23.40。广西壮族自治区县级政府政府能力维度得分省内均值高于全国平均水平，省内差异程度低于全国平均水平（见表 33），说明广西壮族自治区县（市）政府能力领先于全国平均水平。

表 33　广西壮族自治区和全国县级政府政府能力维度的描述性统计

	实评值个数	均值	标准差	最小值	最大值
广西壮族自治区	70	17.39	2.01	13.14	23.40
全国	1766	16.98	2.48	9.16	24.53

图 21 展示的是广西壮族自治区县级政府政府能力维度得分位于各类别的数量与占比。得分位于 A 类、B 类、C 类、D 类的县级政府数量分别为 10 个（占比 14%）、29 个（占比 41%）、26 个（占比 37%）、5 个（占比 7%）。广西壮族自治区政府能力维度得分处于优良水平的县级政府占比达 55%。

从广西壮族自治区县级政府政府能力维度类别分布情况来看：维度得分位于 A 类的县（市）主要分布在广西的东南部地区，西部地区有零星分布；维度得分位于 B 类的县（市）主要在广西的东西两侧纵向分布；维度得分位于 C 类和 D 类的县（市）在省内其他地区分散分布。广西壮族自治区政府能力维度 A 类县（市）见表 34。

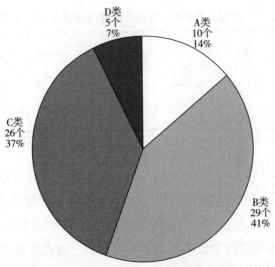

图21 广西壮族自治区县级政府政府能力维度得分位于各类别的数量与占比统计

表34 广西壮族自治区政府能力维度 A 类县（市）

地级市	县（市）	地级市	县（市）
梧州市	苍梧县	玉林市	北流市
梧州市	藤县	贺州市	富川瑶族自治县
梧州市	岑溪市	河池市	巴马瑶族自治县
钦州市	浦北县	河池市	都安瑶族自治县
玉林市	兴业县	崇左市	天等县

（18）海南省

海南省县级政府政府能力维度得分省内均值为15.33，标准差为2.37，最小值为11.31，最大值为18.49。海南省县级政府政府能力维度得分省内均值低于全国平均水平，省内差异程度低于全国平均水平（见表35），说明海南省县（市）政府能力普遍有待提升。

表35 海南省和全国县级政府政府能力维度的描述性统计

	实评值个数	均值	标准差	最小值	最大值
海南省	15	15.33	2.37	11.31	18.49
全国	1766	16.98	2.48	9.16	24.53

图 22 展示的是海南省县级政府政府能力维度得分位于各类别的数量与占比。得分位于 A 类、B 类、C 类、D 类的县级政府数量分别为 0 个（占比 0%）、5 个（占比 33%）、5 个（占比 33%）、5 个（占比 33%）。海南省政府能力维度得分处于优良水平的县级政府仅占 33%，66% 的县级政府政府能力维度得分位于 C 类、D 类。

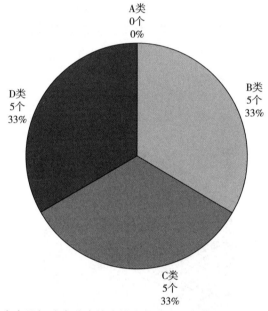

图 22　海南省县级政府政府能力维度得分位于各类别的数量与占比统计

从海南省县级政府政府能力维度类别分布情况看：维度得分位于 B 类的县（市）集中分布在海南岛南端；维度得分位于 C 类和 D 类的县（市）主要分布在海南省北部地区。总体上，三类县（市）空间上呈纵向聚集、横向交错分布态势。海南省政府能力维度没有 A 类县（市）。

（19）重庆市

重庆市县级政府政府能力维度得分省内均值为 16.57，标准差为 3.10，最小值为 10.70，最大值为 20.60。重庆市县级政府政府能力维度得分省内均值低于全国平均水平，省内差异程度高于全国平均水平（见表 36），说明重庆市县（市）政府能力普遍有待提升。

表 36　重庆市和全国县级政府政府能力维度的描述性统计

	实评值个数	均值	标准差	最小值	最大值
重庆市	12	16.57	3.10	10.70	20.60
全国	1766	16.98	2.48	9.16	24.53

图 23 展示的是重庆市县级政府政府能力维度得分位于各类别的数量与占比。得分位于 A 类、B 类、C 类、D 类的县级政府数量分别为 1 个（占比 8%）、7 个（占比 58%）、1 个（占比 8%）、3 个（占比 25%）。重庆市 66% 的县级政府政府能力维度得分处于优良水平。

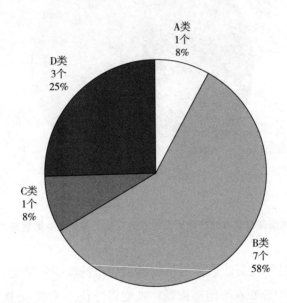

图 23　重庆市县级政府政府能力维度得分位于各类别的数量与占比统计

从重庆市县级政府政府能力维度类别分布情况来看：维度得分位于 A 类的石柱土家族自治县地处重庆市东部地区；维度得分位于 B 类的 7 个县（市）主要分布在重庆市的东南角、北部和中部地区；维度得分位于 C 类的巫山县位于东北角；维度得分位于 D 类的 3 个县（市）主要位于重庆市的中南部和北部地区。重庆市政府能力维度 A 类县（市）见表 37。

表 37　重庆市政府能力维度 A 类县（市）

地级市	县（市）
市直辖	石柱土家族自治县

（20）四川省

四川省县级政府政府能力维度得分省内均值为 18.61，标准差为 2.13，最小值为 13.61，最大值为 23.28。四川省县级政府政府能力维度得分省内均值高于全国平均水平，省内差异程度低于全国平均水平（见表 38），说明四川省县（市）政府能力领先于全国平均水平。

表 38　四川省和全国县级政府政府能力维度的描述性统计

	实评值个数	均值	标准差	最小值	最大值
四川省	127	18.61	2.13	13.61	23.28
全国	1766	16.98	2.48	9.16	24.53

图 24 展示的是四川省县级政府政府能力维度得分位于各类别的数量与占比。得分位于 A 类、B 类、C 类、D 类的县级政府数量分别为 45 个（占

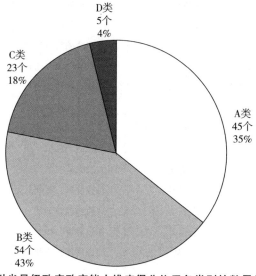

图 24　四川省县级政府政府能力维度得分位于各类别的数量与占比统计

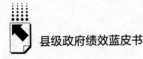

比 35%）、54 个（占比 43%）、23 个（占比 18%）、5 个（占比 4%）。将近八成县级政府的政府能力维度得分处于优良水平。

从四川省县级政府政府能力维度类别分布情况来看：维度得分位于 A 类和 B 类的县（市）数量较多，没有明显聚集，维度得分位于 C 类和 D 类的县（市）零星分布在中东部和西北部地区。四川省政府能力维度 A 类县（市）见表39。

表 39　四川省政府能力维度 A 类县（市）

地级市	县（市）	地级市	县（市）
成都市	大邑县	广安市	岳池县
自贡市	荣县	达州市	宣汉县
攀枝花市	盐边县	达州市	开江县
泸州市	泸县	达州市	大竹县
泸州市	合江县	达州市	渠县
泸州市	叙永县	达州市	万源市
德阳市	广汉市	雅安市	汉源县
德阳市	什邡市	雅安市	石棉县
绵阳市	盐亭县	雅安市	天全县
绵阳市	北川羌族自治县	雅安市	芦山县
绵阳市	江油市	资阳市	安岳县
遂宁市	射洪市	阿坝藏族羌族自治州	马尔康市
内江市	威远县	阿坝藏族羌族自治州	汶川县
内江市	隆昌市	阿坝藏族羌族自治州	理县
乐山市	犍为县	阿坝藏族羌族自治州	黑水县
乐山市	井研县	阿坝藏族羌族自治州	阿坝县
乐山市	峨眉山市	阿坝藏族羌族自治州	若尔盖县
南充市	西充县	甘孜藏族自治州	石渠县
眉山市	青神县	甘孜藏族自治州	巴塘县
宜宾市	江安县	甘孜藏族自治州	乡城县
宜宾市	长宁县	凉山彝族自治州	金阳县
宜宾市	珙县	凉山彝族自治州	美姑县
宜宾市	屏山县		

（21）贵州省

贵州省县级政府政府能力维度得分省内均值为 17.59，标准差为 2.15，最小值为 12.65，最大值为 23.20。贵州省县级政府政府能力维度得分省内均值高于全国平均水平，省内差异程度低于全国平均水平（见表 40），说明贵州省县（市）政府能力领先于全国平均水平。

表 40   贵州省和全国县级政府政府能力维度的描述性统计

	实评值个数	均值	标准差	最小值	最大值
贵州省	71	17.59	2.15	12.65	23.20
全国	1766	16.98	2.48	9.16	24.53

图 25 展示的是贵州省县级政府政府能力维度得分位于各类别的数量与占比。得分位于 A 类、B 类、C 类、D 类的县级政府数量分别为 14 个（占比 20%）、34 个（占比 48%）、16 个（占比 23%）、7 个（占比 10%）。近七成县级政府的政府能力维度得分处于优良水平。

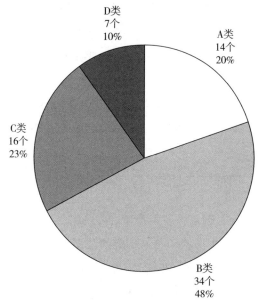

图 25   贵州省县级政府政府能力维度得分位于各类别的数量与占比统计

313

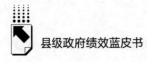

从贵州省县级政府政府能力维度类别分布情况来看：维度得分位于 A 类的县（市）主要集中在黔东南苗族侗族自治州的西北部地区；维度得分位于 B 类的县（市）主要分布在贵州南北两侧和西北部地区；维度得分位于 C 类和 D 类的县（市）主要分布在贵州东南部和西南部地区。贵州省政府能力维度 A 类县（市）见表41。

表41　贵州省政府能力维度 A 类县（市）

地级市	县(市)	地级市	县(市)
贵阳市	息烽县	铜仁市	江口县
贵阳市	修文县	黔东南苗族侗族自治州	施秉县
遵义市	绥阳县	黔东南苗族侗族自治州	镇远县
遵义市	道真仡佬族苗族自治县	黔东南苗族侗族自治州	岑巩县
遵义市	赤水市	黔东南苗族侗族自治州	剑河县
毕节市	纳雍县	黔东南苗族侗族自治州	丹寨县
毕节市	赫章县	黔南布依族苗族自治州	福泉市

（22）云南省

云南省县级政府政府能力维度得分省内均值为17.32，标准差为1.99，最小值为10.80，最大值为20.94。云南省县级政府政府能力维度得分省内均值高于全国平均水平，省内差异程度低于全国平均水平（见表42），说明云南省县（市）政府能力领先于全国平均水平。

表42　云南省和全国县级政府政府能力维度的描述性统计

	实评值个数	均值	标准差	最小值	最大值
云南省	112	17.32	1.99	10.80	20.94
全国	1766	16.98	2.48	9.16	24.53

图26展示的是云南省县级政府政府能力维度得分位于各类别的数量与占比。得分位于 A 类、B 类、C 类、D 类的县级政府数量分别为15个（占比13%）、53个（占比47%）、38个（占比34%）、6个（占比5%）。政府能力维度得分处于优良水平的县级政府占比达60%。

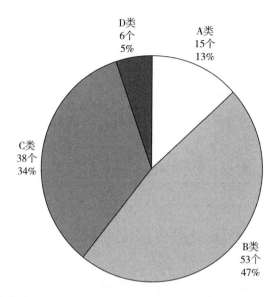

图 26　云南省县级政府政府能力维度得分位于各类别的数量与占比统计

从云南省县级政府政府能力维度类别分布情况来看：维度得分位于 B 类的县（市）主要分布在中部地区；维度得分位于 D 类的县（市）在东南部有集中分布；维度得分位于 A 类和 C 类的县（市）分布相对均匀，没有出现明显聚集。云南省政府能力维度 A 类县（市）见表43。

表 43　云南省政府能力维度 A 类县（市）

地级市	县（市）	地级市	县（市）
昆明市	禄劝彝族苗族自治县	楚雄彝族自治州	大姚县
昆明市	寻甸回族彝族自治县	红河哈尼族彝族自治州	金平苗族瑶族傣族自治县
昆明市	安宁市	文山壮族苗族自治州	西畴县
曲靖市	师宗县	文山壮族苗族自治州	富宁县
玉溪市	澄江市	大理白族自治州	巍山彝族回族自治县
昭通市	绥江县	大理白族自治州	云龙县
普洱市	宁洱哈尼族彝族自治县	大理白族自治州	鹤庆县
楚雄彝族自治州	南华县		

（23）西藏自治区

西藏自治区县级政府政府能力维度得分省内均值为 16.95，标准差为 1.69，最小值为 14.29，最大值为 20.41。西藏自治区县级政府政府能力维度得分省内均值略低于全国平均水平，省内差异程度低于全国平均水平（见表44），说明西藏自治区县（市）政府能力大致处于全国平均水平。

表 44   西藏自治区和全国县级政府政府能力维度的描述性统计

	实评值个数	均值	标准差	最小值	最大值
西藏自治区	13	16.95	1.69	14.29	20.41
全国	1766	16.98	2.48	9.16	24.53

图 27 展示的是西藏自治区县级政府政府能力维度得分位于各类别的数量与占比。得分位于 A 类、B 类、C 类、D 类的县级政府数量分别为 1 个（占比 8%）、4 个（占比 31%）、7 个（占比 54%）、1 个（占比 8%）。西藏自治区政府能力维度得分优良的县级政府占比不到四成。

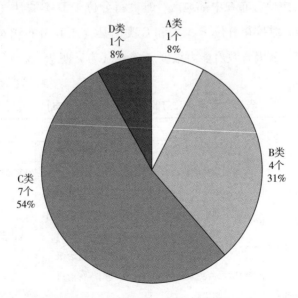

图 27   西藏自治区县级政府政府能力维度得分位于各类别的数量与占比统计

从西藏自治区县级政府政府能力维度类别分布情况看：A 类和 B 类县（市）主要分布在怒江沿岸和阿里地区的西北部地区，其中 C 类县（市）主要分布在东南部与云南、四川接壤地区和西部边疆地区。西藏自治区政府能力维度 A 类县（市）见表45。

表45 西藏自治区政府能力维度 A 类县（市）

地级市	县（市）
昌都市	洛隆县

（24）陕西省

陕西省县级政府政府能力维度得分省内均值为 16.42，标准差为 2.32，最小值为 10.92，最大值为 21.31。陕西省县级政府政府能力维度得分省内均值低于全国平均水平，省内差异程度低于全国平均水平（见表46），说明陕西省县（市）政府能力大致处于全国中等水平。

表46 陕西省和全国县级政府政府能力维度的描述性统计

	实评值个数	均值	标准差	最小值	最大值
陕西省	77	16.42	2.32	10.92	21.31
全国	1766	16.98	2.48	9.16	24.53

图 28 展示的是陕西省县级政府政府能力维度得分位于各类别的数量与占比。得分位于 A 类、B 类、C 类、D 类的县级政府数量分别为 8 个（占比10%）、23 个（占比30%）、28 个（占比36%）、18 个（占比23%）。陕西省政府能力维度得分处于优良水平的县级政府占比为40%，59%的县级政府政府能力维度得分位于 C 类和 D 类。

从陕西省县级政府政府能力维度类别分布情况来看：维度得分位于各类别的县（市）分布相对均匀，没有出现明显的聚集。整体而言，陕西省县级政府政府能力呈现"南强北弱"的格局。陕西省政府能力维度 A 类县（市）见表47。

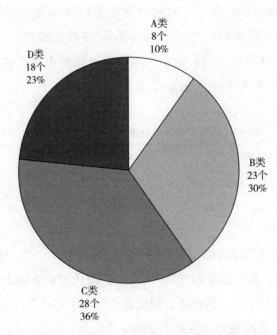

图 28　陕西省县级政府政府能力维度得分位于各类别的数量与占比统计

表 47　陕西省政府能力维度 A 类县（市）

地级市	县(市)	地级市	县(市)
铜川市	宜君县	汉中市	宁强县
宝鸡市	凤翔县	汉中市	佛坪县
宝鸡市	凤县	安康市	紫阳县
渭南市	合阳县	安康市	平利县

（25）甘肃省

甘肃省县级政府政府能力维度得分省内均值为 15.45，标准差为 2.40，最小值为 10.83，最大值为 21.34。甘肃省县级政府政府能力维度得分省内均值低于全国平均水平，省内差异程度低于全国平均水平（见表 48），说明甘肃省县（市）政府能力普遍有待提升。

表 48　甘肃省和全国县级政府政府能力维度的描述性统计

	实评值个数	均值	标准差	最小值	最大值
甘肃省	69	15.45	2.40	10.83	21.34
全国	1766	16.98	2.48	9.16	24.53

　　图 29 展示的是甘肃省县级政府政府能力维度得分位于各类别的数量与占比。得分位于 A 类、B 类、C 类、D 类的县级政府数量分别为 3 个（占比 4%）、13 个（占比 19%）、27 个（占比 39%）、26 个（占比 38%）。甘肃省政府能力维度得分优良的县级政府仅占 23%，近八成县级政府的政府能力维度得分位于 C 类和 D 类。

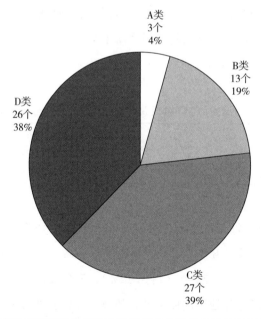

图 29　甘肃省县级政府政府能力维度得分位于各类别的数量与占比统计

　　从甘肃省县级政府政府能力维度类别分布情况来看：维度得分位于 A 类的县（市）数量少，主要在东南部地区；维度得分位于 B 类和 C 类的县（市）分布相对均匀，没有出现明显的聚集；维度得分位于 D 类的县（市）

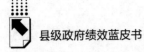

主要分布在甘肃省东南部和北部地区。甘肃省政府能力维度 A 类县（市）见表49。

表 49 甘肃省政府能力维度 A 类县（市）

地级市	县(市)
平凉市	崇信县
庆阳市	庆城县
庆阳市	镇原县

（26）青海省

青海省县级政府政府能力维度得分省内均值为 15.53，标准差为 1.34，最小值为 13.12，最大值为 19.00。青海省县级政府政府能力维度得分省内均值低于全国平均水平，省内差异程度低于全国平均水平（见表50），说明青海省县（市）政府能力普遍有待提升。

表 50 青海省和全国县级政府政府能力维度的描述性统计

	实评值个数	均值	标准差	最小值	最大值
青海省	32	15.53	1.34	13.12	19.00
全国	1766	16.98	2.48	9.16	24.53

图 30 展示的是青海省县级政府政府能力维度得分位于各类别的数量与占比。得分位于 A 类、B 类、C 类、D 类的县级政府数量分别为 0 个（占比 0%）、2 个（占比 6%）、23 个（占比 72%）、7 个（占比 22%）。6% 的县级政府政府能力维度得分处于优良水平，超过九成的县级政府政府能力维度得分位于 C 类、D 类。

从青海省县级政府政府能力维度类别分布情况看：B 类县（市）集中分布在中部地区；维度得分位于 C 类的县（市）集中分布在青海省西部、南部和中东部地区；维度得分位于 D 类的县（市）在省内各个地区均有分布，没有明显聚集。青海省没有政府能力维度 A 类县（市）。

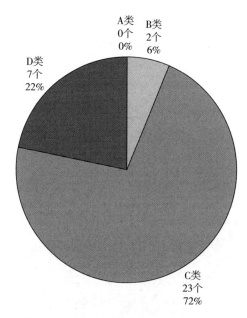

图 30　青海省县级政府政府能力维度得分位于各类别的数量与占比统计

（27）宁夏回族自治区

宁夏回族自治区县级政府政府能力维度得分省内均值为 15.73，标准差为 1.60，最小值为 12.98，最大值为 18.95。宁夏回族自治区县级政府政府能力维度得分省内均值低于全国平均水平，省内差异程度低于全国平均水平（见表 51），说明宁夏回族自治区县（市）政府能力普遍有待提升。

表 51　宁夏回族自治区和全国县级政府政府能力维度的描述性统计

	实评值个数	均值	标准差	最小值	最大值
宁夏回族自治区	13	15.73	1.60	12.98	18.95
全国	1766	16.98	2.48	9.16	24.53

图 31 展示的是宁夏回族自治区县级政府政府能力维度得分位于各类别的数量与占比。得分位于 A 类、B 类、C 类、D 类的县级政府数量分别为 0 个（占比 0%）、1 个（占比 8%）、10 个（占比 77%）、2 个（占比 15%）。

宁夏回族自治区政府能力维度得分处于优良水平的县级政府占比不到10%，超过九成的县级政府政府能力维度得分位于 C 类和 D 类。

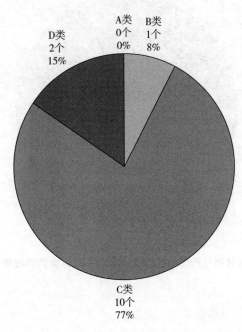

图31　宁夏回族自治区县级政府政府能力维度得分位于各类别的数量与占比统计

从宁夏回族自治区县级政府政府能力维度类别分布情况来看：维度得分位于 B 类的县（市）分布在东部地区，维度得分位于 C 类的县（市）主要分布在宁夏北部和南部地区，维度得分位于 D 类的县（市）集中分布在中南部地区。宁夏回族自治区没有政府能力维度 A 类县（市）。

（28）新疆维吾尔自治区

新疆维吾尔自治区县级政府政府能力维度得分省内均值为14.90，标准差为2.54，最小值为9.55，最大值为19.59。新疆维吾尔自治区县级政府政府能力维度得分省内均值低于全国平均水平，省内差异程度高于全国平均水平（见表52），说明新疆维吾尔自治区县（市）政府能力普遍有待提升。

表52   新疆维吾尔自治区和全国县级政府政府能力维度的描述性统计

	实评值个数	均值	标准差	最小值	最大值
新疆维吾尔自治区	72	14.90	2.54	9.55	19.59
全国	1766	16.98	2.48	9.16	24.53

图32展示的是新疆维吾尔自治区县级政府政府能力维度得分位于各类别的数量与占比。得分位于A类、B类、C类、D类的县级政府数量分别为1个（占比1%）、15个（占比21%）、28个（占比39%）、28个（占比39%）。新疆维吾尔自治区政府能力维度得分处于优良水平的县级政府占比不到30%，近八成县级政府的政府能力维度得分位于C类和D类。

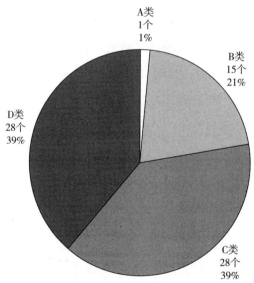

图32   新疆维吾尔自治区县级政府政府能力维度得分位于各类别的数量与占比统计

从新疆维吾尔自治区县级政府政府能力维度类别分布情况来看：维度得分位于A类和B类的县（市）主要分布在天山和阿尔泰山南侧；维度得分位于C类的县（市）在北疆和南疆均有分布，多数分布在塔里木盆地东侧及帕米尔高原；维度得分位于D类的县（市）分散分布在新疆西部地区。新疆维吾尔自治区政府能力维度A类县（市）见表53。

表 53　新疆维吾尔自治区政府能力维度 A 类县（市）

地级市	县（市）
巴音郭楞蒙古自治州	和静县

（三）区域分析

1. 区域间比较分析

（1）区域间类别比较分析

图 33 展示了县级政府政府能力维度类别的区域分布情况。维度得分位于 A 类的县（市）主要分布在华东地区（93，26%）、西南地区（76，23%）。维度得分位于 B 类的县（市）主要分布在西南地区（152，45%）、华东地区（118，33%）、华北地区（110，39%）。维度得分位于 C 类的县（市）主要分布在西北地区（116，44%）、华北地区（104，36%）、华东地区（99，28%）。维度得分位于 D 类的县（市）主要分布在西北地区（81，31%）、华中地区（49，19%）、华东地区（43，12%）。总体而言，政府能力优良的县（市）占比较多的地区有华东地区、西南地区。

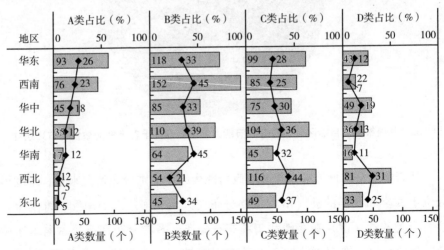

图 33　中国县级政府政府能力类别区域分布

（2）区域间均值比较分析

如表54所示西南地区政府能力相对较好，华东地区和华南地区次之，其他地区政府能力相对较弱。华东地区和华南地区的县级政府政府能力表现符合预期，西南地区县级政府政府能力水平比以往更为突出。

表54　中国县级政府政府能力维度得分区域内均值

地区	区域内均值	地区	区域内均值
西南	17.82	华中	16.80
华东	17.62	东北	16.04
华南	17.20	西北	15.61
华北	16.98		

2.区域内比较分析

（1）东北地区

①总体分析

东北地区县级政府政府能力维度得分区域内均值为16.04，标准差为2.29，最小值为10.22，最大值为21.17。东北地区县级政府政府能力维度得分区域内均值略低于全国平均水平，区域内差异程度略低于全国平均水平，最小值大于全国的最小值，最大值小于全国的最大值（见表55）。东北地区县（市）政府能力与全国所有县（市）政府能力的平均水平和离散程度均相似，但是东北地区政府能力全国拔尖的县（市）较少，处于全国中等偏下水平，有较大进步空间。

表55　东北地区和全国县级政府政府能力维度的描述性统计

	实评值个数	均值	标准差	最小值	最大值
东北地区	134	16.04	2.29	10.22	21.17
全国	1766	16.98	2.48	9.16	24.53

图34展示的是东北地区县级政府政府能力维度得分位于各类别的数量与占比。维度得分位于A类、B类、C类、D类的县级政府数量分别为7个

县级政府绩效蓝皮书

（占比 5%）、45 个（占比 34%）、49 个（占比 37%）、33 个（占比 25%）。
东北地区政府能力拔尖的县级政府较少，政府能力优良的县级政府占比不到
40%，约 70% 的县级政府政府能力维度得分处于全国中等水平，东北地区县
（市）政府能力还有较大提升空间。

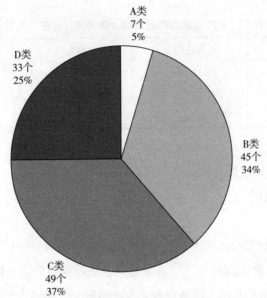

图 34　东北地区县级政府政府能力维度得分位于各类别的数量与占比统计

　　从东北地区县级政府政府能力维度类别分布情况看，维度得分位于 A
类的县（市）分布在辽宁省和黑龙江省。维度得分位于 B 类的县（市）比
较均匀地分布在该地区各省。维度得分位于 C 类的县（市）较多分布在黑
龙江省。维度得分位于 D 类的县（市）较多分布在吉林省。东北地区政府
能力维度 A 类县（市）见表 56。

表 56　东北地区政府能力维度 A 类县（市）

省份	地级市	县(市)
辽宁省	大连市	长海县
辽宁省	锦州市	北镇市
辽宁省	盘锦市	盘山县

省份	地级市	县（市）
辽宁省	朝阳市	北票市
黑龙江省	齐齐哈尔市	克东县
黑龙江省	牡丹江市	绥芬河市
黑龙江省	黑河市	嫩江市

②省份分析

图 35 展示了东北地区县级政府政府能力维度类别的省份分布情况。维度得分位于 A 类的县（市）最多的省份是辽宁省（4，10%）。维度得分位于 B 类的县（市）最多的省份是黑龙江省（19，34%）。维度得分位于 C 类的县（市）最多的省份是黑龙江省（27，48%）。维度得分位于 D 类的县（市）最多的省份是吉林省（17，45%）。

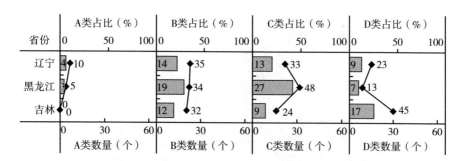

图 35 东北地区县级政府政府能力维度类别的省份分布

（2）华北地区

①总体分析

华北地区县级政府政府能力维度得分区域内均值为 16.98，标准差为 2.15，最小值为 11.43，最大值为 23.22。华北地区县级政府政府能力维度得分区域内均值与全国平均水平一致，区域内差异程度低于全国平均水平（见表 57）。

表 57　华北地区和全国县级政府政府能力维度的描述性统计

	实评值个数	均值	标准差	最小值	最大值
华北地区	285	16.98	2.15	11.43	23.22
全国	1766	16.98	2.48	9.16	24.53

图 36 展示的是华北地区县级政府政府能力维度得分位于各类别的数量与占比。维度得分位于 A 类、B 类、C 类、D 类的县级政府数量分别为 35 个（占比 12%）、110 个（占比 39%）、104 个（占比 36%）、36 个（占比 13%）。华北地区政府能力拔尖和垫底的县级政府较少，政府能力优良的县级政府占比 51%，70% 以上的县级政府政府能力维度得分处于全国中等水平。

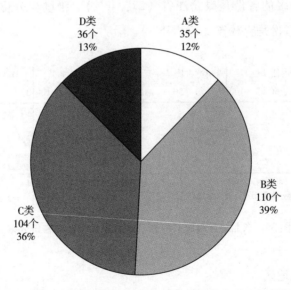

图 36　华北地区县级政府政府能力维度得分位于各类别的数量与占比统计

从华北地区县级政府政府能力维度类别分布情况看，维度得分位于 A 类和 B 类的县（市）较多分布在内蒙古自治区和河北省。维度得分位于 C 类和 D 类的县（市）较多分布在河北省和山西省。华北地区政府能力维度 A 类县（市）见表 58。

表 58　华北地区政府能力维度 A 类县（市）

省份	地级市	县（市）
河北省	石家庄市	赞皇县
河北省	石家庄市	无极县
河北省	石家庄市	辛集市
河北省	石家庄市	新乐市
河北省	唐山市	迁西县
河北省	唐山市	滦州市
河北省	邯郸市	鸡泽县
河北省	邢台市	内丘县
河北省	保定市	阜平县
河北省	张家口市	怀安县
河北省	承德市	平泉市
河北省	沧州市	孟村回族自治县
山西省	大同市	阳高县
山西省	晋城市	高平市
山西省	朔州市	怀仁市
山西省	晋中市	左权县
山西省	运城市	新绛县
山西省	临汾市	古县
内蒙古自治区	赤峰市	巴林右旗
内蒙古自治区	赤峰市	林西县
内蒙古自治区	通辽市	开鲁县
内蒙古自治区	鄂尔多斯市	鄂托克旗
内蒙古自治区	鄂尔多斯市	乌审旗
内蒙古自治区	呼伦贝尔市	鄂伦春自治旗
内蒙古自治区	呼伦贝尔市	鄂温克族自治旗
内蒙古自治区	呼伦贝尔市	陈巴尔虎旗
内蒙古自治区	呼伦贝尔市	新巴尔虎左旗
内蒙古自治区	呼伦贝尔市	新巴尔虎右旗
内蒙古自治区	呼伦贝尔市	额尔古纳市
内蒙古自治区	巴彦淖尔市	乌拉特后旗
内蒙古自治区	巴彦淖尔市	杭锦后旗
内蒙古自治区	兴安盟	阿尔山市
内蒙古自治区	锡林郭勒盟	苏尼特右旗
内蒙古自治区	锡林郭勒盟	镶黄旗
内蒙古自治区	锡林郭勒盟	多伦县

②省份分析

图37展示了华北地区县级政府政府能力维度类别的省份分布情况。维度得分位于 A 类的县（市）最多的省份是内蒙古自治区（17，22%）。维度得分位于 B 类的县（市）最多的省份是河北省（46，39%）。维度得分位于 C 类的县（市）最多的省份是河北省（46，39%）。维度得分位于 D 类的县（市）最多的省份是山西省（18，20%）。

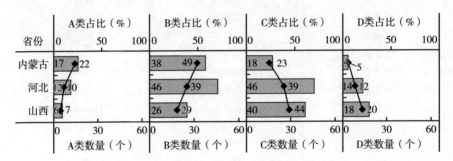

图37　华北地区县级政府政府能力维度类别的省份分布

（3）华东地区

①总体分析

华东地区县级政府政府能力维度得分区域内均值为 17.62，标准差为 2.64，最小值为 9.45，最大值为 24.53。华东地区县级政府政府能力维度得分区域内均值高于全国平均水平，区域内差异程度也略高于全国平均水平（见表59）。华东地区县（市）政府能力整体处于全国领先水平。

表 59　华东地区和全国县级政府政府能力维度的描述性统计

	实评值个数	均值	标准差	最小值	最大值
华东地区	353	17.62	2.64	9.45	24.53
全国	1766	16.98	2.48	9.16	24.53

图38展示的是华东地区县级政府政府能力维度得分位于各类别的数量与占比。维度得分位于 A 类、B 类、C 类、D 类的县级政府数量分别为 93

个（占比 26%）、118 个（占比 33%）、99 个（占比 28%）、43 个（占比 12%）。华东地区政府能力拔尖的县（市）较多，政府能力优良的县（市）占比约为 60%，40% 的县级政府政府能力维度得分处于全国中等偏下水平。

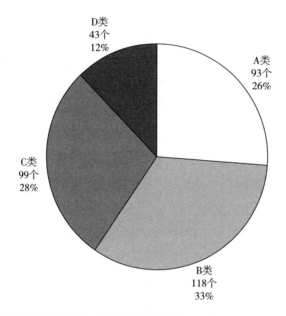

图 38 华东地区县级政府政府能力维度得分位于各类别的数量与占比统计

从华东地区县级政府政府能力维度类别分布情况看，维度得分位于 A 类的县（市）主要分布在安徽省和江西省。维度得分位于 B 类的县（市）主要分布在江西省和山东省。维度得分位于 C 类的县（市）较多分布在山东省和浙江省。维度得分位于 D 类的县（市）较多分布在浙江省。华东地区政府能力维度 A 类县（市）见表 60。

表 60 华东地区政府能力维度 A 类县（市）

省份	地级市	县（市）
江苏省	常州市	溧阳市
江苏省	苏州市	常熟市
江苏省	苏州市	张家港市
江苏省	苏州市	太仓市

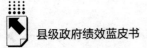
续表

省份	地级市	县(市)
江苏省	淮安市	金湖县
江苏省	盐城市	射阳县
江苏省	盐城市	建湖县
江苏省	扬州市	仪征市
江苏省	扬州市	高邮市
江苏省	镇江市	扬中市
江苏省	镇江市	句容市
江苏省	宿迁市	泗洪县
浙江省	嘉兴市	嘉善县
浙江省	嘉兴市	平湖市
浙江省	嘉兴市	桐乡市
浙江省	衢州市	开化县
浙江省	丽水市	青田县
浙江省	丽水市	遂昌县
浙江省	丽水市	庆元县
安徽省	合肥市	长丰县
安徽省	合肥市	巢湖市
安徽省	蚌埠市	固镇县
安徽省	淮南市	寿县
安徽省	马鞍山市	当涂县
安徽省	马鞍山市	含山县
安徽省	马鞍山市	和县
安徽省	铜陵市	枞阳县
安徽省	安庆市	太湖县
安徽省	安庆市	宿松县
安徽省	安庆市	岳西县
安徽省	安庆市	桐城市
安徽省	安庆市	潜山市
安徽省	黄山市	黟县
安徽省	黄山市	祁门县
安徽省	滁州市	全椒县
安徽省	滁州市	定远县
安徽省	滁州市	天长市
安徽省	阜阳市	太和县

续表

省份	地级市	县(市)
安徽省	阜阳市	阜南县
安徽省	阜阳市	界首市
安徽省	六安市	霍邱县
安徽省	六安市	舒城县
安徽省	六安市	金寨县
安徽省	亳州市	蒙城县
安徽省	池州市	石台县
安徽省	宣城市	宁国市
福建省	福州市	闽侯县
福建省	福州市	罗源县
福建省	福州市	闽清县
福建省	福州市	永泰县
福建省	福州市	福清市
福建省	莆田市	仙游县
福建省	三明市	清流县
福建省	三明市	宁化县
福建省	三明市	将乐县
福建省	泉州市	安溪县
福建省	漳州市	南靖县
福建省	南平市	顺昌县
福建省	南平市	政和县
福建省	南平市	邵武市
福建省	宁德市	寿宁县
福建省	宁德市	福安市
江西省	南昌市	安义县
江西省	萍乡市	上栗县
江西省	九江市	德安县
江西省	九江市	湖口县
江西省	赣州市	安远县
江西省	赣州市	寻乌县
江西省	赣州市	石城县
江西省	吉安市	新干县
江西省	吉安市	永丰县
江西省	吉安市	万安县

省份	地级市	县（市）
江西省	吉安市	安福县
江西省	宜春市	万载县
江西省	宜春市	上高县
江西省	宜春市	靖安县
江西省	宜春市	丰城市
江西省	宜春市	樟树市
江西省	宜春市	高安市
江西省	抚州市	金溪县
江西省	抚州市	资溪县
江西省	上饶市	弋阳县
江西省	上饶市	万年县
山东省	东营市	利津县
山东省	潍坊市	诸城市
山东省	潍坊市	安丘市
山东省	潍坊市	昌邑市
山东省	济宁市	鱼台县
山东省	临沂市	费县
山东省	临沂市	蒙阴县
山东省	德州市	平原县
山东省	德州市	夏津县
山东省	德州市	禹城市

②省份分析

图39展示了华东地区县级政府政府能力维度类别的省份分布情况。维度得分位于A类的县（市）最多的省份是安徽省（27，47%）。维度得分位于B类的县（市）最多的省份是江西省（32，45%）。维度得分位于C类的县（市）最多的省份是山东省（37，48%）。维度得分位于D类的县（市）最多的省份是浙江省（17，33%）。

（4）华南地区

①总体分析

华南地区县级政府政府能力维度得分区域内均值为17.20，标准差为

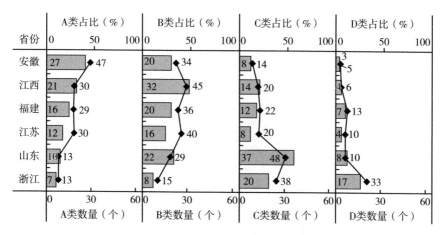

图39　华东地区县级政府政府能力维度类别的省份分布

2.12，最小值为 11.31，最大值为 23.40。华南地区县级政府政府能力维度得分区域内均值略高于全国平均水平，区域内差异程度低于全国平均水平（见表61）。华南地区县（市）政府能力在全国处于中等偏上水平。

表61　华南地区和全国县级政府政府能力维度的描述性统计

	实评值个数	均值	标准差	最小值	最大值
华南地区	142	17.20	2.12	11.31	23.40
全国	1766	16.98	2.48	9.16	24.53

图40 展示的是华南地区县级政府政府能力维度得分位于各类别的数量和占比。维度得分位于 A 类、B 类、C 类、D 类的县级政府数量分别为 17 个（占比 12%）、64 个（占比 45%）、45 个（占比 32%）、16 个（占比 11%）。华南地区政府能力拔尖和垫底的县（市）较少，政府能力优良的县（市）占比超过 50%，约 40%的县（市）政府能力处于全国中等偏下水平。

从华南地区县级政府政府能力维度类别分布情况看，维度得分位于 A 类的县（市）分布在广西壮族自治区和广东省。维度得分位于 B 类和 C 类的县（市）大多分布在广西壮族自治区和广东省。维度得分位于 D 类的县（市）均匀分布在该区域内各个省份。华南地区政府能力维度 A 类县（市）见表62。

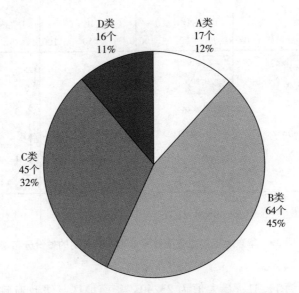

图 40　华南地区县级政府政府能力维度得分位于各类别的数量和占比统计

表 62　华南地区政府能力维度 A 类县（市）

省份	地级市	县(市)
广东省	韶关市	新丰县
广东省	江门市	台山市
广东省	江门市	恩平市
广东省	肇庆市	封开县
广东省	惠州市	惠东县
广东省	梅州市	蕉岭县
广东省	清远市	连南瑶族自治县
广西壮族自治区	梧州市	苍梧县
广西壮族自治区	梧州市	藤县
广西壮族自治区	梧州市	岑溪市
广西壮族自治区	钦州市	浦北县
广西壮族自治区	玉林市	兴业县
广西壮族自治区	玉林市	北流市
广西壮族自治区	贺州市	富川瑶族自治县
广西壮族自治区	河池市	巴马瑶族自治县
广西壮族自治区	河池市	都安瑶族自治县
广西壮族自治区	崇左市	天等县

②省份分析

图41展示了华南地区县级政府政府能力维度类别的省份分布情况。维度得分位于 A 类的县（市）最多的省份是广西壮族自治区（10，14%）。维度得分位于 B 类的县（市）最多的省份是广东省（30，53%）。维度得分位于 C 类的县（市）最多的省份是广西壮族自治区（26，37%）。维度得分位于 D 类的县（市）最多的省份是广东省（6，11%）。

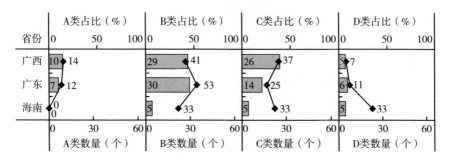

图41　华南地区县级政府政府能力维度类别的省份分布

（5）华中地区

①总体分析

华中地区县级政府政府能力维度得分区域内均值为 16.80，标准差为 2.56，最小值为 9.16，最大值为 21.74。华中地区县级政府政府能力维度得分区域内均值略低于全国平均水平，区域内差异程度略高于全国平均水平（见表63）。

表63　华中地区和全国县级政府政府能力维度的描述性统计

	实评值个数	均值	标准差	最小值	最大值
华中地区	254	16.80	2.56	9.16	21.74
全国	1766	16.98	2.48	9.16	24.53

图42展示的是华中地区县级政府政府能力维度得分位于各类别的数量和占比。维度得分位于 A 类、B 类、C 类、D 类的县级政府数量分别

为 45 个（占比 18%）、85 个（占比 33%）、75 个（占比 30%）、49 个（占比 19%）。华中地区政府能力拔尖的县级政府较少，政府能力优良的县级政府约为 50%，约 50% 的县级政府政府能力维度得分处于全国中等偏下水平。

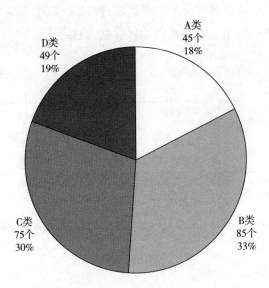

图 42　华中地区县级政府政府能力维度得分位于各类别的数量和占比统计

从华中地区县级政府政府能力维度类别分布情况看，维度得分位于 A 类的县（市）主要分布在湖北省。维度得分位于 B 类的县（市）均匀分布在该区域各省。维度得分位于 C 类的县（市）大多分布在河南省。维度得分位于 D 类的县（市）较多分布在湖南省。华中地区政府能力维度 A 类县（市）见表 64。

表 64　华中地区政府能力维度 A 类县（市）

省份	地级市	县（市）
河南省	洛阳市	栾川县
河南省	洛阳市	汝阳县
河南省	洛阳市	洛宁县

省份	地级市	县（市）
河南省	平顶山市	舞钢市
河南省	新乡市	长垣市
河南省	濮阳市	台前县
河南省	许昌市	鄢陵县
河南省	漯河市	临颍县
河南省	南阳市	内乡县
河南省	商丘市	民权县
河南省	商丘市	睢县
河南省	信阳市	淮滨县
河南省	省直辖	济源市
湖北省	宜昌市	远安县
湖北省	宜昌市	长阳土家族自治县
湖北省	宜昌市	五峰土家族自治县
湖北省	宜昌市	宜都市
湖北省	宜昌市	当阳市
湖北省	宜昌市	枝江市
湖北省	襄阳市	保康县
湖北省	襄阳市	老河口市
湖北省	襄阳市	枣阳市
湖北省	孝感市	大悟县
湖北省	孝感市	应城市
湖北省	孝感市	安陆市
湖北省	荆州市	江陵县
湖北省	荆州市	洪湖市
湖北省	咸宁市	嘉鱼县
湖北省	随州市	随县
湖北省	随州市	广水市
湖北省	省直辖	潜江市
湖北省	省直辖	天门市
湖北省	省直辖	神农架林区
湖南省	株洲市	茶陵县
湖南省	株洲市	炎陵县
湖南省	衡阳市	衡东县
湖南省	常德市	桃源县

续表

省份	地级市	县（市）
湖南省	郴州市	嘉禾县
湖南省	郴州市	汝城县
湖南省	郴州市	桂东县
湖南省	永州市	道县
湖南省	怀化市	麻阳苗族自治县
湖南省	怀化市	新晃侗族自治县
湖南省	怀化市	靖州苗族侗族自治县
湖南省	湘西土家族苗族自治州	永顺县

②省份分析

图 43 展示了华中地区县级政府政府能力维度类别的省份分布情况。维度得分位于 A 类的县（市）最多的省份是湖北省（20，32%）。维度得分位于 B 类的县（市）最多的省份是河南省（31，30%）。维度得分位于 C 类的县（市）最多的省份是河南省（43，41%）。维度得分位于 D 类的县（市）最多的省份是湖南省（31，36%）。

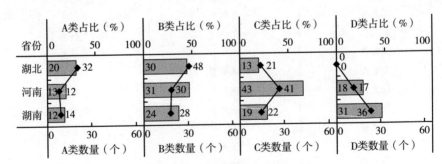

图 43　华中地区县级政府政府能力维度类别的省份分布

（6）西北地区

①总体分析

西北地区县级政府政府能力维度得分区域内均值为 15.61，标准差为 2.34，最小值为 9.55，最大值为 21.34。西北地区县级政府政府能力维度得分区域内均值低于全国平均水平，区域内差异程度略低于全国平均水平（见表65）。西北地区县（市）政府能力整体有待提升。

表65　西北地区和全国县级政府政府能力维度的描述性统计

	实评值个数	均值	标准差	最小值	最大值
西北地区	263	15.61	2.34	9.55	21.34
全国	1766	16.98	2.48	9.16	24.53

图44展示的是西北地区县级政府政府能力维度得分位于各类别的数量与占比。得分位于 A 类、B 类、C 类、D 类的县级政府数量分别为 12 个（占比 5%）、54 个（占比 21%）、116 个（占比 44%）、81 个（占比 31%）。西北地区政府能力拔尖的县级政府较少，政府能力优良的县级政府占比不到30%，近70%的县级政府政府能力维度得分处于全国中等偏下水平。

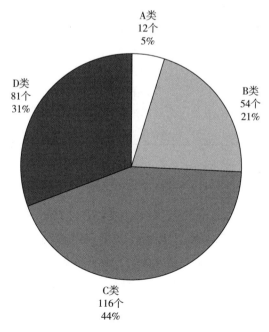

图44　西北地区县级政府政府能力维度得分位于各类别的数量与占比统计

从西北地区县级政府政府能力维度类别分布情况看，维度得分位于A类的县（市）主要分布在陕西省。维度得分位于B类的县（市）较多分布在陕西省。维度得分位于C类的县（市）除宁夏回族自治区分布较少以外，在其他省份分布比较均匀。维度得分位于D类的县（市）较多分布在新疆维吾尔自治区和甘肃省。西北地区政府能力维度A类县（市）见表66。

表66　西北地区政府能力维度A类县（市）

省份	地级市	县（市）
陕西省	铜川市	宜君县
陕西省	宝鸡市	凤翔县
陕西省	宝鸡市	凤县
陕西省	渭南市	合阳县
陕西省	汉中市	宁强县
陕西省	汉中市	佛坪县
陕西省	安康市	紫阳县
陕西省	安康市	平利县
甘肃省	平凉市	崇信县
甘肃省	庆阳市	庆城县
甘肃省	庆阳市	镇原县
新疆维吾尔自治区	巴音郭楞蒙古自治州	和静县

②省份分析

图45展示了西北地区县级政府政府能力维度类别的省份分布情况。维度得分位于A类的县（市）最多的省份是陕西省（8，10%）。维度得分位于B类的县（市）最多的省份是陕西省（23，30%）。维度得分位于C类的县（市）最多的省份是新疆维吾尔自治区（28，39%）、陕西省（28，36%）。维度得分位于D类的县（市）最多的省份是新疆维吾尔自治区（28，39%）。西北地区仅有陕西省维度得分优良的县（市）占比超过30%。

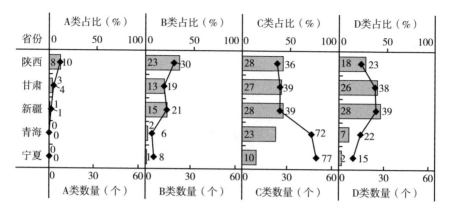

图45　西北地区县级政府政府能力维度类别的省份分布

（7）西南地区

①总体分析

西南地区县级政府政府能力维度得分区域内均值为17.82，标准差为2.20，最小值为10.70，最大值为23.28。西南地区县级政府政府能力维度得分区域内均值高于全国平均水平，区域内差异程度略低于全国平均水平（见表67）。西南地区县（市）政府能力处于全国中等偏上水平。

表67　西南地区和全国县级政府政府能力维度的描述性统计

	实评值个数	均值	标准差	最小值	最大值
西南地区	335	17.82	2.20	10.70	23.28
全国	1766	16.98	2.48	9.16	24.53

图46展示的是西南地区县级政府政府能力维度得分位于各类别的数量与占比。得分位于A类、B类、C类、D类的县级政府数量分别为76个（占比23%）、152个（占比45%）、85个（占比25%）、22个（占比7%）。西南地区政府能力拔尖的县级政府较多，政府能力优良的县级政府占比接近70%，约30%的县级政府政府能力维度得分处于全国中等偏下水平。

从西南地区县级政府政府能力维度类别分布情况看，维度得分位于A

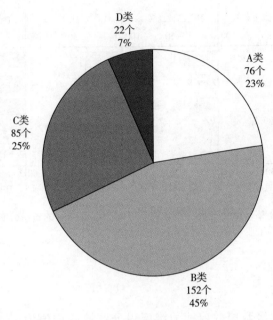

图 46　西南地区县级政府政府能力维度得分位于各类别的数量与占比统计

类的县（市）主要分布在四川省。维度得分位于 B 类的县（市）较多分布
在四川省和云南省。维度得分位于 C 类的县（市）较多分布在云南省。维
度得分位于 D 类的县（市）各省均较少分布。西南地区政府能力维度 A 类
县（市）见表 68。

表 68　西南地区政府能力维度 A 类县（市）

省份	地级市	县（市）
重庆市	市直辖	石柱土家族自治县
四川省	成都市	大邑县
四川省	自贡市	荣县
四川省	攀枝花市	盐边县
四川省	泸州市	泸县
四川省	泸州市	合江县
四川省	泸州市	叙永县
四川省	德阳市	广汉市
四川省	德阳市	什邡市

续表

省份	地级市	县（市）
四川省	绵阳市	盐亭县
四川省	绵阳市	北川羌族自治县
四川省	绵阳市	江油市
四川省	遂宁市	射洪市
四川省	内江市	威远县
四川省	内江市	隆昌市
四川省	乐山市	犍为县
四川省	乐山市	井研县
四川省	乐山市	峨眉山市
四川省	南充市	西充县
四川省	眉山市	青神县
四川省	宜宾市	江安县
四川省	宜宾市	长宁县
四川省	宜宾市	珙县
四川省	宜宾市	屏山县
四川省	广安市	岳池县
四川省	达州市	宣汉县
四川省	达州市	开江县
四川省	达州市	大竹县
四川省	达州市	渠县
四川省	达州市	万源市
四川省	雅安市	汉源县
四川省	雅安市	石棉县
四川省	雅安市	天全县
四川省	雅安市	芦山县
四川省	资阳市	安岳县
四川省	阿坝藏族羌族自治州	马尔康市
四川省	阿坝藏族羌族自治州	汶川县
四川省	阿坝藏族羌族自治州	理县

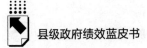

续表

省份	地级市	县(市)
四川省	阿坝藏族羌族自治州	黑水县
四川省	阿坝藏族羌族自治州	阿坝县
四川省	阿坝藏族羌族自治州	若尔盖县
四川省	甘孜藏族自治州	石渠县
四川省	甘孜藏族自治州	巴塘县
四川省	甘孜藏族自治州	乡城县
四川省	凉山彝族自治州	金阳县
四川省	凉山彝族自治州	美姑县
贵州省	贵阳市	息烽县
贵州省	贵阳市	修文县
贵州省	遵义市	绥阳县
贵州省	遵义市	道真仡佬族苗族自治县
贵州省	遵义市	赤水市
贵州省	毕节市	纳雍县
贵州省	毕节市	赫章县
贵州省	铜仁市	江口县
贵州省	黔东南苗族侗族自治州	施秉县
贵州省	黔东南苗族侗族自治州	镇远县
贵州省	黔东南苗族侗族自治州	岑巩县
贵州省	黔东南苗族侗族自治州	剑河县
贵州省	黔东南苗族侗族自治州	丹寨县
贵州省	黔南布依族苗族自治州	福泉市
云南省	昆明市	禄劝彝族苗族自治县
云南省	昆明市	寻甸回族彝族自治县
云南省	昆明市	安宁市
云南省	曲靖市	师宗县
云南省	玉溪市	澄江市
云南省	昭通市	绥江县
云南省	普洱市	宁洱哈尼族彝族自治县

续表

省份	地级市	县(市)
云南省	楚雄彝族自治州	南华县
云南省	楚雄彝族自治州	大姚县
云南省	红河哈尼族彝族自治州	金平苗族瑶族傣族自治县
云南省	文山壮族苗族自治州	西畴县
云南省	文山壮族苗族自治州	富宁县
云南省	大理白族自治州	巍山彝族回族自治县
云南省	大理白族自治州	云龙县
云南省	大理白族自治州	鹤庆县
西藏自治区	昌都市	洛隆县

②省份分析

图47展示了西南地区县级政府政府能力维度类别的省份分布情况。维度得分位于 A 类的县(市)最多的省份是四川省（45，35%）。维度得分位于 B 类的县(市)最多的省份是四川省（54，43%）。维度得分位于 C 类的县(市)最多的省份是云南省（38，34%）。维度得分位于 D 类的县(市)最多的省份是贵州省（7，10%）。西南地区除西藏自治区以外维度得分优良的县(市)占比均超过50%。

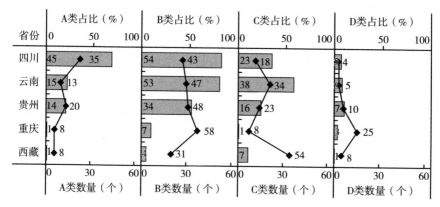

图47　西南地区县级政府政府能力维度类别的省份分布

（四）年度对比分析

1. 政府能力维度得分总体均值年度对比分析

表 69 是 2018~2019 年中国县级政府政府能力维度对比情况。2019 年全国县级政府政府能力维度得分总体均值、最大值和最小值均低于 2018 年，降幅分别达 20.06%、14.94%、7.01%。整体来看，2019 年全国县级政府的政府能力呈现退步趋势。

表 69　2018~2019 年中国县级政府政府能力维度对比

单位：个

年份	均值	最大值	最小值	A 类	B 类	C 类	D 类
2018	21.24	28.84	9.85	254	630	537	276
2019	16.98	24.53	9.16	285	628	573	280

2. 政府能力维度得分省内均值年度对比分析

表 70 是 2019 年中国县级政府政府能力维度得分省内均值同比变化情况。2019 年县级政府的政府能力维度得分省内均值相较于 2018 年整体处于下降趋势。其中，西藏自治区下降幅度最小，降幅为 6.56%，湖北的下降幅度次之，降幅为 6.81%；一半的省份降幅超过 20%，海南和浙江下降幅度较大，降幅分别为 30.00% 和 29.37%。

表 70　2018~2019 年中国县级政府政府能力维度得分省内均值比较

单位：%

省份	2019 年	2018 年	均值变化	变化幅度
安徽	19.15	26.29	-7.14	-27.16
四川	18.61	21.93	-3.32	-15.14
湖北	18.47	19.82	-1.35	-6.81
江西	18.24	21.48	-3.24	-15.08
江苏	18.07	21.87	-3.8	-17.38
内蒙古	18.00	20.50	-2.5	-12.20
贵州	17.59	20.80	-3.21	-15.43

省份	2019 年	2018 年	均值变化	变化幅度
福建	17.55	22.70	-5.15	-22.69
广东	17.45	22.47	-5.02	-22.34
广西	17.39	21.22	-3.83	-18.05
云南	17.32	20.65	-3.33	-16.13
西藏	16.95	18.14	-1.19	-6.56
山东	16.93	21.70	-4.77	-21.98
河北	16.88	20.79	-3.91	-18.81
重庆	16.57	17.87	-1.3	-7.27
黑龙江	16.53	19.22	-2.69	-14.00
河南	16.53	21.96	-5.43	-24.73
陕西	16.42	22.26	-5.84	-26.24
辽宁	16.34	22.31	-5.97	-26.76
山西	16.24	20.25	-4.01	-19.80
湖南	15.89	20.00	-4.11	-20.55
浙江	15.80	22.37	-6.57	-29.37
宁夏	15.73	22.08	-6.35	-28.76
青海	15.53	17.68	-2.15	-12.16
甘肃	15.45	20.86	-5.41	-25.93
海南	15.33	21.90	-6.57	-30.00
吉林	15.01	19.53	-4.52	-23.14
新疆	14.90	19.01	-4.11	-21.62

3. 政府能力维度得分区域内均值年度对比分析

表 71 是 2019 年中国县级政府政府能力维度得分区域内均值同比变化情况。2019 年县级政府的政府能力维度得分区域内均值相较于 2018 年数据整体呈现下降趋势，下降幅度最小的是西南地区，下降幅度为 15.01%；降幅最大的西北地区，其县级政府的政府能力维度得分区域内均值降幅达24.93%。此外，东北、华南、华东三个地区的下降幅度均超过 20%。

表 71 2018~2019 年中国县级政府政府能力维度得分区域内均值比较

单位：%

地区	2019 年	2018 年	均值变化	变化幅度
华东	17.62	22.69	-5.07	-22.36
华北	16.98	20.59	-3.61	-17.53
西北	15.61	20.79	-5.18	-24.93
华中	16.80	20.72	-3.92	-18.94
西南	17.82	20.97	-3.15	-15.01
华南	17.20	21.84	-4.64	-21.25
东北	16.04	20.24	-4.20	-20.75

二 研究发现与对策建议

针对中国县级政府政府能力维度的评价结果，本报告有以下研究发现，并基于研究发现就如何提升政府能力提出对策建议。

（一）研究发现

1. 全国县级政府政府能力维度得分符合正态分布规律

在县级政府政府能力维度，拔尖和落后的县级政府均较少，中等水平的县级政府较多，呈现"两头小、中间大"的发展态势。

2. 安徽省、四川省县级政府政府能力水平突出

县级政府政府能力水平前 10 名中，安徽省、四川省各占 3 名，安徽省 A 类县比例高达 47%，其中安徽省宿松县、安徽省宁国市居全国前 2 名。四川省 A 类县比例达 35%，其中四川省广汉市、四川省西充县、四川省叙永县居全国前 10 名。

3. 华东地区、西南地区县级政府政府能力领先全国

县级政府政府能力水平前 10 名中，华东地区、西南地区各占 4 名，华东地区 A 类县（市）占比高达 26%，西南地区 A 类县（市）占比达 23%。

政府能力会受到经济、文化、社会等方面因素影响，发达地区存在一定优势，西南地区近年来发展增速较快，其政府能力水平也随之不断提升。

4. 县级政府政府能力存在区域性聚集现象

在省份层面，政府能力拔尖的县（市）主要分布于四川省、安徽省、江西省，政府能力靠后的县（市）主要分布于湖南省、新疆维吾尔自治区、甘肃省。在区域层面，政府能力拔尖的县（市）主要分布于华东地区、西南地区，政府能力靠后的县（市）主要分布于西北地区、华中地区。

5. 省份之间政府能力呈现"南强北弱，东强西弱"特征

整体来看，东南沿海和西南内陆地区县级政府政府能力较强，东部地区县级政府政府能力整体上强于西部，南部地区县级政府政府能力整体上强于北部，中东部、南部和西南部省份均表现较好，而西北部和东北地区省份表现相对较差，说明政府能力差异与经济社会发展水平差异高度匹配。

6. 区域之间政府能力存在 V 形绩效鸿沟

西南地区、华东地区、华南地区县级政府政府能力较高，华北地区、华中地区、东北地区、西北地区县级政府政府能力较低。华东地区和华南地区的县级政府政府能力表现符合预期，西南地区县级政府政府能力水平比以往更为突出。

7. 县级政府政府能力水平相较以往有所降低

2019 年全国县级政府政府能力维度得分总体均值、最大值和最小值均低于 2018 年，降幅分别达 20.06%、14.94%、7.01%。整体来看，2019 年全国县级政府的政府能力呈现退步趋势。

（二）对策建议

1. 加强政府系统党的建设，把坚持党的全面领导贯穿政府工作全局

县级政府要坚持以习近平新时代中国特色社会主义思想为指导，坚决落实党中央全面从严治党战略部署，坚持目标导向、问题导向、结果导向相统一，全面推进政府系统内部党的政治建设、思想建设、组织建设、作风建设、纪律建设，加强理想信念教育，推动制度队伍建设，严抓党风廉政建

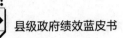

设，规范权力阳光运行。

2. 深化数字赋能服务改革，建设网络化、智能化、便捷化政府

县级政府要加大科研经费投入力度，构建集运行、管理、创新、开发、保障等于一体的政务服务数字化管理体系，对大数据、云计算、区块链、人工智能加强挖掘，推进"跨省办""一网通办""不见面审批"等在线便民服务。加大上下级、部门间协同力度，实现"并联审批、一照一码、信息共享"，精简无效平台、网站、信息端口，提高电子政务服务的便捷性、易用性，为群众、企事业单位提供一站式优质服务。

3. 落实政府绩效管理制度，以制度为抓手提升政府效能

县级政府要对政府部门、工作人员探索运用目标责任制、关键业绩指标考核等绩效考评方法，以量化指标考察政府工作绩效，动态更新调整指标考核体系。加快研究制定符合县（市）功能定位的政府绩效管理评价体系和实施意见，形成"任务制定—过程管理—多元评价—反馈整改—绩效提升"的绩效管理链条。

4. 推进政府内部廉政治理，持续加大反腐败斗争力度

县级政府要不断完善反腐制度体系，把权力关进制度的笼子里，形成不敢腐的惩戒机制、不能腐的防范机制、不易腐的保障机制。要持之以恒正风肃纪，严明党的纪律，加强纪律教育，强化纪律执行，常态化召开民主生活会和警戒恳谈会，营造"以案明鉴、警戒常在"的廉政氛围，让党员干部知敬畏、存戒惧、守底线，习惯在受监督和约束的环境中工作生活。

5. 持续健全责任清单制度，确保行政权责对等有据

县级政府要在建立统一的权责清单制度的基础上，及时公开并加强宣传，保障群众和企业的知情权，主动向社会公布，加强社会对政府权力的监督，避免"越线"。根据地方实情要不断细化责任清单，拒绝抽象描述，减少操作空间，做到责任清单真正对应具体事务。制定政府组成部门责任清单后，要加快推进下属单位、科室、工作人员责任清单建立完善，优化和公开权力运行流程，逐步形成权责清晰、程序严密、运行公开、监督有效的行政权力公开透明运行机制。

6. 加大政府及时回应力度，不断提升政府形象和公信力

县级政府要健全回应公众关切和社会舆论制度，完善主动发布机制，深化新闻发言人制度，定时按点回应、公开相关政府工作。建立线上政务服务客服团队，以"淘宝"客服为例，对于群众和企事业单位在网站咨询办理、手机 App 咨询办理过程中遇到的问题要及时回应、帮助解决，规定回复时间，提升回应的及时性和有效性。搭建政民互动平台，常态化听取外界对政府工作的建议，听取群众的呼声。缩短依公开申请回复时间，对于群众和社会需要的不涉密资料和非违规违法资料，要及时提供。加强绩效问责，对于拖延、不予回复的行为进行严惩并向社会公布处理情况。

7. 提升财政资金使用质量，切实做到资源优化合理配置

县级政府要进一步优化和简化县域建设项目实施管理办法和资金管理办法，细化、明确项目资金使用各步骤、各环节的要求，严把质量关、安全关和廉洁关，提高资金使用效益，开展资金使用绩效评估。减少不必要的机关部门财政支出，压减机关公用经费和行政管理、教育培训等项目支出中的非急需非刚性支出，坚持政府过紧日子，让群众过稳日子。

8. 持续加大信息公开力度，真正建设阳光型服务政府

县级政府要在政府门户网站、职能部门实体办公地点及时更新发布权力责任清单、领导人信息、财政资金使用信息、政府工作报告、国民经济社会发展统计公报、项目采购、统计信息等，建立健全信息公开标准和流程，使群众和企事业单位容易找、看得懂、能监督，将信息公开程度纳入政府绩效考核体系。

9. 完善党员干部培训制度，切实提升行政责任意识和素质

健全公务员培训制度，提供更多培训机会，提升培训辅导质量，采取"通用能力模块+类别能力模块"的培训模式。加强理想信念和职业道德教育，提升公务员队伍的思想境界和职业操守。完善修订公务员法，提高准入门槛，加大对年轻干部的培养力度，鼓励青年党员干部到基层一线工作。

典型案例篇

Typical Cases

B.5
政府绩效标杆案例[*]

——江苏省张家港市

兰州大学中国政府绩效管理研究中心"县级政府绩效指数"课题组[**]

摘　要： 张家港市政府绩效指数得分居全国首位，各维度表现均较为优异，是县（市）政府绩效的标杆。本报告主要基于通过网络途径收集的数据，呈现和分析张家港市政府优异绩效背后的一些好的做法，以期为县（市）政府提升绩效提供经验借鉴。本报告认为，张家港市政府绩效治理经验体现在三个方面：一是有为政府与有效市场双轮驱动，提升发展成效；二是相信和依靠群众，优化社会治理；三是体制创新与数字赋能并重，增强政府能力。

---

[*] 本报告数据均来源于江苏省张家港市政府门户网站、政务微信公众号、政务微博等官方平台公开发布资料。

[**] 执笔人：王智孝、宋馨远。王智孝，兰州大学管理学院博士研究生，研究方向为政府绩效管理；宋馨远，兰州大学管理学院硕士研究生，研究方向为政府绩效管理。

关键词：　政府绩效指数　标杆案例　张家港市

一　张家港市在中国县级政府绩效指数中的得分及分析

张家港市是由苏州市代管的江苏省县级市，位于中国大陆东部，长江下游南岸，东南与常熟相连，南与苏州、无锡相邻，西与江阴接壤，北滨长江，与如皋、靖江隔江相望，总面积 999 平方公里，[①] 其中陆域面积 777 平方公里，水域面积 195.67 平方公里。下辖 10 个区镇、3 个街道，拥有 2 个国家级开发区、1 个省级高新区、1 个省级冶金产业工业园，2021 年末，总人口 167 万人，其中户籍人口 93 万人。近年来，张家港市在各类县级政府评价项目中表现优异。2017 年 12 月 7 日，被推选为"2017 中国最具幸福感城市（县级）"；2018 年 10 月，入选 2018 年度全国综合实力百强县市，排第 3 位，2018 年全国科技创新百强县市，排第 4 位；2018 年 11 月，入选"2018 中国最具幸福感城市"（县级）；2019 年 2 月，重新确认为国家卫生城市（区）。2019 年 7 月 19 日，入选中国百强县，并且进入前 10 名；2019 年 11 月 21 日，荣膺"2019 中国县级市全面小康指数"第 1 名；2019 年 12 月，张家港市位列《中国县域经济发展报告（2019）》2019 年全国综合经济竞争力第 3 位、2019 年投资潜力全国百强县（市）第 37 位，入选 2019 年全国制造业百强县（市），入选 2019 年全国营商环境百强县（市）。[②]

此次张家港市入选"中国县级政府绩效指数前百名"，并以 77.06 的成绩排全国第 1 名。其中发展成效维度得分为 46.69，社会治理维度得分为 9.40，政府能力维度得分为 20.97，均位于第一梯队。这反映出张家港市 2019 年在各

---

① 张家港-百度百科，https：//baike.baidu.com。
② 《2019 年张家港市国民经济和社会发展统计公报》，张家港市人民政府网，2020 年 9 月 27 日，https：//www.zjg.gov.cn/zjgszwz/gmjjfb/202009/c1c3c7bc28d949ee89caa6ddc2deafa5.shtml。

个方面均表现优异。通过分析，课题组认为张家港市的综合政府绩效表现得益于其在发展成效、社会治理和政府能力等诸多方面的创新性工作。

二　张家港市提升政府绩效的经验与对策

张家港市政府绩效总体和各维度均表现优异，说明其在发展成效、社会治理和政府能力方面均具有值得借鉴的成功经验。本报告从三个维度出发，将张家港市提升政府绩效的经验概括为统筹兼顾提升发展成效，社区协商优化社会治理，有为有效增强政府能力。

（一）统筹兼顾，全方位提升发展成效

1. 大力招商引资，建设卓越港城

招商引资是县（市）政府推进地区经济建设的重要手段，一度成为县（市）政府的主要工作，在中国经济发展中发挥着重要作用。张家港市牢牢抓住长江经济带高质量发展、长三角区域一体化发展两大机遇，以张家港精神凝心聚力，坚持"稳中求进、争先率先"，以"招商突破年"为主攻点，奋力推动港城高质量发展走在前列，建设卓越港城。一是积极承接北京地区优质资源，推动政策集成创新和有效制度供给，为每个到张家港投资兴业的企业提供充足的"阳光雨露"，多次举办上海、北京、深圳以及海外系列招商活动；二是坚持项目为王，牢固树立"抓项目就是抓发展，谋项目就是谋未来"的理念，掀起新一轮聚焦大项目、攻坚大项目、服务大项目的热潮，项目数量、质量取得新突破。2019年，省、苏州、市本级重大项目完成投资143.5亿元，完成年度投资任务的115.4%。国家第二批重大外资推进项目"光束汽车项目"正式启动，中车氢能源产业基地、中铁世博城等优质项目成功签约。固定资产投资、工业投资、实际利用外资实现两位数增长，工业投资同比增长20%，其中新兴产业投资占比达80%。①

---

① 《张家港市2020年政府工作报告》，张家港市人民政府网，2020年1月20日，https：//www.zjg.gov.cn/zjg/c100018/202001/190df6bf356243638d68296b53b342e8.shtml。

2. 整治沿江环境，建设美丽港城

张家港市严格践行"绿水青山就是金山银山"的理念，坚持把修复长江生态环境摆在压倒性位置，狠抓生态环境突出问题整改，践行长江经济带"共抓大保护、不搞大开发"的要求，打造宜居特质更加鲜明的"港城生态升级版"。以壮士断腕的决心，做好污染防治的"减法"，提高防污治污能力，坚决打赢"蓝天、碧水、净土"保卫战；以只争朝夕的精神，做好生态建设的"加法"，坚守生态保护红线，加强沿江生态修复，建设绿色生态廊道；以改革创新为动力，做好绿色发展的"乘法"，科学规划完善沿江产业布局和长江岸线功能，引导企业优化产业结构和能源结构，厚植绿色发展的根基。深入开展长江环境大整治、环保大提升、沿江环境"三化"专项行动，完成沿江地区生态保护规划、"张家港湾"规划设计和通洲沙江心岛湿地总体规划，推进长江经济带国土空间用途管制与纠错机制试点。长江沿岸完成植绿复绿 2162 亩，长江张家港段生产岸线占比压减至 42%，生态岸线占比提升至 50%，依法取缔的无证无照码头达 151 家，"张家港湾"、双山岛入选省沿江岸线整治和生态修复标志性工程。[①]

3. 打造创新社区，建设创新港城

张家港市充分聚合创新要素，协力打造具有张家港特色的"创新社区"，激活政府与市场的"双强引擎"，打造创新动能更加强劲的"港城经济升级版"。一是进一步发挥市场在创新资源配置中的决定性作用，让创新要素在市场机制作用下有效聚集起来，使创新主体受到充分激励。2019 年，张家港市全年净增高新技术企业 110 家，新增省高新技术企业培育库企业 223 家（入选通过率苏州市第一）；新增"省双创计划"人才 20 名（苏州县市区第一），同比增长 300%；列入"姑苏计划"人才项目 31 个（苏州县市区第一）；科技企业孵化器绩效评价省级优秀 3 家、苏州市级优秀 5 家

---

① 《江苏张家港市人大常委会助推打好水污染防治攻坚战工作》，中国污水处理工程网，2019 年 6 月 21 日，https://www.dowater.com/news/2019-06-21/1006510.html。

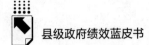

（均列苏州县市区第一）；新增省众创空间 7 家（全省县市区第一）。张家港市推行的企业科技创新积分制还获得了科技部肯定并拟向国家级高新区和创新型县（市）推广。二是更好发挥政府的作用，聚焦转型创新驱动，深化科技体制改革，通过政策创新、制度创新和服务创新，当好"店小二""勤务员"，做好"体制机制创新"这篇大文章，打出重量级政策"组合拳"，打造"创新驱动第一引擎、城市建设第一地标、苏南高新区第一方阵"，突出"一个关键"，扣牢"两大抓手"。"一个关键"即"优化创新生态"，"两大抓手"即"全国创新型县（市）建设"和"国家级高新区创建"。①

4. 设图书馆驿站，建设书香港城

张家港市积极设立图书馆驿站，打造文明优势更加彰显的"港城治理升级版"。自 2013 年 5 月全国首个 24 小时图书馆驿站在梁丰社区建成以来，张家港市主动将其列为政府民生实事项目。24 小时图书馆驿站以建筑形态为具体表现，以读者自助为主要服务方式，以全天候开放为主要特征，以智能系统为技术支撑。24 小时图书馆驿站按照"党政主导、属地主责、志愿服务"的总原则运行管理。属地党委、政府承担辖区图书馆驿站管理的主体责任，属地社区或村承担日常管理职责。24 小时图书馆驿站纳入张家港市公共图书馆服务体系，由市图书馆提供网络技术指导和技术支持，通过社会购买服务的方式实现设备日常技术维护。每年用于宣传教育的经费（不含基本建设等经费），列入市（县）、区镇（街道）两级年度财政预算或年度经费安排，由市镇两级财政负担，区镇建设主体方负责建设及日常维护和管理费用，市财政采取以奖代补的方式给予扶持。属地党委、政府以外的政府机关、公办民营企业、各种社会团体（政协、文联、妇联、共青团、慈善协会等）、事业单位以及当地名人、居住在外地的本地籍人士，是当地 24 小时图书馆驿站建设的补充性资源。截至 2019 年，张家港市累计建成 24 小时图书馆驿站 42 个，居民综合阅读率达 97.5%，成为唯一获评全国全民阅

---

① 《为打造"港城发展升级版"注入资本力量》，张家港市人民政府网，2019 年 6 月 1 日，https：//www.zjg.gov.cn/zjg/gcyw/201906/a3343241425645788eecd5bff6d60f14.shtml。

读优秀项目的县级市。[①]

5. 改善医疗服务，建设健康港城

张家港市紧紧围绕"建办群众满意卫生"的目标，坚持统筹规划、改革创新，卫生健康事业持续稳步发展，打造医疗服务更加优质的"港城生活升级版"。截至 2019 年，张家港市有医疗卫生机构 446 家，包括医院 42 家，其中三级医院 2 家，二级医院 9 家，二甲以上医院 7 家，总数居全省县级市之首；各区镇公立医院创等升级，发展迅速，综合实力在苏州乃至全省乡镇中持续领先。张家港市启动区域医共体建设三年行动计划。积极融入医疗保障长三角一体化，实现江浙沪跨省异地就医门诊结算，与瑞金医院、中山医院等上海知名医院深度合作。张家港市实施"弱有所扶"大救助综合改革试点，社会救助服务中心建成投运，统筹实施医疗救助、大病保险、长期护理保险政策，村级医疗互助覆盖 26 万人。[②]

6. 严抓安全生产，建设平安港城

安全生产无小事，安全生产关系经济发展、社会稳定与民生幸福。张家港市全面推行镇（区）党政领导干部挂钩联系企业安全生产制度，深入推进重点领域安全生产大排查大整治。2019 年，张家港市排查治理各类安全隐患 8 万余处，完成 55 个三级政府挂牌督办重大隐患整改，生产安全事故起数和死亡人数分别下降 12.6%、18.8%。常态化开展"331"专项行动，累计排查整治火灾隐患 10 万余处。深化安全生产第三方服务机制，新创建双重预防机制企业 1000 家。[③]

（二）社区协商，大力度优化社会治理

张家港市全国农村社区治理实验区建设有力推进，建成全省首批"现代

---

① 《好消息！全国县级首个 24 小时图书馆驿站建设规范正式发布运行！》，张家港房产网，2020 年 6 月 4 日，http：//www.zjgzf.cn/news/zjgfc_ 43117.html。

② 《全力推动卫生健康事业高质量发展》，张家港市人民政府网，2019 年 2 月 26 日，https：//www.zjg.gov.cn/zjg/gcyw/201902/57aea9699fde48a39280d1660ed7900e.shtml。

③ 《张家港市 2020 年政府工作报告》，张家港市人民政府网，2020 年 1 月 20 日，https：//www.zjg.gov.cn/zjg/c100018/202001/190df6bf356243638d68296b53b342e8.shtml。

社区治理创新实验区"，高标准通过村民自治国家级试点验收。自开展"全国农村改革试验区"试验任务以来，张家港市从发展社会主义协商民主、保证人民当家做主的高度出发，深化村民自治工作，健全"自治、法治、德治相结合"乡村治理体系，着力打造"共建、共治、共享"社会治理新格局，实现三个大幅提升。截至2019年，全市97%的村（社区）成立了议事协商平台，推选出议事员2266名，群众参与社区协商有渠道、有代表、有回应，关心参与社区事务的积极性大大提高。通过社区协商及其配套改革的推进，村（居）委会自治属性有效增强，基层党建引领作用得到体现，社区法治突破了原有瓶颈，社区服务更加有据可依，社区协商及其配套改革为夯实社区治理基础、完善社区治理体系补上了关键一环。2016年，以村民自治、基层民主协商为核心内容的"社区协商——基层治理法治化的新探索"项目获评第四届"中国法治政府奖"第一名。2018年7月11日，苏州市委、政府在张家港市召开"全市城乡社区治理现代化建设暨张家港村民自治经验交流会"，张家港市社区治理、村民自治经验做法获得苏州发文推广。①

（三）有为有效，多维度增强政府能力

1.财政提质增效，增强政府财政能力

张家港市积极推动财政提质增效。一是财政预算执行及其他财政收支情况总体良好，较好地完成了市人大批准的2019年度预算任务。2019年，全市实现一般公共预算收入247亿元，同比增长5.81%，税收占比86.16%。二是有效实施财政政策。加大对智能制造、商务、服务业发展及淘汰落后"腾笼换凤"的扶持力度。支持科技创新和人才引进，为实现精准扶持，促进产业升级，出台了《张家港市高质量发展产业扶持政策意见》。着力缓解中小企业融资难困境，1~12月为全市91家企业办理贷款周转业务233笔，累计周转金额超70亿元。三是持续加大民生投入力度。加大财政支农投入

---

① 《张家港市"三力"提升打造社会治理新格局》，张家港市人民政府网，2019年8月13日，https://www.zjg.gov.cn/zjg/bmdt/201908/e3be44726a294cfbae2917d5f97bf6b5.shtml。

力度，支持乡村振兴战略有效实施，支持公共文化服务体系建设，落实文化产业政策扶持资金。支持创新创业，出台创业补贴实施细则，出台全科医生培养与使用激励机制实施办法和卫生人才计划实施细则。[①]

2. 优化法律服务，增强政府法治能力

张家港市围绕张家港精神再弘扬，以服务高质量发展为主线，着力推动公共法律服务体系建设，全力打造"港城公共法律服务体系升级版"。创新开展"法治张家港"领导干部圆桌论坛、"法治的力量"优秀法治案例分享，提升领导干部依法决策、公务人员为民服务的能力水平；创新实施"人民调解员先期处置非紧急非警务类警情"矛调勤务新模式，全面启用社区矫正蓝信"一网三通"构建智慧矫正模式，改善社会治理；集中开展小微企业"法企同行"活动，组织民营企业法律体检，针对金融机构、投融资项目、法律扶贫项目、企业职工、低保户提供金融风险防范建议、项目法律风险分析、法律援助等对应法律服务，助力经济高质量发展；融合新时代文明实践，律师、人民调解员、普法志愿者等深入实践所、实践站、基层村（社区），开展"宪法法律下乡""法润沙洲·春风行动"法律服务，满足群众美好生活法治服务需求，全力为打造"港城发展升级版"提供优质高效的法律服务和法治保障。大力推进公共法律服务体系建设，"12348"法律服务热线满意率保持苏州第一。[②]

3. 畅通政民互动，增强政府回应能力

张家港市持续推进政府网站优质规范发展，强化内容建设和信息发布审核，把好政治关、政策关、文字关。加快推进政府网站集约化，持续提升政府网上履职能力和服务水平，加快各区镇、市政府各部门信息发布系统与政府门户网站的互联互通，平稳做好机构改革后政府网站栏目功能新建、整

① 《关于2019年度张家港市财政预算执行及其他财政收支的审计工作报告》，苏州市人民政府网，2020年12月15日，https://www.suzhou.gov.cn/szsrmzf/sqxczyjs/202012/b1f66f4caf404665b30a95e94e9530df.shtml。

② 《张家港市司法局深推公共法律服务助力打造"港城发展升级版"》，张家港市人民政府网，2019年11月12日，https://www.zjg.gov.cn/zjg/fzgzdt/201911/94ad4a7663b54f259167ea3f74f2d50f.shtml。

合、改版等工作。建立宣布失效文件清单，对宣布失效文件进行全面梳理，主动公开失效文件清单，方便公众查询。理顺政务新媒体管理机制，加强统筹规划，建立完善相关工作制度，规范政务新媒体开设备案、清理整合、内容保障、安全防护、监督管理等工作。持续提升政府网上履职能力，推动更多优质政务信息和服务资源向移动端聚集，不断强化政务新媒体信息发布、传播、互动、查询、办事服务等功能，为企业群众提供便捷贴心的移动服务。加强市政务新媒体与市融媒体中心的沟通协调，推动融合发展。推行政府开放日制度，开展多样化的主题活动，加强政府与公众互动，增进社会对政府工作的理解、认同和支持，树立政府开放透明形象。进一步完善12345平台"一号答"服务体系，畅通企业群众建言评价通道，健全政策业务咨询智能知识库，鼓励群众在线分享办事经验，加强社会公众的参与、共享和监督。鼓励通过第三方评估、社情民意调查等方式，定期对政务公开质量和效果进行评估。①

4. 开展宣传教育，增强政府廉政能力

丰富廉政宣传教育形式是将党风廉政建设向纵深推进的重要举措。张家港市开展了"520（我爱廉）"系列活动，按照聚焦党风廉政建设和反腐败工作中心任务，严格落实从严治党、依规治党的要求，狠抓反腐倡廉在宣传、教育、文化三方面的工作，精心组织安排9项活动。一是宣传工作多措并举。通过"清语诵廉"征集党员干部家书、家训、家风，引导党员干部自觉做廉洁自律、廉洁用权、廉洁齐家的模范；开展"清廉献礼"活动，在全市各平台载体推出图片、视频、宣传标语、廉政小故事等新媒体作品，在巩固传统媒体宣传阵地的同时，积极抢占微时代新媒体新阵地话语权，力促多媒体协作、多平台融合。二是教育工作分层推进。开展新提拔领导干部集体廉政谈话、参观廉政教育基地、观看廉政警示教育片、开展廉政知识测试、签订廉洁自律承诺书，上好"廉政第一课"，让新提拔的领导干部既当事业发展的先

---

① 《张家港市2019年政务公开工作要点》，张家港市人民政府网，2019年7月29日，https://www.zjg.gov.cn/zjg/gkzd/201907/69252d0cb3bb45d4b1eb561df048e515.shtml。

锋，又做廉洁从政的表率。成立"清风讲师团"向全市广大党员干部、公职人员和人民群众进行反腐倡廉宣传教育；开展"清规测廉"，深化"勤廉天天问"每日一答活动，开展"万人答百题"，组织现场知识竞赛等，督促全市党员干部学深学透《中国共产党章程》《中国共产党纪律处分条例》《中华人民共和国监察法》等党纪法规，实现廉政教育"全天候、零距离、常态化"。三是文化提质创新内涵。举办"承暨阳清风，启勤廉之旅"勤廉宣传教育活动启动暨暨阳清风馆开馆仪式；开展"清纪醒廉"活动，将反腐倡廉警示教育基地、暨阳清风馆、钱氏名人馆、香山廉政文化馆等一批精品教育基地串点成线，发布"清风远帆航行"廉洁教育线路，组织全市党员干部开展实地体验教育，让党员干部在潜移默化中明规守纪。[①]

5. 打造线上平台，增强政府数字能力

数字政府契合大数据时代效率政府、服务型政府建设的要求。"张家港党政通"平台作为张家港市新型智慧城市中数字政府的标准前台，主要面向各级党政机关工作人员等，负责支撑政府内部跨部门业务高效协作。通过借力小程序容器，将"线下"业务转换为"线上"服务，以各委办局的业务场景为牵引，实现跨部门系统数据共享、多部门业务协同。如城市事件处置是多部门协同联动的典型应用场景，包含路灯损坏、井盖丢失等城市部件类，企业排污、违章搭建、聚众闹事等城市事件类。这些事件的处置过程，通常包括上报、受理、核实、派遣、部门处置、核查、办结等多个环节，参与人员多、处置环节多、牵涉应用系统多。使此业务场景入驻党政通平台，以统一用户体系为基础，打通各平台业务数据，优化各环节处置流程，形成了一整套平台对接的标准规范，各方参与人员只需登录一套门户即可完成事件的全过程处置跟踪办理。[②]

[①] 《张家港市 2019 年"520"（我爱廉）港城清韵宣教月启动暨"暨阳清风文化馆"开馆仪式》，张家港市人民政府网，2019 年 5 月 22 日，https：//www.zjg.gov.cn/zjg/lszb/201905/806151cc6543447cad9b1dce34e31874.shtml。

[②] 《探索新型智慧城市建设的"谋"与"略"》，"中国经济网"百家号，2021 年 7 月 6 日，https：//baijiahao.baidu.com/s? id＝1704500113262952848&wfr＝spider&for＝pc。

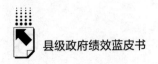

三 案例总结

评价的目的不是要划分三六九等，而是识别先进、总结经验，进而促进政府绩效持续改进提升。统一体制之下，地方政府面对的治理问题和治理情境具有普遍性，张家港市政府绩效标杆案例能够为中国县级政府的绩效改进提供可资借鉴的宝贵经验。总结来看，张家港市政府绩效治理经验体现在三个方面。

一是有为政府与有效市场双轮驱动，提升发展成效。政府和市场是解决发展问题的两种重要的手段和机制，两者优势互补、相辅相成。张家港市坚持使市场在资源配置中发挥决定性作用，更好发挥政府的作用，在招商引资、环境治理、科技创新、文化发展、医疗卫生等领域实现政府搭台市场唱戏，确保发展兼顾经济效益、社会效益、生态效益。

二是相信和依靠群众，优化社会治理。社会治理就是要在政府和市场之外发现社会，强调多元主体和非正式权威，重在权力分享和责任共担。张家港市发扬农村基层协商民主，释放社会活力，基层社区治理实现了由"替民做主"到"由民做主"的转变，为矛盾化解、服务供给提供了新思路、新办法。

三是体制创新与数字赋能并重，增强政府能力。体制和技术是政府能力建设的两个重点，前者是根本和难点，后者提供了条件。张家港市政府积极转变职能，加快建设服务型政府、法治政府、开放政府、廉洁政府、数字政府。同时，借助网络化、信息化的东风，打造一体化、集成式的政务服务平台，为政府能力建设提供技术支撑。

B.6
发展成效标杆案例*

——江苏省江阴市

兰州大学中国政府绩效管理研究中心"县级政府绩效指数"课题组**

摘　要： 根据政府发展成效维度得分，江阴市在发展成效维度上的表现优异。尤其在经济发展潜力、社会事业发展和环境治理方面树立了标杆。本报告基于二手数据分析，主要回答了江阴在发展成效方面为什么能成为全国的"尖子生"，又有哪些可复制可推广可操作的经验做法。评价结果显示，江阴市在发展成效维度的 26 项支撑数据中，有 12 项数据得分位于 A 类，有 10 项数据得分位于 B 类，有 4 项数据得分位于 C 类。本报告分析认为，江阴市在提升发展成效方面的经验体现在三个方面：一是聚集资源优势，推动高质量发展；二是全方位助力社会事业发展，推进健康与安全建设战略；三是构建多元主体积极参与的环境治理平台，打通生态环境发展主动脉。总体来看，江阴市在提升政府绩效方面的经验集中表现在三个方面：持续推进改革开放，增创区域竞争新优势；着力发展科技城市建设，增强经济发展新动能；持续推进绿色发展与安全发展。

关键词： 政府绩效评价　政府发展成效　江阴市

---

* 本报告数据均来源于江苏省江阴市政府门户网站、国家经济和社会发展统计公报、各部门2019 年度决算公开等公开发布资料。

** 执笔人：戴正、孙露。戴正，兰州大学管理学院博士研究生，研究方向为政府绩效管理；孙露，兰州大学管理学院硕士研究生，研究方向为政府绩效管理。

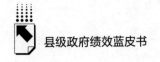

一 江阴市在中国县级政府绩效指数中的排名分析

江阴市为江苏省省辖县级市，无锡市代管，地处无锡市北部。截至 2019 年，县域面积 987.5 平方公里，户籍人口 126.41 万人，下辖 10 镇、4 乡、6 街道。江阴是长江重要交通枢纽和海运良港城市，经济实力雄厚，在全国县域经济基本竞争力排名中获"十七连冠"，获中国全面小康十大示范县市"十二连冠"。先后荣膺"江苏省历史文化名城""中国全面小康杰出贡献城市""中国民间文化艺术之乡""全国文明城市""国家卫生城市""中国最具幸福感城市""国家农产品质量安全县"等称号。

江阴市本次县级政府绩效评价的发展成效维度得分为 46.48，在 1766 个被评县（市）中名列前茅。发展成效维度的 26 项支撑数据中，江阴市有 12 项数据得分位于 A 类，有 10 项数据得分位于 B 类，有 4 项数据得分位于 C 类。首先，在经济发展方面，有 6 项数据位于 A 类，有 2 项数据位于 B 类，1 项数据位于 C 类。其次，在社会事业发展方面，江阴市科技发展处于领先水平，生态建设、教育发展、文体发展、卫生发展皆处于良好水平。最后，江阴市在公共安全方面表现较好，各项数据得分均位于 B 类以上。

二 江阴市提升发展成效的经验与对策

（一）经济发展方面

1. 推进高质量发展

江阴市面对复杂困难的经济形势，坚持全省高质量发展领跑者定位，建设"强富美高"新江阴，实现了经济的平稳提升。2019 年，全市全年 GDP 为 4001.12 亿元，按可比价格计算，增长 6.8%。全市 GDP 的增长构成中，第一产业增加值 36.08 亿元，下降 1.4%；第二产业增加值 2042.02 亿元，增长 8.9%；第三产业增加值 1923.02 亿元，增长4.7%。①

江阴市推进高质量发展表现在四个方面：一是重视企业的高质量发展，打造国际知名品牌。2019 年获得工业百强县（市）三连冠，共有 11 家企业入围中国企业 500 强，19 家企业入围中国制造业企业 500 强，8 家企业入围中国服务业企业 500 强。20 个出口品牌获批"2019～2020 年度无锡市重点培育和发展的国际知名品牌"。二是重视科学技术的高质量发展，落实创新驱动发展战略。全市获省科技成果转化项目 5 项、省重点研发计划项目 6 项，评国家科学技术奖 1 项、省科学技术奖 6 项。全年新认定高新技术企业 116 家，高新技术企业累计达 500 家，高新技术企业培育库企业 190 家，入库国家科技型中小企业 748 家。获评无锡市雏鹰、瞪羚、准独角兽企业分别为 3 家、6 家、1 家。高新技术产业产值达 2257.50 亿元，占规模以上工业产值比重为 37.2%。三是重视产业结构的高质量发展，推动产业结构优化升级。江阴市深化制造业与互联网融合发展，促进制造业智能化、绿色化、高端化、服务化发展，深化调整产业结构；加快淘汰落后产能、继续深入开展三高两低企业整治工作。② 2019 年，江阴市三次产业比例调整为 0.9∶51.0∶48.1。从固定资产投资看，第一产业投资 9.61 亿元，增长 93.0%；第二产业投资 376.74 亿元，增长 5.5%；第三产业投资 416.54 亿元，增长 5.4%。四是重视农业的高质量发展，发展现代农业。2019 年，江阴市完成"三资投农"6 亿元，农业总产值 59.81 亿元，绿色优质农产品比重达到 74%，比 2018 年增长了 10.7%。依托现代农业产业技术体系，江阴市落实农业主推品种技术和优质低毒农药的推广应用工作，发布"水稻南梗 46"等 34 个品种、"夏季叶菜优质安全快速高效生产技术"等 16 项技术，共 162 个病虫草害防治农药推荐品种，充分发挥科学技术在推进农业供

---

① 《2019 年江阴市国家经济和社会发展统计公报》，江阴市人民政府网，2020 年 4 月 2 日，http：//www.jiangyin.gov.cn/doc/2020/04/02/843493.shtml。

② 《2019 年政府工作报告》，江阴市人民政府网，2019 年 1 月 15 日，http：//www.jiangyin.gov.cn/doc/2019/01/15/680608.shtml。

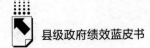

给侧结构性改革中的引领支撑作用，提升农业效益，提高农业竞争力。①

2. 以人民为中心

江阴市坚持以人民为中心的经济发展观念，打造"民富村强"品牌，持续彰显"百姓富"的江阴情怀。从人均可支配收入角度看，2019年江阴市居民人均可支配收入59036.00元，增长8.8%；城镇居民人均可支配收入69342.40元，增长8.4%；农村居民人均可支配收入36095.00元，增长8.9%。②

江阴市坚持以人民为中心表现在五个方面。一是优化营商环境，更好支持民营经济和小微企业发展。为保护企业合法权益，江阴市落实清理拖欠民营企业中小企业账款工作，全面排查及时清欠，层层畅通举报渠道，严防拖欠事件发生。2019年，江阴市拥有各类工商登记市场主体总数198875户，增长11.3%，企业总数67470户，增长6.9%，其中个体工商户总数131405户，增长13.8%。二是精简业务办理流程，改革创新不动产登记新模式。自江阴市提速增效工作开展以来，市不动产登记中心关注群众需求，利用大数据共享和多部门集成服务平台，实现企业、群众办事"不求人"，平均缩短业务办理时限3个工作日，提高办事效率50%以上。2019年，江阴市不动产登记中心累计受理不动产登记业务10.23万件，发放不动产登记证书33149本、不动产登记证明49454份，月办理业务近万余起，其中实体经济企业业务量470笔，涉及抵押融资金额315.65亿元。三是关注安全生产，防范重大事故发生。2019年6月是江阴市第26个"安全生产月"，市应急管理局紧紧围绕"防风险、除隐患、遏事故"主题，扎实开展安全隐患大排查大整治专项行动，强化重点行业领域隐患排查治理和监管执法，消除事故隐患，推动安全生产形势持续平稳向好发展。四是规范市场价格行为，保障基本民生。江阴市重点检查群众价费负担情况，全面清理涉及居民用水、

---

① 《江阴市农业农村局2019年度决算公开》，江阴市人民政府网，2020年8月28日，http://www.jiangyin.gov.cn/doc/2020/08/28/917460.shtml。
② 《2019年江阴市国家经济和社会发展统计公报》，江阴市人民政府网，2020年4月2日，http://www.jiangyin.gov.cn/doc/2020/04/02/843493.shtml。

用电、用气的各种垄断性服务收费，规范涉及教育、医疗等行业的乱收费、乱涨价行为；清理规范相关部门及下属单位具有垄断经营性质的经营服务性收费。2018 年以来，江阴市共办理价格违法案件 39 件，其中违反明码标价案件 27 件，不执行政府指导价案件 10 件，不正当价格行为案件 2 件，涉及房地产公司乱收费案件、高速公路救援乱收费案件、医院乱收费案件和物业服务公司乱收电费案件。五是重视"三农"发展，财政支持和技术指导并用。为促进农产品流通方式创新和农民创业就业，提高农业市场主体农产品电子商务应用操作技能，江阴市开展农产品电子商务培训。为促进农业绿色可持续发展，江阴市落实推进耕地轮作休耕相关政策，对承担轮作休耕任务的经营主体给予 300 元/亩的补助。①

（二）社会事业发展方面

1. 全方位助力支持科技创新

江阴市 2019 年万人新申请专利拥有量和科学普及活动数量均较多。重视科学普及带动创新发展，积极提高公民科学素质。2018 年启动"江阴科技课堂"，不断强化和规范科技培训工作，以提升全市科技工作者业务水平。

江阴市高标准推进国家创新型县（市）建设。积极提高区域创新能力，着力培育创新型高新技术企业，全市高新技术产业产值占规上工业总量的 37.2%，研发投入占 GDP 的 3.21%，全年规上工业企业中有研发活动的企业占 49.86%，在全省县（市）中均领先。② 不断聚集科技创新资源，组建生命健康产业技术创新战略联盟，开放科技创新综合性服务平台中科（江阴）创新园，积极与知名院士建立合作关系，引进高端人才和专业人才。营造优越的科技创新环境，依托科技金融融资路演平台为企业发放科技贷

① 《2019 年政府工作报告》，江阴市人民政府网，2019 年 1 月 15 日，http：//www. jiangyin. gov. cn/doc/2019/01/15/680608. shtml。
② 《江阴市农业农村局 2019 年度决算公开》，江阴市人民政府网，2020 年 8 月 28 日，http：//www. jiangyin. gov. cn/doc/2020/08/28/917460. shtml。

款，出台实施科技保险管理办法和研发费奖励补助制度，降低企业创业成本和创新风险，支持企业创新发展。

江阴高新区积极打造国内一流高新产业集群，努力推进对外开放。成功举办 2019 年中国江阴（高新区）创新创业大赛，盘活江阴高新区的产业生态，打通区内区外的对接渠道，让创新的源泉自由涌动。江阴市充分发挥其制造业优势，围绕重点产业链，整合细分领域创新资源，从 2019 年开始，在赛事中引入大中小企业融通模式，积极探索和建立大企业与小企业协同创新的新机制，为江阴高新区的产业转型升级、招商引智提供新平台。

2. 推动教育改革高质量发展

江阴市深化办学机制改革，稳步推进集团化办学，出台《2019 年江阴市基础教育集团化办学实施方案》，制定《江阴市基础教育集团化办学发展规划（2019—2022）》，在初中、小学、幼儿园三个学段新组建 8 个"一体型""协作型"教育集团。同时进行入学调整，出台《关于调整江阴市城区幼儿园和义务教育学校新生入学政策的意见》，系统化推出"363 学位制"、部分施教区调整、入学政策调整、网上入学登记平台启用等教育政策改革组合拳，城区优质教育资源有效扩充。

深化人事管理体制改革。试点教师"县管校聘"，调优教师队伍、干部队伍结构，增加公办教师招录数量，实现"中学高级教师"自主评审；率先建立校长职级制，完善校长选拔任用和管理监督机制，凸显激励功能。深化"放管服"改革。深化综合督导、责任督学挂牌督导制度，实现中小幼公、民办学校的全覆盖，"督学看学校"实践案例选录国家级优秀督导案例集；大力开展违规办学专项治理，有效遏制校外培训机构乱象滋生；全面落实学生资助政策，设立"无锡市江阴暨阳教育基金会"，为企业和社会爱心人士捐资助学提供新平台。

3. 发展文体生活服务及产业

江阴市积极提升公共服务水平，开展各类惠民活动。完成全市 107 家村（社区）综合性文化服务中心省级创建任务，改造提升基层文化设施，全市 235 家农家书屋纳入市公共图书馆服务体系。提档升级"10 分钟体育健身圈",增加建设健身步道和体育公园。积极参与"健康江阴"建设,完成国民体质监测 3000 人测试任务,每万人拥有社会体育指导员 36 名。组织文化下乡、"书香江阴"读书节、市民文化节等系列活动。承办四国篮球邀请赛等 11 项次省级以上体育竞赛,举办第五届国际半程马拉松赛。开展旅游节庆活动 10 余次,开创打造江阴"微旅行""暨阳研学少年派""江阴辰光"等多个文创品牌。举办"文化和自然遗产日"展示宣传活动 50 余项。

江阴市大力发展文化产业,制定《江阴市文化产业高质量发展三年行动计划(2019—2021 年)》等政策文件,新增 500 万元以上文化产业项目 16 个,规上文化企业净增 25 家。根据行业监管职责,加强对文化市场的监督管理和检查,进一步建立健全多部门协同配合的监管机制。①

4. 全面推进实施"健康江阴"战略

江阴市整合职业健康监管、老龄工作等职能职责,以推进实施"健康江阴"战略为主线,围绕提升健康水平、集成改革、基层基础、医疗质量、中医服务、公共卫生、综合监管、卫生创新等 8 个方面的任务重点发力。全年无食品安全事件和医疗卫生事件发生。

江阴市推进综合医改,被列为全国紧密型县域医共体建设试点单位,综合提高基层卫生服务能力。在 2018 年试点工作的基础上,制定出台《关于推进江阴市家庭医生签约服务工作实施意见》,做实做细家庭医生签约服务,造福广大群众。规范医疗集团建设,推进紧密型医联体发展,充分发挥龙头医院专科辐射引领能力,促进专科联盟和名医工作室建设。加大市财政投入力度,升级改造预防接种门诊系统,启动部分疫苗免费接种工作。在全省率先启动公共卫生机构专业人员下沉基层驻点服务,夯实公共卫生服务网底,构建"三位一体"综合防控体系。驻点医生加入家庭医生服务团队,开展健康管理服务,广泛推行健康促进、健康宣传活动,提高基层疾病防控

---

① 《江阴市文体广电和旅游局 2019 年工作总结》,江阴市人民政府网,2020 年 1 月 20 日,http://www.jiangyin.gov.cn/doc/2020/01/20/833094.shtml。

和服务能力。

落实"放管服"改革各项措施，扎实推进集成改革赋权工作，加强综合监督管理，组织开展非法行医、医疗机构中医养生服务乱象等专项整治行动；建立健全镇街职业健康监管网络，开展冶金、化工行业领域尘毒危害专项治理工作，监测职业病危害因素企业 30 家，维护劳动者健康权益。深入推进农村厕所革命，全面取缔"大三格"化粪池、清理露天粪坑；巩固家庭卫生户厕全覆盖成果，持续推进农村家庭户厕生态改造品质提升。大力推进养老护理型床位建设，全市养老机构总床位共 8750 张，其中护理型床位共 5008 张，占比 57%，达到省、无锡市高质量考核要求。①

5. 生态环境方面

近年来，江阴市积极推进大气污染防治、切实落实各项空气污染防治措施，持续改善环境空气质量。在实施精准管控、突出问题督查整改的基础上，江阴市进一步引导各政府部门、公民、工业企业等多元主体积极参与环境治理，切实提高了空气污染防治的针对性与实效性。

江阴市委、市政府历年高度重视提升城市品位、改进城乡环境面貌的相关工作，将深入开展爱国卫生运动、提升市民文明卫生意识、优化人居环境作为历年的核心工作。具体来说，江阴市每年多次开展市容市貌提升活动、小区管理提升活动、基础设施完善活动、"五小行业"提升活动、集贸市场提标活动、农村环境卫生整治提升活动、除害防病巩固活动、文明卫生知识普及活动等。因此，江阴市多次获批"全国文明城市"称号，有璜土镇、华士镇等多个国家级卫生镇。

（三）公共安全方面

江阴市 2019 年未发生群体性事件、重大刑事案件、安全生产事故，社会安全与稳定得到了保障，这得益于近年来江阴市对公共安全维护的持续重

---

① 《江阴市卫生健康委员会 2019 年度部门决算公开》，江阴市人民政府网，2020 年 11 月 5 日，http：//www.jiangyin.gov.cn/doc/2020/11/05/899385.shtml。

视与投入。作为县域治理集成改革的重要试点成果，江阴市于 2019 年创新构建了县域公共安全体系。

2019 年，中国人民大学危机管理研究中心唐钧主任率课题组团队赴江苏江阴，开展江阴市公共安全体系规划项目建设；在当地市委、市政府和应急管理局等相关部门的支持配合下，吸纳全球先进经验技术，结合江阴实际情况，创新构建公共安全"三位一体"战略，形成"四梁八柱+地基"体系，从总体安全、系统安全和长效安全 3 个方面对公共安全体系的基本内涵进行了界定，并持续推进全市公共安全体系规划。其中，江阴市构建了全民自救互救和共建共治体系，倡导全民提升防灾避险意识和自救互救能力。在全市各类学校、社区、公共服务机构、化工园区等人员密集的重点场所，开展自救互救知识培训，进行项目试点建设，配备专业设备，这极大地提高了全员参与公共安全维护的质量和效率。

江阴市化工产业聚集、沿江区位特殊，是全国 53 个危化品重点县（市）之一。筑牢危化品的安全生产防线，是全市公共安全保障的重中之重。在安全生产方面，江阴市通过"一设一挂"在全省县（市）中率先实现安全生产内设机构全覆盖，全面完善安全生产监管执法体系。这一经验做法得到了国务院江苏安全生产专项整治督导组的肯定，在江苏省各地迅速推广。同时，江阴市在全市开展"厂中厂"安全生产专项整治"雷霆行动"，显著提高了生产的安全性。

三　案例总结

总的来看，江阴市在提升政府绩效方面的经验，集中表现在以下三个方面。一是持续推进改革开放，增创区域竞争新优势。江阴市能够紧紧围绕高质量发展这一战略目标，推动改革开放再出发、不断深化改革内生动力、扩大开放发展要素、增强区域发展活力。江阴市在增强区域竞争优势方面的先进经验有三点：首先是着力推进各项重点改革。包括社会治理综合标准化建设、镇街行政管理体制改革、推进"证照分离"改革、特殊区域海关管理创新和保税监管改革、混合所有制改革、农村产权制度改革、农村宅基地制度改革等。其次是融入区域一体发展。紧扣"一体化""高质量"两个关键，推进港产城融合发展，提升区域发展协同度和整体竞争力。① 最后是增强开放园区活力。坚持差异化定位、特色化发展。

二是着力发展科技城市建设，增强经济发展新动能。近年来江阴市深入实施创新驱动核心战略，大力推进国家创新型县（市）建设，通过开展"创新江阴"三年行动，主动与国家、省重大科技项目及长三角创新资源平台等对接，完善创新平台体系，积极发展产业的"痛点"、"堵点"和"卡脖子"关键环节。此外，江阴市促进产学研深度融合，加快建设企业重点实验室、院士工作站、新型研发机构等创新平台，严厉打击知识产权违法行为，打造人才创新创业全方位保障体系，努力把江阴建设成先进的制造业科创中心。

江阴市始终将智慧城市建设作为重点工作内容，通过将网络技术、空间信息技术、云计算、物联网等新兴技术进行融合应用，江阴市逐步建立起了智慧社区服务平台、智慧教育服务平台、城市节能监管平台、社区（村）网格化管理平台、智慧公共安全管理平台、陶瓷产业信息服务平台、智慧旅游综合服务平台等公共平台服务体系，从而使江阴市综合管理服务水平进入全国领先行列，并逐步推动江阴市在城市管理、民生服务和产业发展方面取得新成效。

三是持续推进绿色发展与安全发展。全面深化长江生态安全示范区建设，推进安全生产治理体系和治理能力现代化。在环境治理方面，江阴市实施与环境质量挂钩的准入政策、深化大气管控"点位长制"、实施土壤污染防治行动计划、引进和发展清洁能源、深化"河长制""断面长制"管理，努力建成省级生态文明示范市；在安全生产方面，江阴市开展全覆盖拉网式安全生产大排查和大整治、配齐配强特种救援装备、开展安全生产巡查、完善市镇村三级巡查网络、完善全过程安全生产管理，全面提升安全水平，着力筑牢公共安全防线。

---

① 唐伟成、彭震伟：《半城市化地区的发展特征与演化机制研究——基于江阴的案例》，《城市规划学刊》2020 年第 5 期。

B.7
社会治理标杆案例[*]
——浙江省泰顺县

兰州大学中国政府绩效管理研究中心"县级政府绩效指数"课题组[**]

摘　要: 根据社会治理维度得分,浙江省泰顺县居社会治理全国第一。本报告将泰顺县视为县级政府社会治理的标杆,基于官方数据、政策与新闻文本的分析,阐述了泰顺县改善社会治理的经验和对策,以期为其他县级政府社会治理提供参考和借鉴。评价结果显示,泰顺县社会治理维度各指标均排名靠前,尤其是社会组织发展与社工发展指标。本报告分析认为,泰顺县初步搭建了多平台的互动渠道,拓宽了参与渠道。在治理过程中着重围绕基层治理实施大量政策,通过融合党建与社区治理,利用乡、镇、社区力量等多重路径解决社区治理问题。同时,为了使社会治理具有可持续性,积极培育社会组织与社工人才,最终形成"红色引领"、群团共建、三社联动、社会和谐的社会治理体系。

关键词: 政府绩效评价　社会治理　泰顺县

一　泰顺县在中国县级政府绩效指数中的排名及分析

泰顺县位于浙南边陲,明景泰三年(公元 1452 年)置县,东南邻苍

---

[*] 本报告数据均来源于泰顺县政府门户网站、政务微信公众号、政务微博、政务抖音等官方平台公开发布资料。

[**] 执笔人:曹传健、李昕宇。曹传健,兰州大学管理学院博士研究生,研究方向为政府绩效管理;李昕宇,兰州大学管理学院硕士研究生,研究方向为政府绩效管理。

南，福建省的福鼎、柘荣，西南接福建省的福安、寿宁，西北靠景宁，东北毗文成。县域总面积 1768 平方公里。泰顺县下辖 19 个乡镇，包括 12 镇 7 乡，其中 1 个畲族镇、1 个畲族乡，包括罗阳镇、司前畲族镇、百丈镇、筱村镇、泗溪镇、彭溪镇、雅阳镇、仕阳镇、三魁镇、南浦溪镇、龟湖镇、西旸镇 12 镇和包垟乡、东溪乡、凤垟乡、柳峰乡、雪溪乡、大安乡、竹里畲族乡 7 乡，共 19 个乡级政区。

近年来，泰顺县各类县级政府评价项目表现优秀，尤其是生态环境建设方面尤为突出。2012 年被中国商业联合会授予"中国市场投资开发第一县"、入选全国首批碳汇城市、2014 年入选国家主体功能建设试点示范县、2016 年入选首批国家级生态保护与建设示范区、在 2017~2018 年浙江城市慈善发展指数报告中列全省第 12 名、2019 年入选"国家生态文明建设示范县"。

泰顺县社会治理维度得分为 13.86，位列全国第一。尤其是社会组织发展与社工发展两项指标得分较高。通过分析，课题组认为泰顺县社会治理方面绩效表现突出，是县级政府社会治理的标杆案例。

二 泰顺县改善社会治理的经验与对策

2019 年国务院《政府工作报告》提出："加强和创新社会治理。推动社会治理重心向基层下移，推广促进社会和谐的'枫桥经验'，构建城乡社区治理新格局。引导支持社会组织、人道救助、志愿服务和慈善事业健康发展。"

泰顺县根据中央的工作部署结合县情，围绕"红色引领，群团共建，三社联动，社会和谐"的理念实施了大量社会治理的实践并取得了较好的成效，其中四项举措为深化社会参与提升社会治理效能提供了有益的经验：一是借助"党建联盟"实践，将党建工作与社会治理有机结合。二是建立泰顺县社会组织公益园作为孵化社会组织的基础性平台，培育社会组织，增加社会治理力量并动员其参与社会治理。三是社工扶持，利用培训、奖助等方式推动社工人才培养。四是提供多样化的参与渠道，建立"爱心驿站"公益平台，创新社会治理的形式。

（一）坚持"红色引领"，实现党建与社区治理有机融合

近年来，泰顺县坚持"一切工作到支部"，成立党建联盟工作领导小组，以党员群众满意度为出发点，制定了"门槛准入+绩效评估"机制，先后组建了覆盖全域的百余个党建联盟。[①] 党建联盟与社区治理的有机融合打通了公共服务在乡、镇、社区的最后一公里。

2019 年 8 月，泰顺县开展了"红色管家"计划。"红色管家"是温州市利用党建引领基层治理的创新之举，以"社区党委、小区党支部、业主委员会、物业企业"为主体，利用"社区大党委""红色管家""融合服务"等机制，强化了乡镇（社区）党组织对业主委员会、物业企业的领导，发挥行业协会指导、调解作用，协调整合辖区资源和社会力量，将有力地推进社会治理革新。

2019 年，泰顺县将两个社会组织平台的资源进行整合。发展 30 家社会（慈善）组织，对入园孵化的 11 家社会（慈善）组织进行结对扶持，以党建为平台，设立"红新工坊"，通过"局党总支+社会组织联合党委"的联盟共建模式，累计发展社会组织拓展型党组织 78 家。

"九山半水半分田"经常用于形容泰顺县的自然环境，在其行政区划中，大面积的地区处于山区。"背包党建联盟"成为泰顺县供给山区公共服务最后一公里的新实践。泰顺县罗阳派出所是温州市唯一连续两年获评万人评议满意基层站所的派出所。泰顺县罗阳派出所不断探索，实践了"乡情警务""背包警务"等具有山区派出所特色的基层社会治理新理念、新举措，打造了新时代"枫桥经验"的山区样板，群众安全感满意度逐年提升。除了一般警务服务以外，"背包警务"还在村里开展矛盾协调、安全宣传和

---

① 《温州泰顺县全域党建联盟引领乡村组团式发展》，"人民资讯"百家号，2021 年 4 月 15 日，https：//baijiahao. baidu. com/s？ id=1697095782146121515&wfr=spider&for=pc。

送爱心服务等。

同时，党建联盟还由独立部门供给公共服务向多部门联动转变，实现了跨部门合作。由"背包警务"与国网泰顺县供电公司"电力背包客"、泰顺农商银行"背包银行"组成的"背包三剑客"，让背包多跑腿，推动"最多跑一次"改革向农村基层延伸，为基层偏远山区的群众户、有需求的特殊群体等提供个性化、全方位、全流程的"背包"服务。从内部组织运行机制上来看，三家单位的党组织负责人为党建联盟责任人，共同商定党建联盟工作事宜。建立联席会议、轮值制度，每季度轮值主持组织开展联盟的党建工作。从业务合作上看，形成的整合性公共服务供给模式有效提升了治理效能。"背包三剑客"在日常治安管理、电力设施维护、户籍金融服务、精准扶贫等工作中组团开展服务。泰顺县公安局在泰顺农商行设立"经侦工作室"，在泰顺供电公司设立"驻企警务室"，供电公司在农商行各基层网点开设电费窗口，联盟单位在大数据共享、快捷查询服务、防范打击金融诈骗、电力设施保护、日常治安管理、网点窗口电费代缴等方面加强合作。通过党建联盟与乡、镇、社区治理的融合机制有效提升公共服务供给效能，增强人民群众的幸福感、获得感。

（二）建立社会组织孵化平台，培育社会组织参与社会治理

社会组织在社会治理中具有重要的作用和意义。[1] 影响民间组织发展的一个重要因素是制度环境，这种制度环境包括资源支持、社会团体定位与内部管理、政府重视等。[2] 而政府是塑造这种制度环境的重要力量，应当扮演积极的角色。[3] 强化社会组织的培育是推进社会治理体系和治理能力现代化

---

[1] 王名：《走向公民社会——我国社会组织发展的历史及趋势》，《吉林大学社会科学学报》2009 年第 3 期；郑杭生：《社会建设和社会管理研究与中国社会学使命》，《社会学研究》2011 年第 4 期。

[2] 俞可平：《中国公民社会：概念、分类与制度环境》，《中国社会科学》2006 年第 1 期。

[3] 徐月宾、张秀兰：《中国政府在社会福利中的角色重建》，《中国社会科学》2005 年第 5 期；邓国胜：《政府以及相关群体在慈善事业中的角色与责任》，《国家行政学院学报》2010 年第 5 期。

的重要实施策略之一。①

据泰顺县 2019 年的民政工作报告中的统计，当年全县累计登记社会组织 485 家，其中社会团体 178 家、民办非企业单位 299 家、基金会 8 家，社会组织注销 1 家。城市社区、农村社区登记枢纽型社会组织分别达到 14 家、40 家，分别占比 87.5%、62.5%。社区社会组织备案 1495 家，实现平均每个城市社区有 10.8 家以上、每个农村社区有 20.65 家以上社区社会组织。

从统计数据来看，泰顺县的社会组织数量相对较多，这有赖于泰顺县对社会组织的培育。泰顺县通过政府搭建孵化平台引导，投入了大量的资源对社会组织进行培育。其中最重要的两个社会组织孵化平台是公益园和慈善组织孵化基地。

泰顺县社会组织公益园于 2018 年建成，主要功能是为县本级社会组织提供孵化服务，为公益类社会组织提供办公及活动场地、资金、项目、资源链接、教育培训、业务能力提升、成果展示等支持，并着力打造县内社会组织可持续发展的实践基地、创新基地、示范基地。首批入驻的有壹家人公益联合会、惠友社工、杨帆义工等 10 家泰顺优秀的社会组织。内部运行机制主要为通过具有泰顺特色的"师傅带徒弟"模式，营造社会公益氛围。同时，在公益园建设的基础上，于 2018 年启动社会组织参与基层社会治理活动。以每月一个主题的固定形式，动员全县社会组织参与，相关部门协助，鼓励社区内村（居）民理事会共同参与，引导理事会主动参与社区治理。在百会结百村活动中，泰顺县扬帆义工队等 10 家社会组织与村（社）帮扶结对，其中与村党组织共同开展活动 25 次，参加志愿工作的人数为 343 人，落实为民办实事 15 件，结对困难党员 3 户，结对贫困户 45 户，有效引导了社会组织参与基层的社会治理活动。

泰顺县慈善组织孵化基地于 2018 年 9 月建成。以购买服务的方式委托第三方负责日常运营和管理维护。与公益园相似，其内部主要通过"师傅+徒弟"入壳孵化模式，提供硬件和软件服务，对处在成长过程中的慈善组织进行系统的

---

① 姜晓萍：《国家治理现代化进程中的社会治理体制创新》，《中国行政管理》2014 年第 2 期。

培育和扶持，促进其实现持续发展。基地开展了"慈善助学""慈善宴""爱心驿站""社区矫正帮扶""创翼阳光""焕新乐园""慈善助残危房改造""情暖夕阳·孤老不独""慈善心空间""兰小草慈善光明扶贫"等一系列项目，有效帮扶了困难群众，切实为服务对象带来了实惠，获得了服务对象的高度评价。2019年，泰顺县共有慈善组织8家，具备税前抵扣资格的有8家、具有公开募捐资格的有1家，完成19家志愿服务组织标识并在中国志愿服务系统登记注册。

泰顺县还建立了"爱心驿站"平台，这个平台是基于党的十九大"提高保障和改善民生水平，加强和创新社会治理"的方针提出的实践新型社会救助体系的公益平台。是由温州市福彩公益金支持，泰顺县民政局、泰顺县罗阳镇人民政府主办，心源社会工作服务中心承办的公益型项目。旨在通过爱心驿站建设，实现社会救助从政府主导向社会参与转变、从分散型救助向综合型救助转变、从审批式救助向直接式救助转变、从生存式救助向发展式救助转变的"助人自助"的救助理念。例如，泰顺县心源社会工作服务中心的"爱心驿站"采取积分制管理制度，村民可以通过参加"爱心驿站"的爱心帮扶、助困活动，获取相应的积分，累积的积分达到一定数量后可以在"爱心驿站"内换取相应的生活用品。采用积分制管理可以积极动员当地群众参与"爱心驿站"的公益活动。

除了投入大量资源对社会组织进行扶持培育外，泰顺县还建立了有效的外部监督机制对社会组织进行管理。一方面是制订"双随机"年度抽查工作计划，圆满完成29家社会组织"双随机"抽查、104家社会组织"互联网+监管"掌上执法等工作；另一方面是对社会组织进行年检和等级评估工作。

（三）社工人才培养，增强社会治理力量

培育社会工作机构，实行"政府购买公共服务"，是政府充分利用社会资源应对社会问题、提升治理能力、建立适度普惠型福利制度的需要，[①] 但

---

① 肖小霞、张兴杰：《社工机构的生成路径与运作困境分析》，《江海学刊》（南京）2012年第5期。

是民办社会工作机构仍然存在过于依赖政府以及发展、生存能力低的问题，[①] 提升社会工作机构的生存和发展水平，核心在于社工人才的培育。2019 年，泰顺县共有 693 人参与国家级社会工作者资格考试，新增国家级社工 99 人，开发 29 个社工岗位，培育成立 3 家民办社工机构，[②] 泰顺县在培育社工方面投入了大量的资源。一方面，营造培育社工的制度氛围，开展以"追梦新征程，社工在行动"为主题的社工文化节暨"社工宣传周"启动仪式，通过社会工作会议、公益沙龙、发展论坛以及服务进社区等方式，深入宣传社会工作理念。另一方面，形成了完善的社会培育奖助体系，政府对 2018~2019 年考取全国社会工作者职业水平资格证书人员的一次性奖励、专职网格员岗位津贴以及 3 家新设立民办社工机构初创期扶持资金共计 26.3 万元。

（四）多样化平台建设，拓宽参与渠道

政府门户网站应充分发挥其互动交流的功能。泰顺县政府门户网站在网络问政板块开设了"问政于民""问计于民""在线访谈"等公众参与、监督渠道。"问政于民"栏目受理公众向各级人民政府以及政府工作部门提出的咨询、投诉和建议，对于公众来信及时反馈，并就热点问题和部分已回复问题的处理结果进行公开，接受公众再次监督。政府通过"问计于民"栏目向公众征求规范性文件草案意见，进行民意征集和调查，并按时公开征求意见采纳情况。为使群众反映的问题得到依法处理，泰顺县还制定了《县级部门"一把手"现场接听 12345 政务服务热线电话安排计划表》，处理群众通过"信、访、网、电"等各种渠道反映的诉求，不断推进信访工作的制度化、规范化、法制化。

泰顺县建设了便民惠民、功能全面的微信公众平台。"泰顺发布"是以中共泰顺县委宣传部为账号主体的综合性官方政务微信。"泰顺发布"主要定位于发布综合资讯和公众政务服务，感知民生冷暖、关注社会热点。公众

---

① 易松国：《民办社会工作机构的问题与发展路向——以深圳为例》，《社会工作》2013 年第 5 期。

② 泰顺县民政局公布的 2019 年工作总结和 2020 年度工作思路。

号设置了包含"金融服务""统计服务"等模块的"民生服务"专栏。公众可以通过"金融服务"模块，查看泰顺金融统计月报，学习金融知识，快速便捷地找到不同类目的信贷产品，如小微企业类、产业帮扶类、金融扶贫类、生态搬迁类等，解决了由银行和社会双方沟通不畅、信息共享平台不健全导致的"贷款难"和"难贷款"问题。"统计服务"模块，整合了统计公报、统计月报，还以易于公众理解的图文形式分享了统计分析与统计知识。除此之外，还开设了分享泰顺绿色高质量发展"小康故事"的"泰顺故事"专栏以及汇集惠企政策的"营商环境"专栏。

此外，泰顺县各党政职能部门也建立了丰富的政务微信公众号，比如泰顺县应急管理局运营的"泰顺应急管理"、泰顺县卫生健康局运营的"健康泰顺"、泰顺县教育局运营的"泰顺教育发布"、泰顺县公安局运营的"平安泰顺"等。在年轻用户更多的微博平台，泰顺县人民政府新闻办公室官方微博"泰顺发布"拥有3万多名粉丝。此外，"文明泰顺""泰顺公安""泰顺检察""泰顺文旅""泰顺环境"等党政职能部门的官方微博也互为补充，满足了当地微博用户的资讯需求。

总体来看，泰顺县通过覆盖不同年龄段、多样化的公众参与平台和人民群众喜闻乐见的形式向公众输出信息、接收公众反馈并用以改进政府公共服务，深化社会参与。

三 案例总结

党的十九届四中全会提出，坚持和完善共建共治共享的社会治理制度。这种治理体系包括党委领导、政府负责、民主协商、社会协同、公众参与、法治保障、科技支撑等元素。政府部门和非政府部门之间的跨部门合作被广泛认为能更有效地创造公共价值。[①] 泰顺县作为一个经济发展相对不算发达

---

① John M. Bryson, Barbara C. Crosby, and Melissa Middleton Stone, "The Design and Implementation of Cross-Sector Collaborations: Propositions from the Literature," *Public Administration Review* 66 (2006): 44-55.

的地区，在社会治理方面展现出了较高的绩效，也为其他县级政府提供了一个社会治理的优秀实践案例。

从官方披露的数据、政策文本以及媒体报道中获取的有限材料来看，泰顺县提供了以下实践经验。

首先，充分发挥党建与社会治理融合的工作机制，并将其贯穿于社会治理各个领域。在社会治理中，多元主体之间的沟通合作是一个重要的问题，泰顺县利用党组织在基层中的延伸性，促成各个领域的党建联盟形成"红色引领"，促进政府部门间、政府与企业间、政府与社会组织之间、县级部门与基层组织之间的跨部门沟通与合作。

其次，培育社会力量，形成"三社"联动的局面。社会治理中最重要的核心就是社会力量的参与，社区、社工、社会组织（简称"三社"）是整个社会治理体系中的三个基础元素，[①] "三社"联动是实现基层治理从行政化迈向社会化，破解基层治理困境的一项重要举措。[②] 但目前仍然存在政府主导为主、社会力量自主性较弱等缺陷，社区治理成效不足。[③] 一方面，泰顺县投入大量的资源建设了两大社会组织孵化平台——公益园和慈善组织孵化基地，并进一步将两大社会组织孵化平台整合。两大社会组织孵化平台培育了大量的社会组织，引导其在参与社会治理过程中承担了政府部门的部分职能转移。并且通过有效的外部监督监管机制对社会组织进行管理，进而有效促进社会组织的规范化运作。另一方面，通过培训、奖助等政策扶持培育专业型社工人才，为社会组织供给核心人力资源。最终实现社会组织运行的规范化，提升社会力量的自主性，进而实现社会力量参与社会治理的可持续性。

最后，通过搭建微博、微信等网络参与平台，深化社会参与。一方面，

---

① 叶南客、陈金城：《我国"三社联动"的模式选择与策略研究》，《南京社会科学》2010年第12期。

② 田舒：《"三社联动"：破解社区治理困境的创新机制》，《理论月刊》2016年第4期；曹海军：《"三社联动"的社区治理与服务创新——基于治理结构与运行机制的探索》，《行政论坛》2017年第2期。

③ 李文静、时立荣：《"社会自主联动"："三社联动"社区治理机制的完善路径》，《探索》2016年第3期。

依托上级部门的统一平台，包括浙江省统一的政务咨询投诉举报平台、温州市人大建议政协提案网上办理系统建立起的参与平台。另一方面，泰顺县政府门户网站"问计于民"板块分为"规范性文件草案征求意见"、"民意征集和调查"以及"征求意见采纳情况"三个模块。2019年泰顺县共实施了5项民意征集和调查项目。

B.8
政府能力标杆案例[*]

——安徽省宿松县

兰州大学中国政府绩效管理研究中心"县级政府绩效指数"课题组[**]

摘　要： 根据政府能力维度得分，宿松县在政府能力维度上居全国首位。本报告基于县域绩效数据，主要分析了宿松县在政府能力方面能成为全国"领头雁"的原因，总结其在具体实践中可以复制推广的经验做法。评价结果显示，宿松县政府绩效指数得分排名靠前，发展成效在全国排第 1131 名，社会治理在全国排第 465 名，政府能力在全国排第 1 名。本报告分析认为，宿松县依靠优异的政府能力这一比较优势提升了地区整体绩效水平，是县级政府中通过创新体制机制、优化政务服务加强政府能力建设的典范。总的来看，宿松县在加强政府能力建设方面的经验和做法主要体现在六个方面：一是优化政民互动机制；二是规范政务公开制度；三是加强廉洁政府治理；四是推动法治政府建设；五是提升财政管理能力；六是推进数字政府改革。

关键词： 政府绩效评价　政府能力　宿松县

---

* 本报告数据均来源于安徽省宿松县政府门户网站、政务微信公众号、政务微博等官方平台公开发布资料。

** 执笔人：彭虹九、李首维、彭付英。彭虹九，兰州大学管理学院硕士研究生，研究方向为政府绩效管理；李首维，兰州大学管理学院硕士研究生，研究方向为政府绩效管理；彭付英，兰州大学管理学院硕士研究生，研究方向为政府绩效管理。

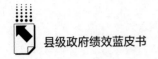

一 宿松县在中国县级政府绩效指数中的排名及分析

安徽省宿松县历史十分悠久，其自隋文帝开皇十八年（公元598年）改称宿松县并沿用至今。宿松县位于安徽省西南部，地处皖、鄂、赣三省的交界地带，是安庆市代管的省直管县。作为资源条件、区位条件都相对优越的县域，宿松县是全国优质水产品基地县、国家优质棉生产基地和棉花生产百强县，宜渔淡水面积居全国第二、全省第一。近年来，宿松县在"推动长三角一体化发展"等国家战略支持下发展迅速，对皖江城市带承接产业转移示范区建设起到了积极贡献作用。[①]

在此次评价中，该县的政府绩效指数为60.45，在全国整体排第192名。分维度来看，发展成效维度得分在全国排第1131名，社会治理维度得分在全国排第465名，政府能力维度得分在全国排第1名。

在县级政府绩效指数的结构中，宿松县社会治理维度得分在全国县域中排名并不靠前，发展成效维度得分更是处于中等偏下水平，政府能力成为整体绩效的重要支柱。宿松县优异的政府能力，带动了地区整体绩效水平，建设经验值得总结。通过分析，本报告认为该县政府能力不断提升并在全国范围内遥遥领先，主要凭借回应能力、政务公开、廉政治理、法治建设等的强力支撑。

二 宿松县政府能力建设的经验

（一）优化政民互动机制

政府回应能力与现代国家治理具有深刻的内在关联，是现代国家治理的

---

① 《宿松简介》，宿松县人民政府网，2022年11月25日，https：//www.susong.gov.cn/zjss/ssjj/index.html。

重要内容。① 有效的政府回应能力能够提高政府公信力，保障公众知情权、参与权、监督权。宿松县重视政府与群众、社会的沟通互动，其主要举措有以下几个方面。

一是健全政民互动制度，规范公众参与程序。对县域治理中的重大问题和政策制定开展意见征集调查，制定实施了《宿松县人民政府重大行政决策公众参与程序规定》，为规范县人民政府重大行政决策公众参与活动，保障公众知情权、参与权、表达权、监督权，促进民主决策、科学决策提供了规章依据。② 通过建立重要政策解读机制，明确解读范围、强化解读责任、规范解读程序、创新解读形式、建立解读队伍、健全解读机制，进一步加强政府信息公开，及时回应社会关切。

二是完善政民互动沟通平台建设。在政府门户网站设立互动交流专栏，保障公民更加便捷地使用书记信箱、县长信箱、部门信箱、在线访谈、智能问答等互动渠道，加强政府部门与民众之间的沟通联系。充分利用宿松 12345 热线办理平台回应和解决公共事项，及时回应社会需求。对有关人民群众的事项开展常态化调查研究，欢迎公众参与重大行政决策事项。

三是设立调查征集专栏，针对文化教育、医疗卫生、资源开发、环境保护、公用事业等重大民生决策事项，实行民意调查制度，通过宿松县政府政务微信公众号、政府门户网站等渠道，充分征集和听取群众意见，保障政策制定符合民意。对民众意见从合法性、合理性、可行性等方面进行研究吸纳，对于未采纳的建议，及时反馈给建议人或主动向社会公布，凝聚公众智慧，强化对政府公权力的制约和监督，有效提升决策、执行、治理能力，提升政府服务效能和公众参与度。

---

① 陈新：《互联网时代政府回应能力建设研究——基于现代国家治理的视角》，《中国行政管理》2015 年第 12 期。

② 《宿松县人民政府办公室关于印发宿松县人民政府重大行政决策公众参与程序规定的通知》，宿松县人民政府网，2019 年 10 月 25 日，https：//www.susong.gov.cn/public/2000005071/2020419941.html。

（二）规范政务公开制度

政府与公众间的信息不对称阻碍了政府有效回应社会，[①] 政府信息的主动有效公开能够缩小政民之间的"信息鸿沟"，提高政府工作透明度，助力推进阳光政府、法治政府、透明政府和服务型政府建设。宿松县政府及其县直机关和下辖乡镇政府都制定了相对完善的信息公开制度，为民众了解和监督政府工作提供了平台。宿松县的信息公开建设主要表现在以下几个方面。

一是严格政府信息公开考核事项，加强对政府信息公开工作的监督检查。宿松县制定了《宿松县人民政府办公室信息公开指南》《宿松县人民政府信息公开目录》《宿松县政府信息公开考评暂行办法》等一系列规范性文件，明确政府信息公开内容、公开载体、公开程序和公开时限等方面的工作要求。[②] 通过这些制度措施完善政府信息主动公开流程以及依申请公开的受理机制和考核追责体系，通过政府信息公开工作考评制度、责任追究制度、年度工作报告制度、举报制度等，切实加强政务公开工作的监督和保障。

二是强化基层政务公开平台建设，为信息公开标准化规范化搭建载体。宿松县按照国务院办公厅及省政府关于全面推进基层政务公开标准化规范化工作的相关要求，完善政府门户网站和政府信息公开平台建设，在政府门户网站中设置政府信息公开栏目，在政府信息公开平台设置全面推进基层政务公开标准化规范化专题专栏，积极公开各类信息，明确规定电子文档编排方式、记录和存储各类政府信息公开目录的索引号、发布格式等详细信息，全面推进基层政务公开标准化规范化，保障群众获取信息更方便、更快捷。

三是形成完备的政府信息公开工作体系，有效保障政府信息来源的多元化。通过政府门户网站、政府公报、新闻发布会及"今日宿松"微博等方式主动公开预决算，《政府工作报告》，人事信息，经济和社会发展统计，

① 张楠迪扬：《"全响应"政府回应机制：基于北京市 12345 市民服务热线"接诉即办"的经验分析》，《行政论坛》2022 年第 1 期。
② 宿松县人民政府网，https：//www.susong.gov.cn/public/column/2000005071？type＝2。

年度重点工作任务分解、执行及落实情况，权责清单，社会保障与生活服务等信息。严格按照依申请公开办理流程及时回应人民群众信访、投诉、举报等。

（三）加强廉洁政府建设

廉政建设是政府取信于民，提高公信力的基石和根本。加强廉洁政府建设，是落实全面从严治党要求的重要任务，是做好经济社会发展工作的重要保障，更是政府绩效的关键影响因素。宿松县依托制度的笼子，强化廉政思想教育，不断提升自身廉政能力。宿松县加强廉政治理的举措主要有以下几个方面。

一是扎牢制度笼子，严守廉洁底线。通过制定如《宿松县政务公开责任追究暂行办法》等制度，依法惩治政务服务过程中的违法违规行为，加强纪律审查，加大问责力度，切实把反腐倡廉建设各项工作落到实处，提升反腐败工作制度化和法制化水平。[1] 设置全县优质服务单位奖，通过民主评议政风、行风对党风廉政建设成绩优异的单位部门给予奖励表彰。[2]

二是加强廉政教育，增强廉政观念意识。宿松县扎实开展"不忘初心、牢记使命"主题教育和"三个以案"警示教育，县政府以及机关部门常态化制度化主动召开各类警示教育廉政党课、廉政工作会议，观看廉政警示教育片，以案示警、以案为戒、以案促改。对新履职公职人员开展任前廉政集体谈话，激发干部履职担当，引导党政领导干部树立正确的政绩观，切实筑牢党员干部纪律和规矩意识，提高拒腐防变能力，扎实推进高效廉洁的政府建设。

三是下沉监管职能，主动接受公众和社会检举监督。依托政府信息公开平台，主动开展县域部门行政执法公示，向公众公示职责权限依据、行政执

---

[1] 《宿松县政务公开责任追究暂行办法》，宿松县人民政府网，2019 年 12 月 20 日，https：// www.susong.gov.cn/public/2000004001/2011983591.html。

[2] 《县政府办：连续两年获评全县优质服务单位奖》，宿松县人民政府网，2019 年 5 月 19 日，https：//www.susong.gov.cn/ssxw/bmdt/2010482391.html。

法流程和行政执法结果，开放监督途径。各部门主动自查行政权力事项廉政风险点并予公示。坚持将监管职能向基层下沉，优化基层政府党风廉政制度，如破凉镇制定出台《集体资产、资金、资源管理办法》《三资重大事项决策制度》等文件，从根本上保障资金管理工作的制度化。[①] 如宿松县在全县卫生健康系统开展整治损害群众利益的"微腐败"专项活动，以自查登记和社会监督方式查处损害群众实际利益的不法行为。

（四）夯实法治政府建设

法治是治国理政的基本方式，是国家治理体系和治理能力的重要依托，是坚持和发展中国特色社会主义的必然要求，是我们党坚持立党为公、执政为民的必然选择。法治政府建设也是依法治国的关键，社会主义法治国家是中国特色社会主义的发展方向。宿松县法治政府建设的主要举措体现在以下几个方面。

一是加强组织建设，完善依法行政制度体系，强化行政权力的制约和监督。宿松县通过《县委依法治县委员会工作规划》，成立立法、司法、守法普法三个协调小组，定期听取法治政府建设工作汇报。[②] 全面推行行政执法"三项制度"，完善行政执法程序，做到了执法全过程留痕和可回溯制度，落实政府内部层级监督制度，确保权力运行监管到位。推进审计全覆盖和审计结果运用，对各年预算执行和其他财政收支审计等发现的问题进行梳理，持续跟踪整改落实情况，依法全面履行审计监督职责。

二是依法全面履行政府职能，推进行政决策、执行的全过程体现法治思维。宿松县贯彻落实中央关于机构改革的决策部署，细化"放管服"改革，落实权力清单、责任清单、负面清单和动态管理机制，进一步规范、精简行政处罚和行政强制事项，深度推进依法行政。深化"互联网+政府"服务，

① 《破凉："三个结合"推进党务政务村务公开工作》，宿松县人民政府网，2019 年 11 月 28 日，https://www.susong.gov.cn/ssxw/xzdt/2011237151.html。
② 《宿松县人民政府 2019 年度法治政府建设情况报告》，宿松县人民政府网，2020 年 10 月 17 日，https://www.susong.gov.cn/public/2000005071/2017167741.html。

积极办理信访事件，保障公民权利，满足人民群众基本需要。落实重大决策合法性审查制度，健全法律顾问制度和公职律师制度，完善社会矛盾化解机制，积极推进国家机关法律顾问全覆盖，降低决策风险，使得法治政府治理体系不断完善，治理能力不断提高。

（五）提升财政管理能力

财政是国家及各级地方政府的一种重要经济行为，它在服务经济社会发展、促进社会和谐稳定等各个方面都发挥着越来越重要的作用，财政也是提高人民生活水平的重要物质保障。县级政府是行政管理体制的基础，而县级财政则是县级政府发挥各项职能的基础，对于活跃县域经济、维护基层政治稳定和实现高质量发展的作用无可替代。宿松县提升财政管理能力的具体举措体现在以下方面。

一是服务经济和社会发展，有力保障重点支出。宿松县坚持稳中求进工作总基调，在一般公共预算收入持续增长的同时，全力保障县委、县政府重大发展战略和重点领域改革的必需支出，重点支持构建现代产业体系。着力缓解企业融资难、融资贵的问题，关注扶持小微企业，实现财政资金中税收来源的可持续再生。稳步提升三大攻坚战的财政投入比例，持续深入实施民生工程，建立民生工程精准施策、精细管理的工作机制，全面落实基本公共服务资金保障，其中最具特色的是支撑深化平安宿松建设，及时足额安排扫黑除恶专项斗争经费，持之以恒加大"套路贷"等非法集资行为、网络暴力、暴力胁迫等涉黑涉恶线索摸排整治力度，支持完善社会治安防控体系，切实保障人民群众身心健康权益。

二是优化财政资金使用，坚持政府过"紧日子"。县政府及其机关部门厉行勤俭节约原则，压缩"三公"经费，大力优化支出结构，严控一般性支出，盘活财政存量资金和闲置资产。严控会议、差旅、培训、论坛等支出，严禁新建扩建政府楼堂馆所，通过绩效管理和绩效问责提升财政资金的使用效率和质量，实行专款专用、专人审核，从绩效目标、绩效评价等方面加强预算绩效管理，并增强预算执行约束力，加强资金监控。每年将预算执行情况和预算草案提请人大审议，并邀请县政协委员和其他列席人员提出意见和建议。

三是深化预算绩效改革，加强防范金融风险。宿松县加强转变财政监管职能，开展"惠民惠农"财政补贴资金一卡通专项治理，加强减税降费政策措施实施效果监督检查，推进政策落实，严肃财经纪律。开展行政事业单位会计人员业务培训工作，不断提升行政事业单位会计信息质量；开展金融环境专项整治行动，严格政府债务限额管理，加大力度防范处理非法集资，推进互联网金融风险专项整治，牢牢守住风险底线。截至 2019 年底，政府债务率、新增债务率等主要指标均低于风险预警值，债务规模适度、风险可控，取得了良好效果。[①]

（六）推进数字政府改革

党的十九届四中全会提出："建立健全运用互联网、大数据、人工智能等技术手段进行行政管理的制度规则。推进数字政府建设，加强数据有序共享，依法保护个人信息。"这为我国数字政府建设指明了方向。电子政务作为依托信息技术的新型管理模式，对于社会治理体系和治理能力现代化具有重要的推动作用，能够让群众和社会享受更加便捷高效的政务服务。宿松县开展"互联网+政府"建设，提供更优质的政务服务，降低行政管理成本，提高公共服务质量。主要举措有以下几个方面。

一是加强电子政务平台建设，打破信息孤岛的壁垒。宿松县开展"皖事通办"，建设了全国一体化的政务服务平台，不同区域间的事项可以实现在线办理。同时，开展效能监察和"好差评"服务公示，民众可以在线评价政府的服务效率，方便公众与政府部门直接沟通、反映情况，提出各种合理化的建议，打破了政府工作的时空界限，这些都为公共行政整体绩效的提高提供了技术条件和保障平台。

[①] 《关于宿松县 2019 年预算执行情况和 2020 年预算草案的报告》，宿松县人民政府网，2020 年 1 月 16 日，https://www.susong.gov.cn/public/2000005071/2015950411.html。

二是通过新型信息公开载体推行阳光政务。宿松县将大数据与政务服务结合，通过完善政府门户网站的板块设计、信息规划和信息动态更新，增强用户体验，进一步推进决策、执行、管理、服务、结果公开，积极回应公众关切，扩大公众参与范围，限制暗箱操作的寻租空间，减少权利滥用的可能性，有效保证政府行政决策的公开性，维护公众知情权和切身利益。

三是通过电子政务有效改善营商服务环境。宿松县政府积极推进网上办事，深化"一件事一次办"，切实开展好基层标准化建设达标工作，做到数据多跑路、干部迈开腿、群众零跑腿，用干部的"辛苦指数"换取企业的"发展指数"和群众的"幸福指数"，全力推进县域营商环境优化提升。开设"招商引资、招才引智"专题，推进对企信息公开，助力打造产业链、供应链、创新链、资本链、人才链、政策链"多链协同"加优质高效的政务服务环境，优化社会资源配置，提高经济运行的质量和效率，更好地助力经济健康可持续发展。

三　案例总结

宿松县提升政府能力的经验总体上可归纳为三个方面。一是坚持创新驱动，用大数据思维加强政府治理，通过"互联网+政府"打造高效的行政模式和运行机制，有效推进"放管服"改革，加强信息化平台建设，提供更加便捷优质的政务服务，助力营商环境改善和便民服务提质。二是推进政务公开和加强政府回应，扩大公众参与范围，坚持听政于民、于企，通过多种渠道回应公众和社会关切，减少"信息不对称问题"，消除"距离悖论"。三是坚持规范政府行为，加强廉政法治建设，筑牢制度规章的笼子，主动接受公众和社会的检举监督，通过常态化廉政教育增强政府工作人员纪律和规矩意识，坚持依法行政，加快政府职能转变，不断提升政府的公信力和服务县域治理的整体能力绩效。

后 记

县域是国家发展的基础，也是推进中国式现代化进程中的难点、重点和着力点。县级政府是推动产业发展与向基层群众提供公共服务的重要主体，其治理绩效是国家治理绩效的基础，其治理能力对实现国家治理体系和治理能力现代化至关重要。同时，要实现中国式现代化的目标并补齐国家治理短板，切入口是实现县域治理现代化，实现县域治理现代化的牵引力是持续提升县级政府治理绩效。因此，我们认识到不仅要编制开发中国县级政府绩效指数，还要在不断迭代优化的基础上，矢志不移地把指数坚持做下去。这是我们的责任，更是我们的使命。

2021 年是中国共产党成立 100 周年，我们发布了全国首部县级政府绩效蓝皮书——《中国县级政府绩效指数研究报告（2021）》，受到国家相关部委、各级地方政府、学术界和媒体界的广泛关注与积极回应，并获得了中国智库索引（CTTI）优秀成果特等奖。在全面贯彻党的二十大精神的开局之年与新一轮党和国家机构改革的启动之年，我们将县级政府绩效蓝皮书第二部——《中国县级政府绩效指数研究报告（2023）》奉献给广大读者。

第二部的编写工作在 2021 年启动，2023 年中基本完成。指数的编制工作本身困难极大，在抗击新冠疫情期间完成这项工作殊为不易，"个中滋味，唯有自知"。直接参与该书编写工作的课题组有专家学者 10 余人，有博士研究生、硕士研究生 20 余人，参与指标数据采集的本科生志愿者超过 100 人次，耗时 3 个月，数据反复校验 4 轮次……

其间，课题组召开了多期"中国县级政府绩效指数专家研讨会"，与公共管理学界专家和地方政府领导对指标体系进行了反复论证；课题组利用

"第七届政府绩效管理与绩效领导国际学术会议""美国公共行政学会（ASPA）2021年年会""第七届地方政府国际会议（ICLG2022）""天津论坛（2021）""第六届清华大学公共管理青年学者论坛"等国内外学术会议平台宣讲，根据专家意见对指标体系进行优化调整；课题组还专程赴县级政府绩效标杆县展开深度调研，从基层的实践中汲取养分，提升指数编制的科学性和可操作性。可以说，本书是诸多专家学者、实务界工作者、学生以及编委会辛勤劳动的结晶。

特别感谢甘肃远方爱心基金会理事长、兰州大学教育发展基金会副理事长金兴谊，金总一直通过捐资助研等方式关心兰州大学公共管理学科和兰州大学中国政府绩效管理研究中心的发展。

由衷感谢社会科学文献出版社副总编辑蔡继辉先生、社会科学文献出版社城市和绿色发展分社社长任文武先生、社会科学文献出版社新媒体部主任秦静花女士，他们为本书的出版提供了方方面面的帮助。感谢本书的责任编辑王玉山老师和文稿编辑刘燕老师，他们在编辑业务上精益求精，耐心负责，为本书的出版提供了可靠保障。

最后，特别感谢兰州大学党委书记马小洁，中国科学院院士、兰州大学校长严纯华，兰州大学党委常务副书记吴国生，兰州大学副校长沙勇忠，管理学院党委书记刘亚军、院长何文盛以及院领导班子成员和行政团队的同事，他们一如既往地关心和支持中心各项事业发展，是我们能够坚持完成这项艰巨工程的重要力量源泉。

另外需要说明，由于编写者能力和资源所限，书中存在疏漏在所难免，我们期待广大读者批评指正。

包国宪

2023年6月于兰州大学齐云楼

Abstract

County governance brings peace to the world. For over two thousand years, the county-level government has been the fundamental unit of China's national structure and the cornerstone of governance. The performance of county-level governments is crucial to the modernization of China's governance system and governance capacity, as well as the completion of national development and reform tasks. The China Government Performance Management Research Center at Lanzhou University, guided by Xi Jinping Thought on Socialism with Chinese Characteristics for a New Era, is based on the theory of government performance governance founded on public value, and using big data from the Internet, developed the first county-level government performance index in the country. The aim is to continuously measure and evaluate the status and trends of county-level government performance in China annually through a scientific index system and evaluation methods.

The *China County-Level Government Performance Index Research Report* (2023) presents the results of the 2019 evaluation of China's county-level government performance. The book is divided into three parts: the general report, the index analysis reports, and the best practices. The general report elaborates on the background, literature review, evaluation purpose, principles, and county-level government performance evaluation characteristics. It systematically presents the county-level government performance evaluation plan. It provides an overall analysis, province analysis, regional analysis and annual comparative analysis of the evaluation results and proposes strategies to improve county-level government performance. The index analysis reports further analyze the evaluation results of county-level governments' development effectiveness, social governance, and government capabilities, propose strategies to improve performance in each dimension. The best practices analyze benchmark cases related to county-level government performance, development effectiveness, social governance, and government capabilities, summarize the experiences and best practices that can be applied to improve government performance.

The main findings of this book are as follows: Firstly, the overall score of county-level government performance and each dimension is approximately normally distributed, presenting a "spindle-shaped" pattern of "small at both ends and large in the middle." Secondly, the county-level governments in Zhejiang Province have performed outstandingly in government performance, development effectiveness, and social governance. The government capabilities of county-level governments in Anhui Province are among the best. There is a "performance goose formation" from the southeast to the northwest among provinces. Thirdly, there is a "V-shaped" performance gap in the regional distribution of county-level government performance and scores of social governance and government capabilities, and county-level government performance shows a regional clustering phenomenon. The county-level government performance and each dimension in the eastern region of China is leading the country. Fourth, the overall performance of county-level governments is stable and steadily improving.

The administrative division information in this book comes from the administrative division codes above the county level of the People's Republic of China published on the website of the Ministry of Civil Affairs in December 2019. (https://www.mca.gov.cn/article/sj/xzqh/1980/2019/202002281436.html). Due to data availability and comparability, Hong Kong, Macao, and Taiwan are not included in this book. Beijing, Shanghai, and Tianjin were not evaluated because they do not have counties (or county-level cities) .

Keywords: County-level Government; Government Performance; Social Governance; Government Capabilities

Contents

I   General Report

Abstract: As the foundation of the overall governance efficiency of the country, the county-level government performance evaluation is essential to advancing the modernization of China's system and capacity for governance and accomplishing national development and reform tasks. China Research Center for Government Performance Management of Lanzhou University, guided by Xi Jinping Thought on Socialism with Chinese Characteristics for a New Era, has developed the first county-level government performance index based on the public-value-based government performance governance theory and big data and evaluated the performance of 1766 county-level governments across the country in 2019. The evaluation results are divided into four parts: overall analysis, province analysis, regional analysis and annual comparative analysis. The overall analysis shows that the performance distribution of county-level governments conforms to the normal distribution, showing the characteristics of regional aggregation. Regional analysis shows that the overall performance of the county-level governments in

Zhejiang Province is top-notch, and "performance geese formation" exists in the direction of southeast and northwest among provinces. Regional analysis shows that the performance of county-level governments in East China is ahead of the national average, and there is a "V-shaped" performance gap between regions. The annual comparative analysis shows that compared with 2018, the performance of county-level government improves in 2019, and the mean performance index of provinces and regions increases almostly.

Keywords: County-level Government; Government Performance Evaluation; Performance Index

II Index Analysis Reports

B.2 Development Effectiveness Report of China's County-level Governments

Research Group of "County-level Government Performance Index" of China Research Center for Government Performance Management of Lanzhou University / 108

Abstract: Promoting high-quality development was China's economic and social development theme during the "14th Five-Year Plan" period. The high-quality development of counties and cities is the foundation of high-quality national development. Its effectiveness is directly related to achieving the economic and social development goals during the "14th Five-Year Plan" period. This report evaluates the development effectiveness of county-level governments throughout China in 2019 as a third-party assessment to further promote high-quality development in the counties. The report is divided into four parts: overall analysis, province analysis, regional analysis and annual comparative analysis. The overall analysis found that the overall score of the development effectiveness of county-level governments in China is similar to a normal distribution, with regional clustering characteristics. The province analysis found that the development effectiveness of

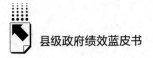

county-level governments in Zhejiang Province is outstanding overall, with a "central depression" in the provincial average. The regional analysis found that the development effectiveness of county-level governments in the East China region is leading the country. The distribution pattern between regions is "strong in the middle axis, weak in both wings" in the "northwest-southeast" direction. The annual comparative analysis found that the development effectiveness of county-level governments showed a general upward trend compared with the previous year, and the development effectiveness of county-level governments across the country was significantly improved in 2019. The report proposes countermeasures and suggestions for improving the development effectiveness of counties and cities, including optimizing the business environment and strengthening institutional construction.

Keywords: County-level Government; Government Performance Evaluation; Government Development Effectiveness

B.3 Social Governance Report of China's County-level Governments

Research Group of "County-level Government Performance Index" of China Research Center for Government Performance Management of Lanzhou University / 191

Abstract: From "social management" to "social governance," from "accelerating the construction of a co-governance and co-sharing social governance system" to "creating a co-building, co-governance, and co-sharing social governance pattern," strengthening and innovating social governance has always been an essential direction for national governance reform. This report provides a third-party evaluation of the social governance of county-level governments in China in 2019, aiming to promote social governance in county-level areas through evaluation. The report is divided into four parts: overall analysis, province analysis, regional analysis and annual comparative analysis. The overall analysis found that the overall score of social governance by county-level governments in China has decreased compared to last year, showing regional clustering characteristics. The regional analysis found that the social governance by county-level governments in Zhejiang province was overall the best. The counties (cities) with the best social governance mainly concentrated on both sides of the "Jiangsu-Yunnan" line. The regions with poor social governance are mainly concentrated in the crescent border regions from Northeast China, including Inner Mongolia, Xinjiang, Tibet, Yunnan, Hainan, and other areas along the line. The regional analysis found that the social governance by county-level governments in the eastern region of China led to the country gradually decreasing from the southeast coast to the northwest and northeast regions. The annual comparative analysis found that there was a general downward trend in the level of social governance of county governments compared to the previous year, with only Central China among the seven regions showing an increase in the average value in comparison to the prior year. The report proposes effective measures for promoting social governance by county-level governments, such as promoting platform construction and expanding public evaluation channels.

Keywords: County-level Government; Government Performance Evaluation; Social Governance of Government

B.4   Dimension Analysis Report of Government Competence of China's County Governments

Research group of "County-level Government Performance Index", China Government Performance Management Research Center, Lanzhou University / 271

Abstract: The county-level government governance capacity is the foundation of national governance capacity; in our comprehensive completion of a well-off society, accelerate the promotion of the new development stage of the construction of socialist modernization power, the promotion of the county government

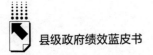
县级政府绩效蓝皮书

governance capacity to build efficient government and improve the level of government public service is essential. This report provides a third-party evaluation of the government capacity of county-level governments across the country in 2019 to improve the governance capacity of county-level governments through evaluation continuously. This report is divided into four parts: overall analysis, regional analysis, regional analysis, and annual comparative analysis. The overall analysis showed that the overall scores of county governments in China were approximately in line with the normal distribution, showing the characteristics of regional aggregation, among which Susong County in Anhui Province, Ningguo City in Anhui Province, and Teng County in Guangxi Zhuang Autonomous Region ranked the top three. The province analysis found that the county government of Anhui Province has the best government ability, is advanced and is typical in the country. According to the regional analysis, the government capacity in East China is relatively the strongest, and there is a V-shaped divide between regions, showing a regional distribution pattern of "strong in the south and weak in the north." The annual comparative analysis found that the average value, maximum value, and minimum value of the performance of the national county government in 2019 were all lower than that in 2018, showing a specific trend of regression. Finally, this report proposes countermeasures and suggestions for improving the capacity of county (city) government, such as strengthening the party building of the government system and deepening the reform of digital enabling services.

Keywords: County Government; Government Performance Evaluation; Government Ability

III Typical Cases

B.5 Best Practice of Government Performance Index:
Zhangjiagang City, Jiangsu Province
Research Group of "County-level Government Performance
Index" of China Research Center for Government Performance
Management of Lanzhou University / 354

Abstract: The government performance index of Zhangjiagang City ranks first in China, with excellent performance in all dimensions, which is the benchmark of the county (city) government performance. Based on the data collected through the network, this report presents and analyzes some good practices behind the excellent performance of Zhangjiagang in order to provide experience for the county (city) government to improve its performance. According to this report, the performance governance experience of Zhangjiagang is reflected in three aspects: Firstly, it is driven by both the government and the effective market to improve the development effect; Secondly, trust and rely on the masses to improve social governance; Thirdly, pay equal attention to institutional innovation and digital empowerment to enhance government capacity.

Keywords: Government Performance Index; Best Practice; Zhangjiagang City

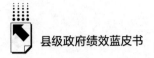
县级政府绩效蓝皮书

B.6   Best Practice of Development Effectiveness Index:

Jiangyin City, Jiangsu Province

Research Group of "County-level Government Performance

Index" of China Research Center for Government Performance

Management of Lanzhou University / 365

Abstract: According to the government's development effectiveness score-card, Jiangyin City has performed exceptionally well in the dimension of development effectiveness. It has set benchmarks regarding economic development potential, social development, and environmental governance. The evaluation results of this report show that among the 26 supporting data points for the dimension of development effectiveness in Jiangyin City, 12 data points are classified as type A, 10 data points are scored as type B, and 4 data points are scored as type C. The analysis in this report indicates that Jiangyin City's experience in improving development effectiveness can be reflected in three aspects: first, gathering resource advantages to promote high-quality development; second, providing all-around assistance to social development and promoting health and safety development strategies; and third, constructing an environmental governance platform that encourages the active participation of diverse stakeholders and promotes ecological and environmental development. Overall, Jiangyin City's experience improving government performance can be concentrated in three aspects: continuously promoting reform and opening up to create new regional competitive advantages; focusing on developing science and technology cities to enhance new economic growth drivers; and continuously promoting green and safe development.

Keywords: Government Performance Evaluation; Government Development Effectiveness; Jiangyin City

B . 7 Best Practice of Social Governance Index: Taishun County,
Zhejiang Province

Research Group of "County-level Government Performance
Index" of China Research Center for Government Performance
Management of Lanzhou University / 375

Abstract: According to the social governance dimension scores, Taishun County in Zhejiang Province ranks first in social governance among all counties in China. This report regards Taishun County as a benchmark for county-level government social governance. Based on an analysis of official data, policies, and news texts, this report elaborates on Taishun County's experience and countermeasures in improving social governance to provide reference and guidance for other county-level government social governance. The evaluation results show that Taishun County ranks high in all indicators of the social governance dimension, especially in developing social organizations and social workers. The report analysis indicates that Taishun County has established multiple interactive channels to broaden participation channels. In the governance process, Taishun County focuses on implementing many policies around grassroots governance and solving community governance problems through multiple pathways, such as integrating party building with community governance and utilizing the strengths of townships, towns, and communities. In addition, to make social governance sustainable, Taishun County actively cultivates social organizations and workers to form a social governance system of " red leadership, joint construction, tripartite linkage, and social harmony. "

Keywords: Government Performance Evaluation; Social Governance; Taishun County

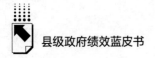

B.8　Best Practice of Governance Ability Index: Susong County,

Anhui Province

Research Group of "County-level Government Performance

Index" of China Research Center for Government Performance

Management of Lanzhou University / 385

Abstract: According to the government ability dimension score, Susong County ranks first in the country in the government ability dimension. Based on the performance data of counties, this report mainly analyzes why Susong County can become the national "leading goose" in terms of government capacity and summarizes the experience and practices that can be replicated and promoted in specific practices. The evaluation results showed that Susong County ranked first in the government performance index, 1131 in development effectiveness, 465 in social governance, and ranked first in government capacity. According to this report's analysis, Susong County has improved the overall performance level of the region by relying on its comparative advantage of excellent government capacity and is a model of strengthening government capacity building by innovating system mechanisms and optimizing government service among county governments. In general, Susong County's experience and practices in strengthening government capacity building are mainly reflected in six aspects: first, optimize the interaction mechanism between the government and the people; Second, standardize the system of openness in government affairs; Third, strengthen clean governance; Fourth, promote the building of a law-based government; Fifth, improve financial management capacity; Sixth, advance digital government reform.

Keywords: Government Performance Evaluation; Government Ability; Susong County

社会科学文献出版社

皮 书

智库成果出版与传播平台

❖ 皮书定义 ❖

皮书是对中国与世界发展状况和热点问题进行年度监测，以专业的角度、专家的视野和实证研究方法，针对某一领域或区域现状与发展态势展开分析和预测，具备前沿性、原创性、实证性、连续性、时效性等特点的公开出版物，由一系列权威研究报告组成。

❖ 皮书作者 ❖

皮书系列报告作者以国内外一流研究机构、知名高校等重点智库的研究人员为主，多为相关领域一流专家学者，他们的观点代表了当下学界对中国与世界的现实和未来最高水平的解读与分析。截至2022年底，皮书研创机构逾千家，报告作者累计超过10万人。

❖ 皮书荣誉 ❖

皮书作为中国社会科学院基础理论研究与应用对策研究融合发展的代表性成果，不仅是哲学社会科学工作者服务中国特色社会主义现代化建设的重要成果，更是助力中国特色新型智库建设、构建中国特色哲学社会科学"三大体系"的重要平台。皮书系列先后被列入"十二五""十三五""十四五"时期国家重点出版物出版专项规划项目；2013~2023年，重点皮书列入中国社会科学院国家哲学社会科学创新工程项目。

权威报告·连续出版·独家资源

皮书数据库
ANNUAL REPORT(YEARBOOK)
DATABASE

分析解读当下中国发展变迁的高端智库平台

所获荣誉

- 2020年，入选全国新闻出版深度融合发展创新案例
- 2019年，入选国家新闻出版署数字出版精品遴选推荐计划
- 2016年，入选"十三五"国家重点电子出版物出版规划骨干工程
- 2013年，荣获"中国出版政府奖·网络出版物奖"提名奖
- 连续多年荣获中国数字出版博览会"数字出版·优秀品牌"奖

皮书数据库

"社科数托邦"
微信公众号

成为用户

登录网址www.pishu.com.cn访问皮书数据库网站或下载皮书数据库APP，通过手机号码验证或邮箱验证即可成为皮书数据库用户。

用户福利

- 已注册用户购书后可免费获赠100元皮书数据库充值卡。刮开充值卡涂层获取充值密码，登录并进入"会员中心"—"在线充值"—"充值卡充值"，充值成功即可购买和查看数据库内容。
- 用户福利最终解释权归社会科学文献出版社所有。

社会科学文献出版社 皮书系列
SOCIAL SCIENCES ACADEMIC PRESS (CHINA)

卡号：959195566111
密码：

数据库服务热线：400-008-6695
数据库服务QQ：2475522410
数据库服务邮箱：database@ssap.cn
图书销售热线：010-59367070/7028
图书服务QQ：1265056568
图书服务邮箱：duzhe@ssap.cn

法律声明

"皮书系列"（含蓝皮书、绿皮书、黄皮书）之品牌由社会科学文献出版社最早使用并持续至今，现已被中国图书行业所熟知。"皮书系列"的相关商标已在国家商标管理部门商标局注册，包括但不限于LOGO（▨）、皮书、Pishu、经济蓝皮书、社会蓝皮书等。"皮书系列"图书的注册商标专用权及封面设计、版式设计的著作权均为社会科学文献出版社所有。未经社会科学文献出版社书面授权许可，任何使用与"皮书系列"图书注册商标、封面设计、版式设计相同或者近似的文字、图形或其组合的行为均系侵权行为。

经作者授权，本书的专有出版权及信息网络传播权等为社会科学文献出版社享有。未经社会科学文献出版社书面授权许可，任何就本书内容的复制、发行或以数字形式进行网络传播的行为均系侵权行为。

社会科学文献出版社将通过法律途径追究上述侵权行为的法律责任，维护自身合法权益。

欢迎社会各界人士对侵犯社会科学文献出版社上述权利的侵权行为进行举报。电话：010-59367121，电子邮箱：fawubu@ssap.cn。

社会科学文献出版社